Marc Minor
Manager im Dialog

Marc Minor

Manager im Dialog

Coaching-Fälle aus der Praxis

REDLINE WIRTSCHAFT
bei verlag moderne industrie

Die Deutsche Bibliothek – CIP-Einheitsaufnahme

Minor, Marc:
Manager im Dialog : Coaching-Fälle aus der Praxis / Marc Minor. -
München : Redline Wirtschaft bei Verl. Moderne Industrie, 2002
ISBN 3-478-37110-4

Meiner Mutter und meinem Vater,

beide haben nicht nur toleriert, sondern sogar wertgeschätzt, dass ich nicht einmal den Versuch unternommen habe, eine anständige Karriere zu machen – trotz solider Ausbildung.

© 2002 verlag moderne industrie, 80992 München
http://www.redline-wirtschaft.de

Umschlaggestaltung: Grafikhaus, München
Satz: Fotosatz Amann, Aichstetten
Druck: Himmer, Augsburg
Bindearbeiten: Thomas, Augsburg
Printed in Germany 37110/070202
ISBN 3-478-37110-4

Inhalt

Einführung

Das Buch stellt die typischen und anspruchsvollen Praxissituationen, die Sie als Unternehmer, Führungskraft oder Mitarbeiter vermutlich täglich so oder ähnlich erleben, in den Vordergrund. Es will allerdings kein Coaching-Buch sein. Denn: Gute Bücher über Sinn und Zweck von Coaching gibt es genügend. Es ist vielmehr ein Buch für Sie als Unternehmer, Führungskraft und Mitarbeiter, das versucht, praktische und umsetzbare Lösungen für die angesprochenen Situationen zu bieten. Coaching ist lediglich ein Transportmittel, die Praxisfälle lerngerecht und spannend darzustellen.

Ein solches Praxisfallbuch verbietet geradezu eine langatmige, theoretische Einführung. Damit Sie dennoch einordnen können, warum dieses Buch in dieser Form entstanden ist, erhalten Sie nachfolgend Antwort auf zwei Fragen:

- *Qualifizierung von Führungskräften und Mitarbeitern – ist das überhaupt noch ein Thema?*
- *Warum eine Sammlung von Praxisfällen statt eines flotten Buches im Stil von „Die fünf Schritte zur erfolgreichen Führungskraft"?*

Zu Frage 1: Managementfehler sind der größte Produktivitätsdieb. Es gibt mittlerweile zahlreiche Studien von unterschiedlichen Unternehmensberatungen, die das Ziel haben, die Leistungsfähigkeit der Wirtschaft zu quantifizieren. Eine Produktivitätsstudie sei hier exemplarisch herausgegriffen, und zwar von der führenden Produktivitätsberatungsgesellschaft in Europa, Czipin & Proudfoot. Basis der Studie sind 1500 Einzelstudien und 2700 Interviews in neun Ländern. Resultat: Im deutschen Mittelstand werden rund 40 Prozent der Arbeitszeit unproduktiv verwendet. Das entspricht mehr als 80 Arbeitstagen, in denen die Wirtschaft ihre Leistungsfähigkeit nicht nutzt.

Auf der Liste der Produktivitätsbremser stehen Managementfehler an der Spitze. Rund 38 Arbeitstage werden wegen mangelnder Planung und Steuerung verschenkt, 17 Tage wegen schlechter Führung und Kontrolle und weitere 10 Tage durch unzureichende Kommunikation.

Umgerechnet bedeutet dies, dass knapp 2000 Milliarden Euro im vergangenen Jahr den Unternehmen verloren gegangen sind, davon 200 Milliarden Euro durch ungenutzte Arbeitszeit. Anders ausgedrückt, die deutsche Bruttowertschöpfung könnte um rund 11 Prozent steigen, wenn der Mittelstand seine Leistungsfähigkeit optimal ausnutzen würde.

Ob diese Zahlen auf Heller und Pfennig ernst genommen werden müssen, ist sicherlich strittig. Eine grobe Orientierung bieten sie allemal.

Fazit: In die Professionalisierung von Führungskräften und Mitarbeitern zu investieren, hat Sinn.

Zu Frage 2: Dieses Buch ist kein weiterer So-geht's-Ratgeber. Sie werden keine zehn goldenen Regeln zur effektiven Führung finden oder die sieben Schritte zum unternehmerischen Erfolg. Der Seminar- und Buchmarkt ist überflutet davon. In diesem Buch finden Sie eine Vielzahl an typischen, schwierigen Praxisfällen aus der Welt der Führungskräfte und mehr. Wenn man sich ausschließlich auf Praxisfälle beschränkt, dann ist es nur konsequent, das Phänomen „Motivation" auch über Beispiele zu beschreiben. Die Vielfalt der Probleme und Lösungsmöglichkeiten ist groß und diese sich analytisch vor Augen zu führen, darin liegt der eigentliche Nutzen.

Beispiel 1: Nötig ist, Komplexität zu reduzieren und die richtigen Stellhebel für Veränderungen herauszufiltern. Ein Beispiel aus der Praxis verdeutlicht dieses Vorgehen. Es geht dort um die Besonderheit von Veränderungsprozessen und die Erklärung, warum diese generell schwierig sind.

Ein Ausflug in die Welt des Sports: Angenommen, jemand will gegen einen Fußball treten, der auf dem Elfmeterpunkt liegt. Wenn er nun aus einem festgelegten Winkel und mit einem ganz bestimmten Druck schießt, kann er mit ziemlich hoher Wahrscheinlichkeit vorhersagen, in welcher Torecke der Ball landen wird. Eine relativ einfache Sache. Nun tritt dieselbe Person aus demselben Winkel, mit dem gleichen Druck und aus derselben Entfernung gegen einen schlafenden Hund. Was passiert dann? Der Hund kann auf viele Arten reagieren, er kann aufjaulen, laut bellen, weglaufen oder die Person ins Bein beißen. Seine Reaktion lässt sich nicht vorhersehen.

Was ist der Unterschied zwischen dem Fußball und dem schlafenden Hund? Die Rahmenbedingungen waren doch genau gleich? Der Unterschied liegt darin, dass der Hund, wie wir Menschen auch, ein lebendiges Wesen ist. Und jedes Lebewesen hat Hunderte von Optionen für Verhaltensweisen, die nicht vorhersehbar sind. Deshalb ist auch jeder Eingriff, jede Veränderung in Organisationen schwer zu berechnen. Organisationen bestehen aus Menschen, das heißt, aus Seelenwesen, und jeder Eingriff in die Seele folgt eigenen Gesetzen.

Genau das müssen Manager und Fachleute für Veränderungsprozesse berücksichtigen, wenn sie in biologische Systeme eingreifen. Menschen sind anders in Bewegung zu setzen als Fußbälle. 800 Seiten starke ISO-Dokumentationen oder Lean-Management-Anleitungen gehen aber vom Menschen als Fußball aus.

Fazit: Die Fachleute für Veränderungen müssen bescheidener und individueller an Veränderungsprozesse herangehen, sie müssen zunächst die Komplexität erfassen, um auf dieser Basis nach den echten, relevanten Stellhebeln zu suchen, um dort in die Tiefe zu gehen. Dies wird eher durch Bearbeiten von Praxisfällen möglich sein als mittels so genannter Erfolgsregeln.

Beispiel 2: Neulich rief mich ein bestürzter Unternehmer an. Ursache seiner Gemütslage: Er hatte sich einige Stunden zuvor von einem Mitarbeiter getrennt. Die Kündigung war nicht betriebsbedingt erfolgt, sondern lag in wichtigen Leistungsdefiziten begründet. Seine heftige Reaktion verursachte nicht die Trennung an sich, sondern die fassungslose Reaktion dieses Mitarbeiters. Für ihn kam die Kündigung wohl völlig überraschend, und er fiel aus allen Wolken.

Der Unternehmer war jedoch im festen Glauben, zuvor genügend eindeutige Warnsignale ausgesandt zu haben. Seiner Meinung nach hätte dem Mitarbeiter hundertprozentig klar sein müssen, dass die weitere Zusammenarbeit ernsthaft gefährdet war. Auf mein Nachfragen, was denn diese Warnsignale seien, kam die Bemerkung, er habe seinem Mitarbeiter in den letzten Wochen öfter rückgemeldet, dass er „ein wenig Bauchschmerzen wegen ihm habe ...". Hinter diesem Ausdruck „Bauchschmerzen" verbarg sich jedoch die Bewertung: „Sie erfüllen in zwei von drei Leistungsmerkmalen nicht meine Mindesterwartungen. Wenn Sie dies nicht innerhalb eines festgelegten Zeitraums ändern, werde ich mich von Ihnen trennen." Nur: Das wurde nie so konkret ausgesprochen!

Sie werden nun vielleicht denken: Bei dieser Information ist ja klar, dass der Mitarbeiter aus allen Wolken fiel! Trotzdem stelle ich Ihnen die Frage: Wie viele Führungskräfte kennen Sie, die sich wirklich präzise und klar äußern? Vermutlich eher wenige. Denn es ist leichter, und nur vermeintlich sogar fairer, dem anderen mit eher vagen Beschreibungen nicht weh zu tun. Obschon dies hier nur ein einfaches Beispiel ist, wird deutlich, dass es mit dem Einüben der „Patentregeln zur effektiven Führung" nicht getan ist. Denn vermutlich würde jede Führungskraft der Forderung nach Aufklärung zustimmen und für sich in Anspruch nehmen, dass man es für wichtig halte, „geradlinig, fair und partnerschaftlich" zu führen. Und trotzdem wird derselbe seinem Mitarbeiter am nächsten Tag sagen: „Diese Sache macht mir etwas Bauchschmerzen ..."

Fazit: Je komplexer sich die Situation darstellt, desto einleuchtender ist die Tatsache, dass man nur durch das Arbeiten an den konkreten, individuell verschiedenen Praxissituationen die relevante Vielschichtigkeit und Komplexität erfassen kann.

1. Anleitung zum Lesen

Sie können sich ohne Probleme jeden Fall einzeln vornehmen. Das heißt, für ein Verstehen der jeweiligen Fälle sind Sie nicht darauf angewiesen, alle vorherigen Fälle zu studieren. Gibt es Parallelen bei den Fällen, so sind diese entsprechend markiert und Sie können leicht zwischen den Beispielen hin- und herspringen.

Die Fälle sind in folgende Kategorien aufgeteilt:

- *Leitfragen:* Diese navigieren Sie beim Lesen des Falles. Nach dem Motto „In jeder Frage steckt der Kern der Antwort". Programmieren Sie sich schon vor dem Fall auf Lösungen.
- *Einbettungen:* Jeder Fall hat einen Hintergrund, ist in ein System eingebettet. Zum Verständnis und zur Identifikation mit den Protagonisten der einzelnen Fälle bewährt es sich, um die groben Rahmendaten zu wissen. Selbst wenn Sie von Ihrem Hintergrund stark abweichen, ist dennoch ein Transfer leicht möglich.
- *Ver-Dicht-ung:* Die Highlights und die jeweilige Quintessenz werden noch einmal zusammengefasst. Die Beseeltheit, die jeden einzelnen Fall begleitet, plus Verdichtung, machen die Beispiele lernkräftig.
- *Ver-Wert-ung:* Dieses Buch ist auch gleichsam ein Arbeitsbuch. Je intensiver Sie sich mit den einzelnen Fragen auseinandersetzen – am besten sogar schriftlich oder vielleicht im Duo oder Trio mit Kollegen – desto höher wird der Lernerfolg für Sie sein.

Der praktische Nutzen wird für Sie am größten ausfallen, wenn Sie als Leser gleichzeitig zwei Sichtweisen anlegen: Einmal Ihre eigene Rolle als Mitarbeiter eines Unternehmens einnehmen und zum anderen die Rolle eines außenstehenden Systembegutachters mit der Fragestellung: Wer in meinem Unternehmen könnte mit dem einen oder anderen Gedanken etwas anfangen?

Verlässt man den Schutzraum, den Theoriemodelle darstellen und in denen man sich gut verstecken kann, und wendet sich konkreten Beispielen zu, so läuft man immer Gefahr, zu banalisieren, zu stark zu reduzieren oder Gedanken aufkommen zu lassen wie: „Das sagt doch eigentlich der logische Menschenverstand." Dieses Risiko habe ich in Kauf genommen.

In fast allen Fällen wurden den Beispielfällen Zitate von Dr. Bernd Schmid vorausgestellt. Er leitet das Institut für systemische Beratung in Wiesloch.

2. Fragen über Fragen

Was ist eigentlich Coaching?

Coaching ist die individuelle Beratung mit dem Ziel, Rollenkompetenz und Selbstmanagementfähigkeiten des Gecoachten zu erhöhen, d. h. der Coach soll sein Gegenüber derart beraten bzw. fördern, dass der Coach selbst letztendlich nicht mehr benötigt wird.

Im Vordergrund steht die berufliche Rolle bzw. damit zusammenhängende aktuelle Anliegen des Klienten. Die Selbstwahrnehmung des Klienten soll gefördert werden, d. h. blinde Flecken und Betriebsblindheit werden abgebaut, neue Gesichtspunkte erkannt und in der Folge ergeben sich auch alternative Handlungsmöglichkeiten, die vorher nicht gesehen wurden.

In welchen Situationen kommen Unternehmer bzw. Führungskräfte zum Coach?

Häufig, wenn ein Leidensdruck schon recht groß ist, beispielsweise eine Situation festgefahren scheint, man in der Krise steckt, wenn jemand merkt, dass er sich im Kreis dreht, mit seiner weiteren Lebensgestaltung und sich nicht im Reinen ist. Viele suchen dann eine Ad-hoc-Lösung, die es für punktuelle Fragestellungen auch geben kann, für die prozesshafte Entwicklung aber wohl kaum.

Darüber hinaus gibt es Manager, für die es selbstverständlich ist, sich immer wieder mal „von ihren Problemen zu lösen, um ihre Probleme zu lösen". Die so souverän sind, sich selbst regelmäßig in Frage zu stellen und auch Lust zu persönlicher Entwicklung haben. Die erkannt haben, dass man für wirklich anspruchsvolle Themen eine Ent-Schleunigung braucht, um dann wieder be-schleunigen zu können.

Schönfärberei hat keinen Sinn. Derzeit erleben Unternehmen eine sehr angespannte Situation. Ist Coaching da nicht purer Luxus?

Vordergründig sicherlich. Vielen geht es ja um die nackte Existenz. Hintergründig, glaube ich, ist das Gegenteil der Fall. Gerade derzeit arbeite ich mit Unternehmern an Fragestellungen, die Antworten darauf suchen, wie es in der derzeitigen Wirtschaftslage geschafft werden kann, möglichst kraftschonend und kreativ seine Unternehmenspfründe zu sichern und zu entwickeln. Gelingt es einem Unternehmer bzw. einer Führungskraft, um 5–10 Prozent besser mit den Ressourcen umzugehen und damit effektiver zu arbeiten, dann zahlen sich die Aufwendungen für ein Coaching allemal aus. Coaching hat also nichts mit Seelentrösten oder bezahltem Jammerkasten Spielen zu tun, das man nur so tut, um sich besser zu fühlen.

Wann empfiehlt sich ein Gespräch mit einem Coach?

Einfach gesagt: Sobald man mit hoher Komplexität und Dynamik umzugehen hat, die man allein nicht bewältigt. Ein Manager muss viele Rollen ausfüllen. Er ist Unternehmer, Führungskraft, Projektleiter, Keyaccounter, Verkäufer, Stratege, interner Berater, Motivator, Moderator, Prozesssteuerer, Innovator, interner Kunde und Kollege zugleich und soll er auch noch Coach für seine Mitarbeiter sein. Darüber hinaus ist er auch Freund, Sohn, Schwiegersohn, Ehemann, Papa, Verantwortlicher für seinen eigenen Körper, seine Gesundheit und vieles mehr.

Es ist aber nicht alleine die Vielfalt dieser Rollen, die maßgebend ist – dazu nuss er auch noch x-fach täglich zwischen den einzelnen Rollen hin- und herspringen. Und: Diese Rollen sind niemals statisch, weil jeder mit seinen spezifischen Stärken und Schwächen solche Rollen ausfüllt und verändert. Ich komme aus einer Professionskultur, in der mittlerweile Doktorarbeiten etwa mit Themen wie „Seelische Energierüstzeit zur Bewältigung häufiger Rollenwechsel" geschrieben werden. Offensichtlich ist es eine anspruchsvolle Aufgabe, mit diesem permanenten Rollenwechsel fertig zu werden und überdies noch andere zu ihren Zielen zu bringen.

Ich glaube, schon allein aus dieser Sicht der Dinge haben Manager Bedarf an Fachleuten wie Coaches, um immer wieder mal Ordnung in und damit Übersicht über die Vielfalt der Situation zu bringen. Ein Coach unterstützt Manager darin, die an sie gestellten Anforderungen persönlichkeitsgerecht zu erfüllen. Im Prinzip geht es um die saubere und erfüllende Integration von drei Welten: der Organisationswelt, der Professionswelt und der Privatwelt. Persönlichkeitsgerecht bedeutet dabei: authentisch zu bleiben, sich also nicht verbiegen zu lassen.

Wie geht ein Coach vor? Wann kann er helfen?

Ich glaube, dass ein Coach intuitiv zu erfassende diagnostische Landkarten braucht. Und intuitiv bedeutet nicht, willkürlich aus dem Bauch heraus vorzugehen. Das Gegenteil davon ist aber, einfach vorhandenes Wissen abzuspulen.

Es geht darum, sich sauber und präzise in ein Kundenanliegen einzufragen, dabei Hypothesen über Lösungen zu bilden, gemeinsam ein Ziel zu definieren, darüber einen mündlichen oder besser schriftlichen Kontrakt zu schließen, um auf dieser Basis gemeinsam mit dem Kunden den „Unterschied zu erzeugen, der für ihn einen Unterschied macht".

Auch hier ein Beispiel zur konkreten Vorgehensweise. In einem Unternehmen *„haut ein Projektleiter mit der Faust autoritär auf den Tisch"*, was bei seinen Mitarbeitern Unmut erzeugt und deren Motivation bremst, seine Verhaltensweise wird also auch ökonomisch wirksam und es wird nur noch Dienst nach Vorschrift gemacht. Einkreisungsfragen wären dann z. B.: „Passiert Ihnen das in anderen Rollen genauso, z. B. in Ihrer Familie?" Wenn ja, komme ich als Coach aufgrund dieser Antwort zu ganz anderen Schlüssen, als wenn er antworten würde, nein, nur in Projekten. Möglicherweise fehlen dem Manager bestimmte Rollenkompetenzen oder solche Reaktionen passieren nur während bestimmter Projekte, nämlich immer dann etwa, wenn Ziele, Ressourcen etc. nicht eindeutig geklärt sind. All dies gilt es, so schnell wie möglich (und doch nicht schneller) zu erfragen, um dann zu entscheiden, woran man wie arbeitet. Das kann persönlichkeits- oder rollenkompetenzorientiert erfolgen oder anhand von Fragen, welche die Beiträge sind, um sich die notwendige Ziel- und Ressourcenklarheit zu verschaffen bzw. sie einzufordern

Fazit: Und ein Coach sollte vor allem die Wertsteigerung für das Unternehmen im Auge haben, sonst wird Coaching zum Selbstzweck und unökonomisch.

Und wann kann ein Coach nicht helfen?

Vorrangig natürlich dann, wenn beim Klienten eine offene Grundhaltung und die Bereitschaft zur Zusammenarbeit fehlt. Oder wenn man den Eindruck gewinnt, die Offenheit habe nur Alibi-Charakter – nach dem Motto: „Ich mache es, weil's der Chef gut findet."

Er kann auch nicht helfen, wenn Vermutungen über Lösungen bestehen, die außerhalb des Kompetenzbereichs liegen. Dann kann ich als Coach (maximal) Empfehlungen aussprechen. Beispielsweise ist ein Coach in meinem Verständnis kein Therapeut. Er sollte also nicht einfach so herumpsychologisieren. Allerdings braucht er ein tiefes Verständnis für seelische Prozesse und auch so genannte Landkarten der Seele, mit denen er arbeiten kann. Wenn die professionelle Herkunft des Coaches eine therapeutische ist, ist es legitim, wenn er seine Arbeit dort ansetzt.

Ich kann ebenso nichts tun, wenn ich den Eindruck habe, die vorgesetzte Führungskraft versucht nur eine unangenehme Führungsarbeit an den Coach zu delegieren.

Wie erkennt man, ob ein Coach zu einem passt? Und vor allem, ob er auch seriös arbeitet?

Nach gesundem Menschenverstand würde man zunächst sagen: „Die Chemie muss stimmen" – aber das will ich bezweifeln. Gelingt es einem Coach, dass sein Kunde nur dahin schaut, wo es wichtig ist und wo er sonst stets weggesehen hat, dann macht das den Unterschied. Ist die Chemie jetzt noch wichtig?

Aber: Es gibt so viele Gütekriterien, die nicht checklistenartig anwendbar sind. Ich kann bei dieser Frage nur meine Sicht der Dinge darstellen. Ohne einen moralapostelhaften Anspruch erzeugen zu wollen: Mir wäre die Lernhaltung des Coaches wichtig. Betreibt er genügend Selbsterfahrung, was ihn persönlich angeht? Befindet er sich in praxisnahen Lernforen, wo er sich bezogen auf seine Person und seine Kundenanliegen coachen lässt? Ist er selbst Vorbild bezogen auf Veränderungs- und Lernprozesse, die von mir als Kunde ja auch erbracht werden – nach dem Motto: „Die inneren Siege sollten vor den äußeren kommen."

Wie lange dauert ein Coaching durchschnittlich? Worin ist es eingebettet? Wie kann man erkennen, ob ein Coaching erfolgreich war?

Das hängt sehr von der Fragestellung des Kunden ab. Es kann sich um eine einmalige ein- bis zweistündige Beratungsleistung für ein ganz konkretes Anliegen handeln. Oder die Sache wird entsprechend umfangreicher.

Ich arbeite meist in Organisationen. Hier sollte Coaching ein integrativer Teil von Personalentwicklung sein. Dann kann ein Coaching-Begleitungs-Prozess auch mal drei bis zwölf Monate dauern.

Gibt es im Unternehmen einen Vorgesetzten und eine Personalabteilung, so sollten – aus meiner Sicht – die Entwicklungsziele gemeinsam und natürlich im Einvernehmen mit dem potenziellen Coachingkunden fixiert werden. Jetzt sehe ich es als meine Aufgabe an, (im Zusammenspiel mit den anderen Parteien) zu überlegen, welche Maßnahmen dafür die richtigen sind.

In der Regel ist Coaching nur ein Teil eines ganzen Prozesses. Dazu gehört es zum Beispiel auch, Seminarempfehlungen auszusprechen (die allerdings maßgeschneidert auf den Zielkontrakt ausgerichtet sein müssen) oder autodidaktische Empfehlungen zu geben. Ein passgenauer Buchtipp z.B. kann viel wert sein, aber verhältnismäßig wenig kosten.

Den Erfolg misst man am Grad der Zielerreichung. Allerdings: So schön leicht checklistenmäßig funktioniert das nicht. Auch dazu ist fachmännische Urteilsfähigkeit erforderlich. Erfolgskontrolle ist natürlich auch unter Trainern und Coaches ein wichtiges Thema. Ich bin allerdings skeptisch geworden, was einfache Wenn-dann-Kausalitäten betrifft, was natürlich kein Freischein dafür sein soll, sich der Nachweisbarkeit zu entziehen.

Was muss die Führungskraft selbst leisten?

Eigentlich alles. Letztlich liegt die Verantwortung bei Ihr.

Der Coach kann nur Katalysator sein. In meinem Verständnis heißt das: Impulse geben, im guten Sinne provozieren, Prozesse in Gang setzen, ohne selbst daran teilzunehmen. Damit lässt der Coach die Verantwortung beim Klienten.

Oder wahrnehmungspsychologisch erklärt: „Der Mensch erkennt nur, was er kennt" und der Coach hilft, dies zu erkennen.

Welchen Stellenwert hat Coaching in der Wirtschaft heute?

Coaching ist ja noch eine relativ neue Disziplin. Es hat gute und ungute Imagefacetten. Zu den weniger guten zählen Meinungen wie „Das ist so ein Psychozeug" oder „Das ist Nachhilfe für Manager, die's nicht so hinkriegen". Ich sehe die Dinge ganz einfach und pragmatisch: Jeder Manager hat es mit anspruchsvollen Praxissituationen zu tun. Ich bin als Coach Fachmann für solche Situationen, arbeite also täglich mit den schwierigen Herausforderungen für Führungskräfte. Das heißt also zwangsläufig, dass ein Coach allein durch die Spezialisierung ein wenig besser sein kann als andere, die das nicht täglich machen. Und auf dieser Basis findet man zu zweit immer eine bessere Lösung als alleine. Von einem Steuerberater lässt man sich ja auch ohne jede Scheu beraten.

Zum Thema „Psychoquatsch". Ich glaube, dass Coaching häufig eine präzise, sehr unspektakuläre Professionsberatung darstellt, also eine gute Unterstützung dafür, dass eine Führungskraft die Rolle, für die sie bezahlt wird, auch optimal ausübt – und dadurch eine Wertschöpfung für das Unternehmen entsteht. Viele Anliegen, gerade der selbstständigen Unternehmer, weisen durchaus auf seelische Probleme hin – wie: „Ich gehe jeden Morgen mit Druck im Bauch in mein Unternehmen." – „Mich plagt eine unangemessen große Existenzangst." – „Ich frage mich, ob das, was ich tue, wirklich das Richtige ist." – „Ich kriege meine Berufs- und Privatwelt nicht gut unter einen Hut." etc. Auch bei solchen Problemen geht es meines Erachtens aber in der Regel nicht um „Seelenmassage und Therapie", sondern um das Erlernen eines professionellen Umgangs mit seelischen Entwicklungsphasen und Schwierigkeiten, die vermutlich jeder kennt und durchläuft.

Das Arbeiten an konkreten Praxisfällen ist Ihnen offenbar besonders wichtig?

In der Tat: In meiner Rolle als Fachmann für Lernprozesse glaube ich, dass in den nächsten Jahren ein Paradigmenwechsel im Führungslernen stattfinden wird. Und zwar wird es zunehmend wichtig werden, sich zu lösen von vorgegebenen Themen wie Kommunikation, Rhetorik, Führung, Präsentation etc., und sich den tatsächlichen, realen und anspruchsvollen Praxisfällen zu widmen und anhand dieser aus obigen Themen das relevante Wissen zu nutzen – maßgeschneidert und personenspezifisch. Wenn ich mich in Fälle hineinfrage, merke ich schon nach ein paar Einstiegsfragen, dass dieser Fall einzigartig ist und somit mit Standardthemen nicht abgedeckt werden kann. Deshalb halte ich individuelle Lerndesigns für wirkungsvoll – und die können durchaus auch in der Gruppe ausgemacht werden.

Wenn's gut läuft, vor allem, wenn jemand ein guter Trittbrett-Lerner ist, wird erlerntes Wissen aus dem bearbeiteten Fall auf andere ähnliche, teilweise sogar auf völlig konträre Fälle, übertragen werden können. Arbeitet man am Prozess, d. h. arbeitet man für eine Weile regelmäßig an anspruchsvollen Fällen, die durch ihre Bearbeitungstiefe in der Regel eins zu eins umsetzbar sind, entsteht eine – beobachtbare – höhere Rollenkompetenz. Das nenne ich Professionalisierung.

Was halten Sie von der Forderung nach der Führungskraft als Coach?

Ja. Im Moment ein viel diskutiertes Thema. „Der Manager soll zum Coach für seine Mitarbeiter werden." Ich teile sie insofern, dass es durchaus einige Coaching-Kompetenzen gibt, die für jede Führungskraft verwertbar sind. Beispielsweise sich konkret in die Anliegen der Mitarbeiter hineinzufragen und -zudenken. Ich teile sie insofern nicht ganz, da aus meiner Sicht diese Rollen nicht kompatibel sind. Ich kann als Führungskraft nicht von 9 bis 10 Uhr meinen Mitarbeiter coachen und ihm um 10.30 Uhr als Vorgesetzter sagen: *„Wenn Sie das und das nicht hinkriegen, werde ich mich von ihnen trennen."* Vielleicht klingt diese Abfolge ein wenig überzogen, aber sie zeigt doch, dass das nicht funktionieren kann.

Vertikales Coaching? Gemeinsame Professionalisierung von Führungskräften und ihren Mitarbeitern, was kann man sich darunter vorstellen?

Vertikales Coaching setzt an der Professionsbeziehung zweier Führungskräfte an, die in einer tatsächlich existierenden Führungsbeziehung stehen. Gearbeitet wird nicht im Unter-Vier-Augen-, sondern im Unter-Sechs-Augen-Gespräch gleichzeitig mit beiden Führungskräften. Der Zusatz „Vertikal" bedeutet also: *basierend auf der realen Hierarchie.*

Im Vordergrund steht dabei die Prüfung der gemeinsamen Professionsbeziehung. So kann man das Vertikale Coaching auch als eine Art TÜV für die eigene Führungsqualität und -qualifikation betrachten.

Themen sind beispielsweise:

- wechselseitiges Feedback;
- Bearbeitung konkreter, anspruchsvoller Praxissituationen;
- Umgang mit Problemen, für die man schon seit längerer Zeit nach einer guten Lösung sucht und bei denen man sich doch immer wieder im Kreis dreht;
- beobachtbare Umsetzung der Unternehmensleitlinien und -philosophie;
- Rollenwechsel von der Fachkraft zur Führungskraft.

Es ist eine Binsenweisheit: Jeder Mensch hat seine Stärken und Schwächen. Um die Schwächen zu schwächen und die Stärken zu stärken, werden enorme Summen in die Weiterbildung von Führungskräften und Mitarbeitern investiert. Das ist grundsätzlich begrüßenswert. Die Frage ist jedoch: Wie individuell und zielgerichtet findet Weiterbildung statt, damit sie zur nachweisbaren Qualitätssicherung und -steigerung im eigenen Unternehmen führt?

Fehlt eine systematische Personalentwicklung im Unternehmen, so werden oft Unsummen in Standardseminaren verschleudert. Nach dem Motto *„Man kann ja immer irgend etwas mitnehmen"* besuchen Führungskräfte zum Beispiel ein Seminar zu Themen wie Führung, Projektmanagement oder Präsentation – ohne vorher zu überlegen, wo denn genau der Bedarf liegt und ob überhaupt ein relevanter Nutzen für das Unternehmen daraus resultieren wird. Manche Mitarbeiter sprechen schon etwas zynisch von Alibiveranstaltungen.

Beim Vertikalen Coaching wird je nach Bedarf ein individueller und präziser Weiterbildungskontrakt zwischen GF (Geschäftsführung) und FK (Führungskraft) geschlossen und zwar mit einem definierten und erreichbaren Ziel und den zu absolvierenden Teilschritten.

- Es werden so Seminargebühren eingespart.
- Durch die individuelle und am tatsächlichen Bedarf ausgerichtete Weiterbildungsmaßnahme bleibt auch die Arbeitszeitinvestition im Rahmen des Vertretbaren.
- Zunehmend größere Verantwortungsübernahme vonseiten der FK ist möglich.

- Ein stetiger Kompetenzzuwachs der FK in ihrem spezifischen Wirkungskreis ist garantiert.
- Die verbindliche Umsetzung von Zielvereinbarungen mit der FK gehört unweigerlich dazu.

Was passiert konkret beim Vertikalen Coaching?

Hier zwei Praxisbeispiele:

Beispiel 1: Beginn der Zusammenarbeit zweier Führungskräfte. Nehmen wir mal die üblichen Erwartungen unter die Lupe, die zu Beginn einer Zusammenarbeit geäußert werden. Das sind Beschreibungen wie: *„Ich erwarte von Ihnen, dass Sie teamfähig sind, einsatzbereit, loyal, über den eigenen Tellerrand schauen, eigenverantwortlich agieren, bereichsübergreifend denken etc. pp."* – Das klingt alles klar, logisch und vernünftig und man denkt: Prima, auf geht's! Doch die Frage bleibt: Ist damit wirklich alles klar? Wie zeigt sich denn Teamfähigkeit im Alltag? Worauf genau legt der Vorgesetzte wert? Was versteht der Mitarbeiter darunter?

Ich verwende in diesem Zusammenhang gerne die Metapher „Menüleiste eines Computers". All die aufgezählten Kriterien sind Buttons der Menüleiste. Echtes Verständnis, und damit Nachvollziehbarkeit sowie Handlungssteuerung, entsteht erst durch das Anklicken dieser Buttons. Was verbirgt sich dahinter? Angenommen im Menü steht „Dialogorientiertes Führen". Zu diesem Thema habe ich erst vor kurzem Folgendes erlebt:

Eine Führungskraft legt in Besprechungen regelmäßig 50 Minuten lang eine Folie nach der anderen auf. Und fragt zum Schluss stets alle Mitarbeiter, was sie davon halten würden. Ob Sie's glauben oder nicht, durch diese Nachfrage hält sie sich bereits für *dialogorientiert!* Im Prinzip sogar zu Recht, denn der Manager hat ja tatsächlich die Mitarbeiter gefragt.

Beim Vertikalen Coaching wird in diesem Fall genau auf den Punkt gebracht, wann eine Zusammenarbeit als erfolgreich beurteilt wird und wann nicht. Dazu kann jeder seine bisherigen positiven wie negativen Erfahrungen einbringen. Je offener und detaillierter die Dinge angesprochen werden, desto wahrscheinlicher ist es, dass Fehler und Missstimmungen gar nicht erst auftreten.

Beispiel 2: Unterschiedliche Auffassungen zweier Führungskräfte zum Thema
„Selbstständiges Arbeiten": Geschäftsführer (GF) und nachgeordnete Führungskraft (FK) stellen beim Vertikalen Coaching fest, dass ihre jeweiligen Vorstellungen vom selbstständigen Arbeiten extrem voneinander abweichen. Beide denken, dass dem jeweils anderen diese unterschiedliche Bewertung auch schon lange bekannt sei.

Hintergrund: Die Führungskraft gilt als Leistungsträger und soll unbedingt gehalten werden. Beide beurteilen ihr privates/menschliches Verhältnis zueinander als sehr gut. Was der Geschäftsführer zu diesem Zeitpunkt nicht weiß: Die Führungskraft hat bereits ihr Kündigungsschreiben geplant.

Bei der Bearbeitung dieses bislang unausgesprochenen Punkts ging es z. B. um die Antwort auf folgende Fragen (je nachdem an beide oder an einen allein gerichtet):

- *Was verstehen Sie unter selbstständigem Arbeiten?*
- *An welchen Beispielen der letzten Wochen machen Sie fest, dass das Kriterium „Selbstständiges Arbeiten" nicht erfüllt ist?*
- *Gibt es positive Ausnahmen? Wenn ja, wie können diese besser kultiviert werden?*
- *Was könnten Ihre Beiträge als Geschäftsführer sein, um selbstständiges Arbeiten zu ermöglichen und zu fördern?*
- *Wie gelingt es Ihnen, weniger in den Verantwortungsbereich Ihrer Führungskraft hineinzufunken – ohne dabei den Kontakt zur Basis zu verlieren?*
- *Was sollte Ihre Führungskraft leisten, damit sie auch beobachtbar für Sie selbstständig arbeitet?*
- *An welchen Zukunftsbeispielen könnten Sie testweise ein anderes Führen üben?*
- *Was werden Sie tun, wenn es nicht klappt?*
- *An die geführte Führungskraft: Welche Frühsignale senden Sie aus, wenn es wieder schief läuft? Was wäre daraufhin – aus Ihrer Sicht – eine angemessene Reaktion Ihres Geschäftsführers?*
- *Auf einer Skala von 1 (Totalkontrolle) bis 100 (völlig den Überblick verloren): Wo würden Sie sich einschätzen? Wie könnten Sie zehn Punkte dazu-*

gewinnen, ohne sich dabei zu verbiegen? Woran würden Ihre Mitarbeiter das merken?

* *Welche positiven Seiten hat das Führungsverhalten Ihres Geschäftsführers auch für Sie?*

Gerade was die letzte Frage angeht, ist es erstaunlich, wie häufig sich Menschen auf eine negative Sichtweise respektive Beurteilung einer Situation reduzieren und damit einen getrübten Blick auf das Ganze haben. In diesem Fall aber waren beide souverän genug, offen und konstruktiv über ihre diesbezüglichen Schwächen miteinander zu sprechen. Somit erreichten sie auch wieder eine Ebene, die eine fruchtbare Zusammenarbeit in der Zukunft ermöglichte.

Unterstützend dazu wurde mit dem Geschäftsführer ein Einzelcoaching vereinbart, bei dem es auf einer professionell-seelischen Ebene um die Themen *„Loslassen, Vertrauen und Delegation"* ging.

Die Führungskraft besuchte ihrerseits ein Selbsterkenntnisseminar, um mehr Bewusstheit über ihren eigenen Arbeitsstil zu bekommen, der bislang davon geprägt war, eher vorschnell Entscheidungen zu treffen, zu wenig Hintergrundinformationen einzuholen und dadurch auch Fehler zu produzieren. Im Nebeneffekt galt es, ihr ausgeprägtes Improvisationstalent – das dem Unternehmen schon viele Erfolge gebracht hatte – zu läutern, also mit einer neuen Qualität zu versehen.

Brauchen Führungskräfte denn wirklich einen Vertikalen Coach? Es ging doch früher auch ohne?

Natürlich sind Führungskräfte in der Lage, ihre Führungsbeziehung selbstständig zu gestalten. Dafür werden sie schließlich bezahlt. Das höre ich auch häufig als Argument: „Wenn er nicht alleine führen kann, ist er bei uns fehl am Platz!" Grundsätzlich teile ich diese Ansicht, nur nicht so bedingungslos.

Ich denke, einerseits ist es für jeden Manager zur Entwicklung und Reflexion seiner Führungsqualitäten sehr hilfreich, von einem Profi gespiegelt zu werden. Andererseits: Wo lernt denn ein Manager, professionell zu führen? Ich denke, in der Praxis – mit allen bekannten Anfangsschwierigkeiten: Fehlentscheidungen, Unsicherheiten, daraus resultierenden Verzögerungen, Missstimmungen und Frustration auf beiden Seiten. Ich glaube, dass auch solche Negativerfahrungen wichtig und lernwirksam sind, aber eben nicht alleine, das wäre als einseitig und verantwortungslos zu bezeichnen.

Mit einem externen Partner erhält die Führungskraft die Möglichkeit, einen individuellen, also der eigenen Persönlichkeit entsprechenden Führungsstil zu entwickeln, und gleichzeitig ihr Führungsrepertoire zu erweitern. Und das findet live in einer Situation statt, für die sie hauptsächlich bezahlt wird, nämlich professionell zu führen.

Als vertikaler Coach schaffe ich dafür einen professionellen Rahmen, um mit den Führungskräften gemeinsam eine Kultur des Lernens zu entwickeln, die sie dann in die eigene Organisation, in ihre tägliche Arbeit weitertragen und dort selbst zum Vorbild werden. Ziel dabei ist, die externe Unterstützung so rasch wie möglich überflüssig zu machen.

Was bringt Vertikales Coaching für das Unternehmen?

Vertikales Coaching ist für das Unternehmen wertsteigernd.

- *Beispiel 1: Zeitsparen durch effektives Besprechen.* Der vertikale Coach nimmt die Rolle des Moderators ein, der sich verantwortlich zeichnet für ein zügiges, strukturiertes und effektives Arbeiten. Es ist verblüffend, wie sehr Menschen aneinander vorbeireden können und von einem Thema zum nächsten springen, ohne eins wirklich abzuschließen.

  Das passiert sogar häufig unbemerkt, weil die Beteiligten selbst so tief im Thema stecken. In deren Gesprächsverhalten stelle ich häufig fest, dass komplexe Themen spontan angeklickt werden, obwohl bereits in der ersten Sekunde klar ist, dass dieses Thema hier auf keinen Fall hinreichend tief besprochen werden kann. Dafür ist jedoch wenig Bewusstsein vorhanden.

  Die Folge? Man denkt sich eine ganze Weile in ein Thema hinein und verbringt wertvolle Zeit damit, um dann doch wieder die Besprechung ergebnislos zu vertagen. Das passiert selbst sehr zielstrebigen Managern. Wenn's ganz schlecht läuft, verlässt man solche Besprechungen mit der Frage: „Was hat mir das jetzt eigentlich gebracht? War doch völlig umsonst, eine E-Mail hätte dafür auch gereicht!" Neben der schlechten Zeitökonomie kommt dann noch die Frustration hinzu.

Durch eine effektive Gesprächsführung ist meines Erachtens eine 5–15-prozentige Effektivitätssteigerung in jeder Besprechung möglich. Manchmal sind sogar 100 Prozent drin – wenn man feststellt, dass man nicht nur die *Dinge* richtig gemacht hat, sondern auch die *richtigen* Dinge gemacht hat. Und dieser Effekt lässt sich dann leicht in Stundenlöhne hochrechnen.

Durch Vertikales Coaching wird anhand konkreter Praxisbeispiele das Gesprächsverhalten hinsichtlich Zeitökonomie, Fokusdisziplin und Effektivität professionalisiert. Als wichtiger Nebeneffekt – vor allem für die Umsetzung im Alltag – wird die Reflexionsfähigkeit über das Gesprächsverhalten verbessert.

- *Beispiel 2: Aufdecken, was zwischen den Zeilen wirkt.* Es gibt offenbar mehr Unausgesprochenes und Unklares in Führungsbeziehungen als man vermuten würde. Auch beim Thema „Selbstständiges Arbeiten". Der Geschäftsführer von S. 21, Beispiel 2, glaubte von sich, er lasse seinen Mitarbeitern alle Freiräume und reichlich Eigenverantwortung. Der Bereichsleiter empfand dies aber keineswegs so. Erst nach mehrmaligem Anklicken, also auf der Suche nach dem individuellen Verständnis dessen, was denn beide im Detail unter selbstständigem Arbeiten verstehen, wurde ihnen ihr Missverständnis diesbezüglich klar. Erst seit dieser Erkenntnis wurde die weitere Zusammenarbeit konstruktiv und gewinnbringend für beide Seiten. Übrigens: Die Führungskraft erzählte anschließend, dass sie ihr bereits formuliertes Kündigungsschreiben nun vernichten werde. Gelingt es, die Fluktuationsrate kompetenter Mitarbeiter aufgrund des konsequenten Arbeitens an den relevanten Stellhebeln der Führungsbeziehung zu senken, so ist das ein erheblicher finanzieller Gewinn für das Unternehmen.
- *Beispiel 3: Kosten sparen durch effektives Nutzen der Probezeit oder: Die ersten 100 Tage entscheiden über alles.* Häufig geht es im Vertikalen Coaching um die Klärung gegenseitiger

Erwartungen. Gerade zu Beginn einer Zusammenarbeit, also in der Probezeit, ist das ein wichtiger Punkt. Meine Erfahrung ist, dass Führungskräfte oft nicht präzise genug ihre Erwartungen äußern – und zwar nicht nur die unerfahrenen. Damit wird die Probezeit auch nicht zum tatsächlichen gegenseitigen Austesten genutzt. Wenn nun deshalb möglicherweise der falsche Mitarbeiter eingestellt wird, hat das für beide Seiten gravierende Folgen. Wenn eine Führungskraft entlassen wird, sind bis dahin mehrere Monatsgehälter gezahlt worden, ohne dass die FK eine entsprechende Dienstleistung erbracht hat. Dem kann Vertikales Coaching vorbeugen.

Vermehrte kostspielige Gespräche zwischen GF und FK aufgrund von Misserfolgen und Fehlentscheidungen der FK werden vermieden. Es gibt keine Frustration und keinen Ärger auf beiden Seiten, da von Beginn an die Karten offen auf den Tisch gelegt werden. Mögliche Motivationsverluste der Mitarbeiter, die sich erfolglos mit Zeit und Engagement um die Einarbeitung der FK gekümmert haben, bleiben aus – von den üblichen Kosten für die erneute Suche mal ganz abgesehen.

Welchen Vorteil hat Vertikales Coaching für den geführten Mitarbeiter?

Genauso wie Chefs ihre Erwartungen und Kritik oft nicht hinreichend präzisieren, erlebe ich das Gleiche bei den Mitarbeitern. Es klingt vielleicht nicht glaubhaft, aber viele Vorgesetzte sind wesentlich offener für Kritik und Wünsche als allgemein vermutet. Zu schweigen oder jammernd den Unmut an anderer Stelle, also bei den Kollegen, loszuwerden, halte ich für eine unprofessionelle und nicht würdevolle Form des Umgangs mit Kritik. Im professionellen Feedback-Geben erlebe ich viele Mitarbeiter als ungeübt.

Das Vertikale Coaching dient also auch dem Mitarbeiter dazu, in Ruhe und innerhalb eines professionellen Forums einmal Erwartungen und Kritik auf den Punkt bringen zu können.

Besteht nicht die Gefahr, dass Sie sich als vertikaler Coach manipulativ in die Führungsbeziehung einmischen?

Das ist natürlich ein schmaler Grat. Letztlich kann ich jede Form der Kommunikation als Manipulation deuten, aber ich sehe mich eher als Benchmarker für gute Führungsbeispiele. Vorgehensweisen, die mir sinnvoll und passend erscheinen, bringe ich als Vorschläge in das Gespräch ein.

Aus meiner Sicht ist zu Beginn des ersten Arbeitens einiges an Rollenklärung meinerseits zu leisten. Wenn der Chef und sein Berater zum Vertikalen Coaching bitten, riecht es ja schon nach Parteilichkeit. Mein Eindruck ist inzwischen jedoch der, dass auch dem anfangs skeptischsten Mitarbeiter die Grundidee dieser Form des Arbeitens plausibel zu machen ist. Denn: Die Führungsbeziehung mit ihren eventuellen Schwierigkeiten besteht ja ohnehin schon. Letztlich diene ich als Katalysator für etwas, das schon da ist – und helfe dabei, in einen professionellen, konstruktiven Austausch darüber zu kommen. Der Rest ist Vertrauenssache. Für mich ist selbstverständlich, dass ich mich nach einem Coaching nicht mit dem Chef über diesen Mitarbeiter auslasse. Selbst wenn er das wollte. Das ist tabu – anders wäre (vertikales) Coaching gar nicht möglich.

Sehen Sie sich als Schlichter in Konfliktsituationen?

Nein, keineswegs. Es ist nicht mein Professionsverständnis, den Schlichter zu spielen oder irgendwie Partei für eine Seite zu ergreifen. Natürlich ist gerade in Konfliktsituationen die Versuchung groß, für Harmonie zu sorgen, wenn die Meinungen sehr stark voneinander abweichen.

Aber gerade wenn die Meinungen auseinanderdriften, ist es wichtig, im Dialog zu bleiben und miteinander in einem guten Stil darüber zu kommunizieren, auch wenn kein Konsens entsteht. Manchmal ist gerade die Klarheit über die Unklarheit, also zunächst einmal nur die Tatsache, verstanden zu haben, wo der andere steht und was seine Argumente sind, der erste Schritt zur Lösung. Und das hat nichts damit zu tun, sich um friedliche Lösungen um jeden Preis zu bemühen.

Für wie bedeutsam halten Sie das Erlernen intuitiver Fähigkeiten?

Wenn regelmäßige Coachings vereinbart werden, liegt in der Tat ein wesentlicher Lernfokus auf der Kultivierung der Intuition. Da es zum Beispiel immer wieder um unterschiedliche Formen des Feedbacks geht, wird hierbei am konkreten Beispiel nach dem Prinzip „Trial and Error" die Nutzung der eigenen Intuition geübt. In einer immer komplexer werdenden Welt ist professionelle Intuition vielleicht sogar der Kompetenzwettbewerbsvorteil Nr.1. Selbst detaillierte Checklisten oder ausgeklügelte Mitarbeiterbeurteilungssysteme kommen in ihrer Wirksamkeit auch nicht annähernd an wirksame Intuition heran.

Warum? Weil eine kultivierte und geläuterte Intuition unter zahllosen Faktoren den relevanten Stellhebel in Sekundenschnelle herauszufiltern vermag und dabei neben dem Intellekt auch die Seele erreicht, d. h. innere Bilder entstehen lässt.

Früher habe ich geglaubt: Intuition hat man oder man hat sie eben nicht. Sie ist einem in die Wiege gelegt, aber keinesfalls zu erlernen. Das habe ich korrigiert. Ich glaube, Intuition ist sehr wohl lernbar. Allerdings kaum über theoretische Modelle, sondern durch regelmäßiges Üben und Überprüfen seiner Intuition.

Teil I

Persönliche Probleme und ihre Auswirkungen

> „Wenn man aufhört, seine Eltern erziehen
> zu wollen, wird man langsam erwachsen."
>
> *Dr. Bernd Schmid*

1 Ängste überwinden

> „Wie bekomme ich mehr Leichtigkeit in
> mein Leben?"
>
> *Unternehmerin*

Leitfragen

- Wie kann ich freundlicher mit mir selbst umgehen?
- Wie kann ich meine Schattenseiten nutzen?
- Wie beachte ich meine innere Stimme ausreichend?

Einbettung

Einzelcoaching mit einer Unternehmerin (U). Es handelt sich um
ein mittelständisches Unternehmen. Sie leidet immer wieder unter
Angstzuständen, und zwar mit unterschiedlich starken Ausprägun-
gen. Sie hat über ihr Problem bereits viel gelesen und es auch erkannt, was aber nicht zur Lösung führt.

Der Fall

U: Wenn ich mit einer Situation nicht fertig werde bzw. nicht weiß, wie ich mit ihr umgehe, suche ich die Lösung „in meinem Körper". Ich bekomme dann Magen- oder Unterleibsschmerzen. Manchmal sind es auch Rückenschmerzen. Diese Symptome verstärken dann wieder die Angst ...

C: ... und das führt wieder zu den Symptomen.

U: Ja, genau. Es ist ein Teufelskreis.
Mir scheint, dass ich einen Hang zum Perfektionismus habe. Irgendwann merkte ich, dass ich diesen Perfektionismus nicht aufrecht halten kann ..., dass die Fassade überall bröckelt und ich mit meinem Leben, so wie es im Moment ist, nicht zurechtkomme. Offen gestanden komme ich auch mit meiner Mutterrolle nicht zurecht. Ich kriege das alles nicht gebacken, was auf mich einströmt.
Das ist das Problem, kurz zusammengefasst.

Im weiteren Verlauf berichtet U über das Gefühl, von ihren Eltern nicht ernst genommen zu werden. Sie ist sehr bewegt.

U: Meine Eltern werden damit überhaupt nicht fertig, dass ihre Tochter, die ja sonst so perfekt ist, die alles im Griff hat, so was hat. Das lassen sie mich auch spüren ... Kann auch sein, dass ich mich noch nicht genügend abgenabelt habe. Aber irgend etwas ist da ..., es tut mir einfach weh ..., es tut mir unheimlich weh ...
Der Stachel sitzt einfach tief. Ich weiß, meine Mutter, die möchte mir bewusst weh tun ... Noch bin ich nicht so weit, dass ich den Kontakt ganz abbrechen möchte. Das will ich nicht.
Ich kann mich nicht daran erinnern, dass meine Eltern mir mal gesagt haben, dass sie mich lieben. Jetzt tun sie es. Aber ich merke, dass es jetzt einfach zu spät ist. Der Zug ist abgefahren.

U noch einmal zu den körperlichen Symptomen.

U: Ich kriege Schweißausbrüche. Meine Gedanken kreisen dann immer um dieses Körperteil, welches ich mir aussuche. Ich fühl' mich dann wie betrunken, ohne Alkohol zu mir genommen zu haben.

C: Und wenn dieses Gefühl kommt, dann...

U: Ja, dann denke ich natürlich, oh Gott, nicht schon wieder. Ich habe davon die Nase voll. Ich will nicht mehr. Das Ganze ist begleitet von einem verdammten Druck.

Kurzes Schweigen.

C: Druck zu spüren ist ein Zeichen dafür, besonders gut sein zu wollen... besser als andere.

U betroffen. Schweigt.

Lösungen

C: Ich habe nun eine Weile zugehört. Ich glaube, dass ich ein Bild von Ihrer Situation habe. Mir kommen Gedanken und Ideen zu Lösungsansätzen auf mehreren Ebenen.

- *Ebene 1 bezieht sich auf Gedanken und Erkenntnisse aus neueren familientherapeutischen Richtungen.* Dabei geht es um Ordnung und Unordnung in Familiensystemen.
- *Ebene 2 zielt auf die Frage, was mögliche Vorzüge Ihrer Angstzustände sind.* Also: Was ist der mögliche Nutzen von dem, was Sie als Angst beschreiben?
- *Ebene 3 ist ein Fantasieexperiment, das Ihnen das Leben im täglichen Umgang mit dieser Herausforderung erleichtern kann.* Einverstanden?

U nickt.

Ebene 1: Ordnung und Unordnung in Familiensystemen

C befragt U zirka 30 Minuten lang über biografische Daten aus ihrer Herkunfts- und Gegenwartsfamilie und erklärt einige Praxismodelle bezogen auf die Phänomene Ordnung und Unordnung in Familien, vor allem was das Verhältnis von Kindern und Eltern angeht.

U: Die Verheißung aufzugeben, sich von den Eltern noch etwas wünschen zu dürfen oder sie gar ändern zu wollen, macht mich traurig. Gleichzeitig fühle ich, dass ich nur so zu einer Lösung kommen kann. Ich wollte Ihnen hier und da ein Buch schenken, wieder ein Telefonat mit Ihnen führen, mich bemühen, dass der Streit endet, ohne Ihnen Vorwürfe zu machen, sie hätten dieses oder jenes nicht getan. Vermutlich muss ich es einfach lassen. Das hat in den vergangenen Jahren schon nichts als Ärger und Enttäuschung gebracht. Den Kontakt ganz abrechen will ich nicht.

C empfiehlt den Besuch eines Aufstellungsseminars. Mehr Informationen zur speziellen Fragestellung finden Sie in zahlreichen Büchern zum Thema „Aufstellungsarbeit".

Ebene 2: Vorteile der Angst

C: Auch wenn es seltsam klingt: Was könnte an Ihrer Angst gut und Nutzen stiftend sein?

U: Darüber habe ich noch nie nachgedacht. Ich hasse diese Angstzustände.

U denkt nach.

U: Es könnte natürlich eine Chance für mein Leben sein, rechtzeitig noch einmal Wichtiges in Frage zu stellen. So gehe ich die Dinge aktiver an. Es ist ein Druck zur Veränderung da.

C nickt.

U: Es ist vielleicht auch die Chance, Verantwortung wahrzunehmen. Ich weiß zwar, was Verantwortung heißt. Aber ich kann's für mich und mein Leben nicht wirklich umsetzen. Es kann die Wirkung haben, dass ich an mir wachse ... Ja, dass ich endlich mal erwachsen werde.

U denkt nach.

U: Ja, ich glaube, da ist schon etwas dran. Ich höre jetzt auf Signale, die ich früher überhört habe. Jetzt melden sie sich körperlich. Früher war es nur meine innere Stimme, die mir Signale gesendet hat. Da ich die aber immer erfolgreich überhört habe, werden die Signale jetzt deutlicher – eben körperlich und schmerzhaft.

U mit Nachdruck in der Stimme.

U: Jetzt wird mir es richtig bewusst, während ich das hier erzähle. Streng genommen habe ich jetzt die Chance, nicht ernsthaft krank zu werden ... Wenn ich so weiter leben würde, ginge es mir irgendwann einmal richtig schlecht und ich käme aus dem Teufelskreis nicht mehr heraus.

U überlegt noch.

U: Obwohl die Angst für mich ein schlimmes Thema ist, scheint sie mir doch für mein Leben zu helfen. Zumindest langfristig ... immerhin.

C: Ich weiß nicht, ob Ihnen Folgendes hilft: Die wenigsten Menschen sprechen ja offen über ihre Ängste und Herausforderungen. Ich glaube, dass sogar sehr viele Ähnliches durchmachen wie Sie – in den verschiedenen Lebensphasen. Jeder hat sein Mittel, das innere Wachsen zu fördern. Bei Ihnen ist es, hin und wieder Angst zu verspüren.

U: Wenn das alles nicht wäre, dann würde mein Leben wahrscheinlich nur so dahinplätschern. Und wenn ich in 30 oder 40 Jahren zurückschaute, würde mich mein Werk nicht befriedigen. Die Angst hilft mir.

C: Genau. So merkwürdig das auch klingen mag: Viele Formen von menschlichem Unbehagen sind eine Investition der Seele in eine bessere Zukunft. Die Herausforderung ist, diesen Aspekt zu erkennen und einen Weg zu finden, der ein gutes Maß an Leichtigkeit und Lebensfreude bereit hält.

U: Was mir jetzt auch bewusst wird: Ich bin oft sehr streng mit mir selbst. Ich habe mich für diese Art immer ein wenig verachtet ... und jetzt, wo ich den Nutzen aufgelistet sehe ...

C: ... da kriegen Sie ein freundlicheres Verhältnis zu sich ... Ich glaube, Freundlichkeit ist ein guter Beginn, daraus kann ja Liebe werden.

U lächelt.

Ebene 3: Das Phantasieexperiment

C: Ich möchte mit Ihnen noch ein Experiment machen.
Wenn's gut läuft, dient es dazu, die Gedanken von eben bildhaft zu verdichten. Und das, was Sie als unangenehm empfinden, in ein rechtes Maß zu bringen.
Sie haben grade festgestellt, dass es nicht funktioniert, die Angst einfach wegzudrücken oder auszublenden. Das lässt Ihre Seele nicht zu. Außerdem würden dadurch auch die Vorteile verloren gehen.

C mit leiser, meditativer Stimme.

C: Versuchen Sie einfach mal, Ihre unguten Gefühle, von denen Sie sprachen, noch einmal hervorzuholen. Vielleicht gelingt es Ihnen, diese Gefühle – oder was auch immer da kommt – in ein Symbol oder eine Figur zu packen ... Wie könnte das aussehen? Welche Form könnte das haben? Welche Farbe?

U: Muss das ein Symbol sein oder ...

C: Nein, egal was.

U *(schmunzelt):* Ja, mir ist da ganz spontan ein Bild gekommen. Direkt am Anfang schon. Ein Feuer spuckender Drache.

C: Gut ... gelingt es Ihnen, den Drachen zu beschreiben? Seine Größe? Seine Form?

U: Ja, er ist sehr groß und rot.

C befragt U näher, wo sie sich selbst in dem Bild befindet, wie die Gesamtatmosphäre ist, wie sie sich dabei fühlt.

C: Haben Sie das Bild klar vor Augen und fühlen Sie die Stimmung?

U: Ja.

C: Gut, dann legen Sie das Bild mal kurz auf die Seite ... und nun denken Sie sich mal in eine Situation, in der Sie sich richtig wohl fühlen. Sie haben das vorhin als leicht beschrieben.

U nickt und scheint ein positives Bild gefunden zu haben.

U: Also, dazu kommen mir ganz schnell Bilder. Ich sehe mich lachend über eine Wiese laufen. Die Wiese ist voller Blumen, die Sonne scheint. Blauer Himmel und viele Gelbtöne.

C: Gut. Versuchen Sie diese beiden Bilder in einer guten Form zusammenzubringen.

U schweigt. Ihr Gesicht verfinstert sich zunehmend.

U: Vor meinen Augen wird alles wieder negativ, weil ... Ich sehe, wie der Drachen über mich hinwegfliegt ... und dann sehe ich auch den Schatten, der auf mich fällt und alles um mich herum verdunkelt.

C: Gut. So ist das noch keine gute Auflösung. Ich gebe Ihnen eine kleine Starthilfe, wie Sie zur Gestalterin Ihrer Bilder werden können. Gehen Sie noch einmal auf diese wunderschöne Wiese, ... blauer Himmel, die vielen gelben Farben. Sie schauen bis zum Horizont dieser grünen Wiese und am Ende dieser Wiese sehen Sie einen kleinen lächelnden Drachen.

U lächelt eine Weile.

C: Sie nähern sich nun diesem kleinen Drachen. Vielleicht mit noch etwas gemischten Gefühlen und doch spüren Sie einen inneren Frieden, wie Sie diesem kleinen Drachen näher kommen. Sie schauen dem Drachen, der viel kleiner ist als Sie, freundlich und tief in seine warmen Augen. Sie spüren seinen wohlwollenden Blick. Dann verneigen Sie sich einfach vor ihm.

U ist gerührt, ihr rollen Tränen über die Wangen. Schweigen.

C: Der Drache schaut zurück und sagt: „Jetzt fühle ich mich das erste Mal von Dir gesehen. Früher musste ich mich dazu erst groß machen, jetzt darf ich so bleiben wie ich bin. Gut, wenn Du in Zukunft meine Vorzüge zu schätzen weißt."

U ist sehr gerührt, bleibt lange in sich gekehrt. Nach einer Weile öffnet sie wieder ihre Augen, lächelt.

U: Das tut gut. Jetzt ist mir noch mal viel klarer geworden: Ich habe jahrelang einen Kampf gegen etwas geführt, was zu mir gehört.

C: Genau. Und so fügt sich zusammen, was zusammengehört. Der Drache hat seine Daseinsberechtigung.

U lächelt.

C: Und Sie merken: Wenn Sie lebenslang gegen einen riesengroßen Drachen mit einer Keule ankämpfen, ist es aussichtslos. Gelingt es Ihnen mit aller Herzlichkeit, den Drachen zu Ihrem Partner werden zu lassen, dann erübrigt sich der Keulenschlag von selbst.

Ver-Dicht-ung

- Der Fall verdeutlicht, ähnlich wie der Fall „Angst vor Vorträgen" (Vgl. S. 95): Gegen das, was man als problematisch erlebt, anzukämpfen, hat selten Aussicht auf Erfolg.
- So simpel und unglaubhaft es auch erscheinen mag: Die Lösung geht stets über das Achten und Annehmen dessen, was man als makelhaft und verachtenswert ansieht. Annehmen bedeutet dabei nicht, sich beliebig und fatalistisch seinem Schicksal zu ergeben.
- Die Bilderarbeit hat das Ziel, den nicht geachteten Teil der Persönlichkeit wieder in den Blick zu rücken und einen ressourcenschonenderen Umgang zu ermöglichen.
  Dazu ist es meist hilfreich, die (oft übermäßige) Größe zu reduzieren und in ein stimmiges Maß zu bringen.

Ver-Wert-ung

- Was fällt mir spontan zu diesem Fall ein?

- Wo sehe ich Parallelen zu meinem Leben?

- Was sind die ungeliebten Teile meiner Persönlichkeit?

- Wie gehe ich bislang damit um?

- Was wäre ein *gnädigerer* Umgang?

- Was sind die Vorteile meiner Schattenseiten? Was würde beim Ausradieren alles fehlen?

- Was wäre ein wertschätzender Umgang mit meinen dunkleren Seiten?

- Gibt es ein Bild oder Symbol für die von mir ungeliebten Seiten?

- Wie kann ich dieses Bild zu meinen Sonnenseiten maßvoll und stimmig integrieren?

> „Je mehr Licht wir unseren Schattenseiten
> geben, desto heller werden wir."
>
> *Angelika Glöckner*

2 Druck ablassen

> „Es muss doch noch ein Leben zwischen
> Sonntagabend und Freitagmittag geben!"
>
> *Gestresster Unternehmer*
> *mit Zukunftssorgen*

Leitfragen

- Wie kann ich Verantwortung für mein Unternehmen übernehmen und gleichzeitig mehr Lebensleichtigkeit gewinnen?
- Wie wird dem Bauch klar, was mein Kopf schon lange weiß: Ich führe ein gutes Leben?
- Wie bringe ich die unangenehmen Teile meines Lebens in ein rechtes (seelisches) Maß?

Einbettung

Einzelcoaching mit einem Unternehmer (U). Er ist geschäftsführender Gesellschafter seiner Firma mit 900 Mitarbeitern. Ein Marktführer in einer Nischenbranche.

Bislang haben zehn Einzelcoachings innerhalb von sechs Monaten stattgefunden.

Schwerpunktmäßig ging es um Führungsthemen. Insbesondere

darum, die Professionalität seiner Führungskräfte zu fördern. Dies wurde jeweils an konkreten Beispielen geübt. Zum Teil durch Vertikales Coaching.
In diesem Coaching geht es um ihn selbst, seine Sorgen und Nöte als Unternehmer.

Der Fall

U: Was unser professionelles Miteinander anbetrifft, scheint sich in unserem Unternehmen wirklich etwas abzuzeichnen. Ich merke, dass die Führungskräfte langsam annehmen, was ich seit ein paar Monaten versuche vorzuleben. Ich habe am Anfang gedacht, dass das nie klappen würde. Jetzt merke ich, dass sich mein konsequentes und geradliniges Verhalten langsam auf die nächsten Führungsebenen überträgt. Ich nutze insbesondere die mit jedem Bereichsleiter in den letzten Monaten getroffene Vereinbarung, immer ein direktes Feedback zu geben und Kritik zu üben. Diese raschen Zwei-Minuten-Feedbacks bewähren sich nun. Eigentlich unvorstellbar, wie wir jahrelang geschwiegen und Führung nur als *„Anweisungen geben"* verstanden haben. Baustellen gibt's natürlich noch genügend ...
Was mich selbst sehr beschäftigt und mir oft ganz schön zu schaffen macht, ist der ungeheure Druck und die Anspannung. Die Vorteile des selbstständigen Unternehmerdaseins genieße ich kaum – oder viel zu wenig. Mir geht's ab Freitag mittag gut bis Sonntag ... Sonntag nachmittag spüre ich wieder diesen Druck!

C: Sie haben das ja schon ab und zu mal durchblicken lassen. Nutzen wir die Gelegenheit, uns dem Problem anzunähern. Offenbar ernten Sie langsam die ersten Früchte in Ihrer Führungsarbeit, was ja eine erfreuliche Entwicklung ist. Ihr Seelenleben scheint trotzdem noch nicht in Harmonie zu sein.

U: Genau, so ist es. Die unternehmerische Realität, die einfach nie idyllisch ist, lässt das nicht zu.

C: Ja, das kann man so sehen, man muss es aber nicht so sehen.

U denkt nach.

U: Stimmt. Muss man wirklich nicht.

C: Was passiert denn mit Ihnen, wenn das entsteht, was Sie „Druck und Anspannung" nennen?

U berichtet.

U: Es ist eine Verstrickung in Negatives, die es verhindert, dass ich zu meiner vollen Leistungsfähigkeit komme. Also irgend etwas, das mich daran hindert, meine Fähigkeiten voll auszuleben ... Das hat dann wiederum was mit Lebensqualität zu tun, die dadurch geringer ist. Es geht auch um Angst. Existenzangst. Ich denke, solange ich Angst habe, vermeide ich manche Dinge und Entscheidungen.

C: Wenn ich Sie richtig verstanden habe und meine Eindrücke aus den letzten Monaten stimmen, so scheint es, dass viele Ihrer Sorgen an konkrete Themen gekoppelt sind. Mal geht es um Ihr Unternehmen als Ganzes, dann geht es um Teilaspekte, wie z. B. die Effektivität einer Ihrer Führungskräfte, oder Sie erklären, dass ein Kunde mehr Umsatz bringen könne, aber von Ihren Verkäufern lange nicht besucht wurde etc. Das scheinen die Themen zu sein, um die es sich immer wieder dreht.

U: Genau. Ich könnte noch viele hinzufügen, aber letztlich scheint's immer darauf hinaus zu laufen.

C erklärt in ein paar Worten seine weiteren Schritte.

Schritt 1: Nutzen des Bildervorrats aus der Vergangenheit

C: Kommt Ihnen zu diesem Gefühl, das Sie gerade beschrieben haben, ein Bild in den Sinn, das Ihre Situation verdeutlicht?

U schweigt und denkt nach.

U: Mir fällt da kein Bild ein, sondern ich denke an drei Dinge. Die haben eins gemeinsam: Ich erlebe sie als regelrechten Angriff auf mich, sehe sie also nicht als Sachprobleme, sondern als Attacke auf mein Ego, auf mein Selbstwertgefühl. Es gibt beispielsweise ein paar Kunden, die wirklich nicht ganz ernst zu nehmen sind. Wenn die sich beschweren oder etwas reklamieren, dann laufe ich rum wie Falschgeld. Dann werde ich hektisch und stecke damit die anderen an: Effektiver arbeitet dadurch keiner ...

Meinen Alltag erlebe ich teilweise so wie damals als Kind. Mein Damoklesschwert war die Flötenstunde. Ich hatte jeden Donnerstag Unterricht, und unterteilte die Woche in die Zeit „vor Donnerstag" und „nach Donnerstag". Für mich waren diese Flötenstunden ein Horror. Wie ein wöchentlicher Angriff auf mein Ego.

Mir fällt noch ein anderes Bild ein, das mich schon seit Jahren begleitet. Etwas aus der Welt der Berge. Ich laufe an einem Grat entlang. Der Weg verläuft meistens so, dass ich nicht auf die andere Seite sehen kann. Vielleicht ab und zu mal, aber ganz selten. Dann geht's mir gut. Richtig gut. Nur, sobald ich mal drübergeschaut habe, geht der Weg wieder runter und ich stehe wieder vor dem Berg ...

Mit Glanz in den Augen spricht er weiter.

U: Das sind für mich dann die wunderbaren Momente, wenn ich so hinüber schau und an mich glaube. Dann bin ich selbstbewusst und stolz. Ich hab' ja auch ein recht erfolgreiches Unternehmen ...

Er kommt noch einmal auf die Flötenstunde zurück.

U: Und diese Flötenstunden waren für mich der größte Albtraum.

U wird nachdenklich und ist bewegt.

C: Merken Sie die Kraft, die diese Bilder haben?

U denkt nach.

U: Ja, natürlich. Die sind ganz präsent und haben großen Einfluss auf meine Gefühle.

C: Genau. In den nächsten Minuten versuchen wir, die Kraft dieser Bilder zu nutzen und möglicherweise die Dinge in ein rechtes Maß zu rücken. Mehr dazu später. Und gleichzeitig ist diese Kraft natürlich ein guter Nährboden für Veränderungsprozesse und persönliche Weiterentwicklung.

Schritt 2: „Situation-Ist-Analyse" in bildhafter Form

C: Bleiben wir in dieser Stimmung: Finden Sie für Ihre Themen, die Sie aufgezählt haben, eine bildhafte, figurative Verdichtung?

U: Wie? In idealisierter Form? So, wie sie sein könnten?

C: Nein, genauso wie sie sind. In ihrer unguten Ausprägung.

U denkt nach.

U: Fällt mir jetzt schwer. So richtig kommt mir da jetzt nichts. Eher eine Farbe. Es ist etwas Dunkles, sehr Düsteres. Ich sehe etwas, das im Weg steht. Also zwischen mir und dem Ziel, wo ich hin möchte. Wie eine Mauer, die ich nicht überwinden, aber ganz klar identifizieren kann. Ich weiß, wo sie steht, aber ich komm nicht drüber. Also, mein Radar ortet die Wand.

C: Ist die Mauer groß oder klein?

U: Sehr groß.

C: Okay. Speichern Sie dieses Bild mal vorläufig ab. Okay?

U: Ja.

Schritt 3: Visionssuche

C: Gibt es etwas für Sie, das symbolhaft ausdrückt: So ist es gut.

U nickt sofort.

U: Ja, ganz spontan: Insel, Sonne, Meer, Weite.

U rattert die Begriffe ein wenig runter.

C: Haben Sie es auch gut vor Ihrem inneren Auge? Fühlen Sie es?

U geht in sich.

U: Ja, ich fühle es. Es ist eine richtige Sehnsucht. Ja, eine große Sehnsucht danach.

U beschreibt alles und ist gerührt.

Schritt 4: Integration der Bilder

C: Eine Frage, die zunächst vielleicht überraschend und ungewöhnlich klingt, ist: Gelingt es Ihnen, Bild 1 und Bild 2 in einer guten Form zusammenzubringen?

U denkt nach.

U: Nein, das sind für mich zwei Welten, die nicht zusammengehören.

U will weiter erklären. C unterbricht.

C: Moment. Das ist gerade der Punkt.

U ist bewegt.

C: Gehen Sie noch einmal in das Bild 1: Vergegenwärtigen Sie sich die Mauer. Wie groß ist die im Verhältnis zu Ihnen?

U: So groß, dass ich nur selten drüberschauen kann. Eigentlich steht sie immer riesig vor mir und blockiert meinen Weg.

C: Ich möchte mit Ihnen ein kleines Experiment machen: Schließen Sie Ihre Augen, stellen Sie beide Füße locker auf den Boden, so dass Sie einen festen Stand haben.
Gut, dann gehen Sie wieder in Ihr erstes Bild. Sie werden nun Regisseur Ihrer eigenen Bilder. Als Regisseur haben Sie alle Freiheiten, das zu verändern, was Sie wollen. Was ändert sich, wenn Sie die Mauer, die Sie dort sehen, ein Stück kleiner machen ... Und noch kleiner ... Wie sieht sie jetzt aus?

U berichtet mit geschlossenen Augen.

U: Sie reicht mir jetzt bis zur Hüfte.

C: Vielleicht machen Sie sie noch ein wenig kleiner, sodass Sie ganz locker drüberspringen können.

U nickt.

C: Und vielleicht können Sie die Farbe ändern, in einen etwas helleren, freundlicheren Ton umwandeln.

U nickt.

C: Und jetzt gehen Sie in Ihr Bild 2. Beschreiben Sie es noch einmal.

U: Ich sehe mich auf einer Insel. Fischerboote schaukeln auf den Wellen. Die Sonne glitzert im Meer. Es stellt sich ein wohliges Gefühl ein.

C: Okay. Und jetzt gehen Sie am Strand auf dieser Insel entlang. Und irgendwo am Ende in dieser Weite, da sehen Sie etwas, was Sie neugierig macht. Es zieht Sie fast magisch an, Sie kommen näher und ... sehen, wie Ihr kleines Mäuerchen da steht.

U lächelt und wirkt entspannt.

C: Jetzt gehen Sie noch ein Stück näher, sodass Sie sich vielleicht zwei, drei Meter von dem Mäuerchen befinden. Sie schauen sich um, sehen die Weite, Sie fühlen sich gut und mit diesem Gefühl schauen Sie auf das kleine Mäuerchen.
Sie betrachten es sehr achtsam. Sie lächeln die Mauer an, Sie verneigen sich leicht vor ihr und sagen: „Kleines Mäuerchen: Du bist ein wichtiger Teil von mir. Auf Dich möchte ich nun achten."

U ist sichtlich bewegt. Spricht laut die Sätze nach. Nach einer Weile redet er weiter.

C: *„Und ohne Dich, wäre ich nicht da, wo ich heute bin. In Zukunft werde ich für Dich sorgen."*
U spricht die Sätze langsam nach.

C: Und das Mäuerchen schaut nun zu Ihnen hoch und sagt: *„Gut, dass Du mich jetzt siehst. So fühle ich mich geachtet."* Beide verweilen noch einen Augenblick, schauen sich an und mit einem Zwinkern verabschieden Sie sich. Sie steigen behutsam über die Mauer und gehen Ihres Weges, spüren die Weite, die Frische des Meeres, die Sonne und denken an Ihren neuen kleinen Partner.

U kommt aufmerksam zurück in den Raum und schweigt eine Weile.

U: Das ist unglaublich. Ja, das spüre ich nun. Ich denke, ich habe den Fehler gemacht, immer wieder gegen diese Einzelprobleme anzugehen. Sie haben Recht, die neue Denkweise und Sicht der Dinge bringen mich und das Unternehmen immer wieder ein Stück voran. Nun merke ich: Ein kleines Mäuerchen tut's auch. Ich habe immer umsonst eine Riesenwand vor mir aufgebaut.

15 Minuten Schweige- und Kaffeepause.

C: Die letzte halbe Stunde hat Ihnen vielleicht die Tür geöffnet zu einem Raum, in dem aus meiner Sicht viele Entwicklungsmöglichkeiten für Sie verborgen liegen. Draußen an der Tür hängt ein Schild, das folgenden Titel tragen könnte: Integration und rechtes Maß.

U denkt nach.

U: Naja, ich weiß nicht so recht, ob ich es mir damit nicht ein bisschen einfach mache. Ich habe jetzt natürlich eine Technik, den Fokus, also den Zoom zu verändern und die Sache in einem neuen Licht erscheinen zu lassen. Und das kann man in Gedanken und Bildern wirklich gut. Da kann ich mit der Mauer machen, was ich will.

C: Und?

U denkt eine ganze Weile nach. Lacht.

U: Klar. Meine Gefühle sind ja nichts anderes als Wirkungen und Ergebnisse meiner Denkmuster. Fokus hin oder her.

C schmunzelt.

C: Genau. Wir haben Dinge zusammengefügt, die zusammengehören. Ich habe eine integrative Arbeit mit Ihnen gemacht. Die meisten Menschen kämpfen und strampeln gegen das an, was Ihnen nicht behagt. Die Erfahrung zeigt jedoch, dass das nicht funktioniert. Also, etwas ganz wegdrücken geht nicht. Dann wird das, was viele Menschen als Problem erleben, überdimensional groß. In dem Fall kann man z. B. mit einer integrativen Bilderarbeit ein wenig Erleichterung schaffen. Daran haben wir gearbeitet. Wir haben erreicht, Ihren Zoom so zu verstellen, dass Ihr Problem das rechte Maß erhält. Bleiben wir doch noch einmal bei diesem intellektuellen Spiel. Was ist denn das *rechte Maß*? Wie ist denn Ihre augenblickliche Situation *wirklich*?

U denkt nach.

U: Na ja, Sie haben schon Recht. Ich besitze ein erfolgreiches Unternehmen. Ich selbst fühle mich gesund, bin finanziell unabhängig, ich könnte von heute auf morgen mit dem Arbeiten aufhören. Ich führe eine glückliche Ehe und habe Kinder, auf die ich stolz bin.

U denkt nach.

C: Also, was ist dann das rechte Maß? Die große dunkle Mauer oder das kleine freundliche Mäuerchen in der Sonne?

U *(lacht)*: Schon gut. Ich habe verstanden.

C: Noch ein provokativer Schlussgedanke, den Sie nicht ernst nehmen müssen, aber können: Ich bin überzeugt, dass Ihr Unternehmen ohne Ihre Tugenden, die sich hinter Ihrem Mäuerchen verbergen, also Missstände ernst zunehmen, klagende Kunden an sich heranzulassen, sich über einzelne Lausigkeiten Ihrer Verkäufer aufzuregen etc. nicht mehr existieren würde. Ihr Mäuerchen hat Wert.

Ver-Dicht-ung

- Da denkt man als erfolgreicher Unternehmer, man habe alles erreicht: Freiräume, Familie, Wohlstand. Man weiß schon lange, dass Geld allein nicht glücklich macht. Sich x-mal einzureden, wie gut es einem eigentlich geht, hilft auch nicht. Vergleiche, wie gut es einem in Relation zu anderen geht, macht man mit einem schlechten Gewissen. Kurzum: Regelmäßige Tiefpunkte bleiben einfach nicht aus. Das totale Glücksgefühl stellt sich nicht ein.
- Verheißungsvolle Bücher mit Titeln wie „In 10 Schritten zur glücklichen Ehe" oder „5 Stufen zum Topunternehmer" hat man ebenso gelesen. Doch Umsetzung der angeblichen Patentrezepte scheint gar nicht so einfach zu sein.
- Eine Patentlösung gibt es nicht. Daraus ist folgende Frage logisch ab-

leitbar: Was ist ein guter, schöpferischer Umgang mit den eigenen Krisen, Selbstzweifeln und Anspannungen? Ein guter Weg kann sein: *Anzuerkennen*, was ist. Also zu akzeptieren und vielleicht sogar wertzuschätzen, was als problematisch erlebt wird – anstatt dagegen anzukämpfen.

- Vermutlich wird es immer wieder Phasen des Zweifelns und des Ringens geben. Die Kunst besteht darin, darauf zu vertrauen, dass in Krisensituationen Ideen und Eingebungen entstehen, die unter normalen Bedingungen keine Chance zur Realisierung hätten. Insofern wird eine Krise wirklich zur Chance. Die Voraussetzung dafür ist, dass man die Krise anerkennt und zulässt. Sich ihr ergibt – statt sie aktiv bekämpfen zu wollen. Dann kann sie ihre schöpferische Kraft entfalten.

- So werden Berater und Therapeuten auch in Zukunft nicht die Probleme ihrer Klienten lösen können. Was sie jedoch tun können und sollten: Hinweise und Impulse geben, wie ein schöpferischer Umgang mit den eigenen Krisen stattfinden kann.

- Diese Ansicht steht natürlich im Widerspruch zu vielen Modebewegungen wie z. B. das Anti-Aging. *Gegen* das eigene Altern anzugehen hat ebenso wenig Sinn wie dauerhaft einer Krise auszuweichen. Es gibt Menschen, die nicht ringen, sich nicht auseinandersetzen mit den Problemen, sich selbst sogar gerne als *Meister im Verdrängen* bezeichnen. Gut, wenn's funktioniert. Nur: Wie häufig werden anstehende Entscheidungen nicht getroffen, wichtige Dinge nicht geklärt? Beruflich wie privat. Und wie oft hat das fatale Folgen.

Ver-Wert-ung

- Wie ist mein persönlicher Umgang mit Krisen und persönlichen Unzulänglichkeiten?

- Was sind meine ungeklärten Felder und Themen?

- Was hat mich beim Lesen nachdenklich gemacht?

- Welche Themen sind fällig zur Klärung (beruflich wie privat)?

- Wogegen kämpfe ich mit Vorliebe an?

„Freundlichkeit ist die kleine Schwester der
Liebe."

Dr. Bernd Schmid

3 Emotionen kontrollieren

„Ab und zu sehe ich rot. Da gehen die
Gäule mit mir durch."
Impulsive Managementdirektorin

Leitfragen

- Wie integriere ich die Bilderarbeit zum Thema „Unberechenbare
  Impulsivität" in typische Alltagssituationen?
- Wie übertrage ich meine Erkenntnisse in konkret beobachtbares
  Verhalten?
- Wie gehe ich nachträglich mit meinen Fehltritten um?

Einbettung

Managementdirektorin (M) reagiert in Besprechungen, die aus dem
Ruder laufen, heftig und impulsiv. Sie fühlt sich leicht angegriffen
und kontert mit verbalen Gegenattacken. Die Probleme entstehen
nicht durch ihre Führungsqualität, sondern auf kollegialer Ebene
mit Direktoren und Vorständen. Und zwar besonders dann, wenn
Sie sich von deren Gedanken und Vorschlägen „abgespeist" fühlt.
Im ersten Coaching wurde an ihrer Rollenidentität gearbeitet.

Ziel dieses Folgecoachings ist es, die Umsetzung des Erlernten im Alltag sicher zu stellen bzw. die Anwendung zu üben.

Der Fall

M: Seit letzter Woche ist eine Menge passiert. Ich habe oft über das Coaching nachgedacht. Im Alltag habe ich bei mir die Unterschiede zu früher wahrgenommen. Bei uns gibt's derzeit viele Turbulenzen, sodass ich genügend Gelegenheiten für echte Rückfälle gehabt hätte. *Sanfter* zu werden sowie sich *zu fügen*, hat gewirkt. Ich erlebe mich selbst viel leichter, weniger angestrengt. Auch körpersprachlich: Ich ertappe mich zwar beim Sprechen noch, wie ich mich recht hart und rigoros in Szene setze, merke aber genau, dass es so nicht geht. In dieser Sache bin ich noch lange nicht am Ziel, aber ich habe das gute Gefühl, auf dem richtigen Weg zu sein.

M bringt als Beleg ein paar Beispiele aus der vergangenen Woche.

C: Gut, die klingen vielversprechend. Wir haben letzte Woche vereinbart, dass wir heute – auf Basis der seelischen Vorarbeit – mit konkreten Praxissituationen weitermachen wollen. Was Sie berichten, klingt so gut, dass das vielleicht überflüssig ist ...

M: Nein, überflüssig ist es ganz sicher nicht. Ich merke jetzt ziemlich genau, dass ich immer wieder in alte Muster zurückfalle. Ich habe mir die Tonbänder noch einmal angehört, da ging es um das Thema: *Lammfromm oder rigoros?* ... Vielleicht lassen sich diese Statements noch weitergehend auswerten.

C: Gut. Vielleicht skizzieren Sie mir ein paar Situationen, von denen Sie sagen würden, dass Ihnen die *Gäule durchgegangen* sind. Schildern Sie mir grob ein paar Beispiele und dann überlegen wir gemeinsam, welches Thema sich für unsere Zielrichtung eignet. Okay?

M erzählt einige Situationen. Ein Fall stellt sich als besonders ergiebig heraus.

M: Es geht um eine Situation, in der ich mit verantwortlichen Direktoren und dem Leiter Personal (Human Ressources) zusammengesessen bin. Wir spachen über Personalthemen, Zielvereinbarungen sowie Beurteilungsgespräche. Zwei Direktoren hatten bereits etwas vorbereitet, ich gehörte dazu. Wir kamen zu der Erkenntnis, dass das System, welches wir bislang anwendeten, einfach zu aufwändig, zu zeitintensiv war.

M möchte zur Erklärung in Details und Beispiele dieses Beurteilungssystems gehen.
C unterbricht.

C: Wann tritt dann die alte *Managerin* wieder auf, wann erfüllen Sie also Ihre rigorose, harte Rollenfunktion?

M: Der echte Ärger fing an, als man auf meine Argumente nicht einging und immer wieder sagte, dass man das in einem Unter-Vier-Augen-Gespräch klären wolle.

C: Und da fühlten Sie sich vertröstet und nicht ernst genommen?

M: Genau, und es betraf ja nicht nur mich, sondern alle meine Kollegen. Der Sinn eines Unter-Vier-Augen-Gesprächs war gar nicht ersichtlich. *(Mit einem Lachen im Gesicht)* Das habe das auch recht deutlich gemacht.
Das habe ich schon sehr vehement geäußert. *Lacht immer noch.* Ich habe schon geschimpft, dass ich das nicht einsehe, dass ...
Ja, mich hat es dann richtig sauer gemacht, dass man mich wie sooft abspeisen wollte.
Ich bin eben jemand, der offene Kommunikation betreibt und bohre dann auch nach. Ich habe anschließend auch einen Direktorenkollegen gefragt, vermutlich schon recht deutlich, ob er das verstanden habe? Dann kam von der Personalseite noch einmal, dass wir das in einem Unter-Vier-Augen-Gespräch klären würden und dann habe ich gefor-

dert – und wirklich resolut und laut: Ich will das jetzt hier geklärt haben. Punkt!

Das war so eine typische Situation: Mein Chef wurde dann einen Tag später vom Bereich Human Ressources kontaktiert und man äußerte, dass mit mir wohl – sinngemäß – etwas nicht stimmen könne.

C: Ein erster Eindruck: Sie erzählen den Vorfall mit nicht übersehbarer Freude und einem Lächeln.

M lacht.

M: Klar, das ist natürlich der Situation nicht angemessen.

C nickt.

C: Streng genommen nicht.

Aspekt 1: Verniedlichung der eigenen Fehlleistung

M: Ja, ich bin da schon recht „stark" aufgetreten.

C: Sie beschreiben Ihr Auftreten mit „stark"?

M unterbricht.

M: „Stark" ist natürlich das falsche Wort.

C nickt.

C: Vielleicht bin ich zu genau, was die Wortwahl angeht, denn gerade in Entwicklungsprozessen halte ich es für wichtig, sorgsam mit dem Denken und der Sprache umzugehen. Dadurch wird die Tragweite der Äußerungen deutlicher.

M: Ja, klar. Also „stark" beschönigt. Es war nicht professionell, absolut nicht professionell von mir.

C: Meine Empfehlung für die nächsten Wochen lautet somit: in den Punkten, in denen Sie dazulernen wollen, sollten Sie mit den eigenen Beschreibungen selbstkritisch und präzise umgehen. Denn ich halte es nicht für der Sache dienlich, einen Fehler, was die Professionalität angeht, ein „starkes Auftreten" zu bezeichnen.

M: Absolut, völlig in Ordnung. Es stimmt schon, so neigt man dazu, das Ganze zu verniedlichen, es klingt für einen selbst dann alles weniger schlimm. Damit tut man eine Sache schneller ab, als gut ist.
Ja, das sehe ich ein. Ich versuche, in Zukunft darauf zu achten.

C: Gut, dann überlegen wir doch mal, auch mit den Erkenntnissen der Passamtsarbeit von letzter Woche im Hinterkopf: was wäre denn ein Verhalten, über das man sagen würde: „Das war sanft, sich fügend und hatte Format"?

Aspekt 2: Sich zurücknehmen: Ist das wirklich eine gute Lösung?

M: Also zunächst einmal ist wichtig, die Situation einfach in sich aufzunehmen und nicht gleich zu reagieren. Ich sollte denken, dass ich erst einmal eine Nacht darüber schlafen muss, um dann das Ganze sachlicher zu sehen. Ich muss versuchen, nicht bei diesen Reizen anzuspringen. Mir also sagen: „Jetzt lass Dich nicht provozieren, sondern nimm Dich da ein Stück zurück." Das wird sicherlich nicht immer funktionieren. Aber ich denke, ich muss mir alles ruhig bewusst machen, sodass ich nicht immer so schnell anspringe. Das habe ich letzte Woche auch öfter geschafft.

C: Gut, das ist *eine* Möglichkeit.

M denkt eine Weile nach.

M: Ich kann auch versuchen, mehr Sanftheit in meine Sprache zu bringen, da ich sehr hart wirke. Meine Sprache ist sehr direkt und manchmal werde ich auch patzig.

Ebenso sollte ich mehr Sanftheit in meine Körpersprache bringen.

C: Ja, spontan würde ich sagen, dass der zweite Weg der attraktivere ist. Beim ersten hätte ich die Sorge, dass aus dem breiten Strom an Eloquenz und Geschwindigkeit, der Sie auszeichnet, ein kleines Rinnsal wird. Und wenn Ihre Qualitäten zum Rinnsal verkümmern, dann ist weder Ihnen noch Ihrem Unternehmen gedient.

M lacht.

M: Ja. Genau.

Aspekt 3: Die Zwischenstufe zwischen Schweigen und Wutausbruch

C und M arbeiten am professionellen Auftritt mit dem Ziel, die Grauzonen zwischen Schweigen und Zurücknehmen einerseits und in Wut ausbrechen andererseits zu verdeutlichen.

C: Was würde passieren, wenn Sie in etwa so wie unten beschrieben in der besagten Besprechung aufträten?
Sanfter aber mit Format:

> *Beispiel:*
> Mein Eindruck ist, dass wir uns hier im Kreis drehen. Ich sehe wenig Sinn darin, auf meiner Meinung ein drittes oder viertes Mal zu insistieren. Ich möchte mich auch nicht schweigend, schmollend zurückziehen. Und deshalb hier ganz offen sagen: in mir entsteht Ärger. Mit dem Unter-vier-Augen-Gespräch-Angebot fühle ich mich nicht wirklich ernst genommen. Finden wir noch eine andere Möglichkeit?

M denkt nach.

M: Ja, stimmt. Das klingt leicht und selbstverständlich. Und doch: Die Ernsthaftigkeit, das *Format* kommt rüber. Hm, jetzt verstehe ich das auch mit den Zwischenstufen. Ich habe mich, was diese Sache angeht, x-mal im Kreis drehen müssen und dann bin ich wütend geworden.

Die Kunst liegt sicherlich darin, meinen aufkeimenden Ärger rasch auszusprechen. Selbst in so einer Runde. Das traue ich mir auch zu. Also zu sagen, was mir nicht gefällt oder sogar, was mich wütend macht … lange bevor ich dann tatsächlich rigoros und wutschnaubend Unüberlegtes loslasse.

Klar, die Wut: Die macht die Sitzung unerfreulich, die Stimmung wird schlechter, die Ergebnisse fallen entsprechend aus. Obendrein gehe ich frustriert nach Hause, weil ich ja weiß, dass ich nicht professionell aufgetreten bin.

Schweige ich, ist das zwar für mein Image besser, aber gut geht's mir damit ebenso wenig.

M schmunzelt. Denkt nach.

M: Ja, klasse, da habe ich noch einen langen Weg der Übung vor mir – auch privat.

An dem Beispiel wird mir klar, was Format heißt. Wut und Schweigen haben kein *Format*. Übungsfelder habe ich im Moment eine Menge. Und was mir wirklich gut gefällt, ist, dass ich mich nicht zurücknehmen muss.

C nickt.

C: Das war auch vorhin mein Impuls. Der Versuch, sich zurückzunehmen ehrt Sie. Gleichzeitig kostet das *Sich-Zurücknehmen* wieder Kraft. Es widerspricht Ihrem Naturell. Vor allem, wenn man, wie Sie, den Job ernst nimmt und nicht beliebig die Dinge an sich vorbeiziehen lässt.

Und je mehr *Sanftheit* in Sie einkehrt, je mehr das Fügende zum Ausdruck kommt, desto klarer und unmissverständlicher können Sie Ihre Gefühle, auch Ihren Ärger zum Ausdruck bringen. Wenn es Ihnen gelingt, ohne Ironie und Zynismus aufzutreten, dann machen Sie einen großen Schritt nach vorne – in jeder Beziehung, auch privat. Dann kann beispielsweise auch folgendes Auftreten aus meiner Sicht als professionell gelten:

> *Beispiel:*
> Ich freue mich, dass Sie sich die Zeit nehmen wollen, mit mir in einem Unter-Vier-Augen-Gespräch zu arbeiten. Mein Eindruck ist aber, dass es hier um ein Thema geht, das uns alle interessiert, und wenn Sie die Klärung des Problems auf eine Nebenbühne verlegen wollen, entsteht in mir – und sicherlich auch in anderen – ein Gefühl von *Abgespeist-Werden*.

Ich empfehle Ihnen aber, im Moment so noch nicht aufzutreten. Ich denke, die Gefahr, dass Ihnen das Gesagte als Zynismus ausgelegt würde, wäre zu groß.

M: Ja, das sehe ich auch so. Obwohl es mir gut gefällt.
Jetzt wird mir auch völlig klar, was Sie mit den Zwischenstufen meinen. Die Extreme, der breite Strom, der alles platt walzt und das Rinnsal, von dem auch nichts zu erwarten ist, können keine Lösung sein.

Aspekt 4: Den Gesprächspartner wirklich verstehen – unabhängig von der eigenen Meinung

C: Für die Praxis noch ein paar Ergänzungsvorschläge für solche Situationen. *Ein Beispiel:* Herr Soundso, wenn ich Sie richtig verstanden habe, geht es Ihnen darum, das Beurteilungssystem so durchzuführen, mit den und den Punkten und es hat aus Ihrer Sicht den Vorteil, ...

M: Klar, ich achte damit die Meinung des anderen und versuche, seinen Standpunkt zu verstehen. Es baut ein ganz anders Klima auf.

C: Genau – und das völlig unbeeinflusst davon, ob Sie derselben Meinung sind oder nicht.

Aspekt 5: Meinungsverschiedenheiten zwischen zwei Gewinnern

C: Wenn sich Ihre Meinung zu den Dingen nun verändert hat, und das dauerhaft, halte ich es für zweckmäßig, sich in Zukunft nicht auf große Ja-aber- und Kontrovers-Diskussionen einzulassen, die ja immer einen Sieger fordern, sondern stets folgendermaßen aufzutreten:
„Ich glaube, ich habe Ihre Meinung und Ihre Standpunkte verstanden. Ich teile sie nicht."

C: ... und es dabei bewenden zu lassen.

M lacht.

M: Ja, das ist gut. Ich denke, mehr gibt's meist gar nicht zu sagen. Und wenn ich deutlich mache, ich teile etwas nicht, lasse ich dem anderen seine Meinung und wahre dennoch mein Gesicht. Und ich fange kein Wer-hat-Recht?-Spiel an.

C: Genau. Ich glaube, viele ungute Situationen kommen zustande, weil man auf Teufel komm raus eine Lösung finden möchte und die Dinge nicht einfach im Raum stehen lassen kann.
In Ihrer Führungsposition sollten Sie sich Meinungen und Ideen Ihrer Mitarbeiter anhören und sie überprüfen. Dann muss die Entscheidung getroffen werden. Einen guten Führungsstil beweist man, wenn man etwa so auftritt:

Beispiel:
„Herr Soundso, ich habe mir Ihre Punkte und Ihre Meinung angehört und bedanke mich für Ihre Mühe. Ich teile Ihre Meinung nicht. Ich halte diesen Aspekt für entscheidend ... Deshalb möchte ich, dass wir es so und so machen.

C: Merken Sie den Unterschied zu Kommunikationsfiguren wie „Das stimmt ja gar nicht", „Da haben Sie Unrecht", „Das sehe ich aber ganz anders" oder „Das ist völlig falsch"?

M nickt.

M: Ganz klar. Es wirkt ja immer so, als sei die Meinung, die sich durchgesetzt hat, die bessere. So stehen am Ende immer Gewinner und Verlierer da.
Ja, es gefällt mir, einfach zu sagen, dass ich dies oder jenes nicht teile. Die Situation bleibt neutral. Ich finde, alles hängt auch sehr von den Themen ab. Aber wenn ich so auftrete, werde ich nie *rigoros*. Mein Verhalten hat *Format*. Kraft spart's ohnehin.

C: Noch ein Aspekt: Ich habe Ihnen ja schon gesagt, dass Sie sehr schnell sind, schnell reagieren, schnell sprechen. Wenn Sie uns hier beobachten, was fällt Ihnen auf?

M schmunzelt.

M: Ja, ich bin viel ruhiger geworden, nicht mehr so heftig und vehement. Ich komme mir gleichmäßiger und runder vor.

C: Genau, das spiegelt sich auch in Ihrer Körpersprache wider. Nun besteht Kongruenz zwischen Ihrer Körpersprache und Ihren Worten: Beide sind rund.

Aspekt 6: Schnelle Menschen haben oft etwas Federgewichtiges

C: Auch für Ihre Führungsgespräche gilt, dass Sie mit einem *runden, gleichmäßigen Auftreten* mehr Nachdrücklichkeit erzeugen. Was viele, die eine ähnlich hohe Geschwindigkeit wie Sie auszeichnet, nicht wissen: Es besteht so die Gefahr, dass Wichtiges verwässert oder sogar untergeht. Durch dieses schnelle Drüberhuschen.
Empfinden Sie das auch so?

M: Ich glaube schon. Gerade jetzt, da ich langsamer werde, habe ich das Gefühl, mehr Gewicht in allem zu bekommen.

C: Ja. Ich glaube, damit verbessert sich auch Ihre professionelle Ausstrahlung. Bleiben wir bei Ihrem Ausdruck: *Gewicht*. Durch Ihre schnelle Art über etwas hinwegzufegen, bekommen Sie etwas Federgewichtiges. Wenn es schlecht läuft, kann man Sie somit auch nicht ganz ernst nehmen. Und nun zu Ihrer Schnelligkeit, Eloquenz, Begeisterungsfähigkeit und Ihrem Temperament. Gepaart mit dieser neuen Form von Ruhe und Sanftheit entwickeln Sie eine besonders attraktive professionelle Ausstrahlung.

M: Bis dahin ist es noch ein weiter Weg, aber die Richtung stimmt schon.

Aspekt 7: Nachträglich professionell mit Fehlern umgehen

C: Zum Abschluss die Frage: Wie gehen Sie eigentlich nachträglich mit Ihren Fehlern um?

M: Ich habe kein Problem damit, mich zu entschuldigen. Da kann ich schon auf den Betreffenden zugehen und sagen: „Tut mir Leid, was gestern war, ich war so ärgerlich oder hatte einen schlechten Tag."

C: Gut. Ich habe auch vermutet, dass Sie die Größe haben, dazu zu stehen. Die Sprache, die Sie dafür wählen, klingt professionell und angemessen – ohne große Rechtfertigungen wirken Sie glaubwürdig.
Gleichzeitig klingt da noch das Federgewicht durch, eine echte Verneigung vor dem anderen habe ich nicht gespürt.

C und M gehen in einem Experiment eine Situation durch. M probiert dabei, ohne irgendeine Erklärung, sich für etwas Misslungenes zu entschuldigen und sich vor dem Gegenüber gedanklich zu verneigen.
M macht die Augen wieder auf.

M: Ja, das war gut. Jetzt spüre ich auch, was Sie meinen. Ich habe mich früher schon entschuldigt, das war aber mehr rhetorisch. Teilweise habe ich nur mich selbst erklärt oder einen *schlechten Tag* vorgeschoben.

Sich – symbolisch zwar – vor dem anderen zu verneigen und einfach den Mund zu halten, macht den Riesenunterschied.

M schmunzelt.

C: Gut. Was wäre demnach eine professionelle Reaktion auf Ihren Fehler von letzter Woche gewesen?

M denkt nach.

M: Vielleicht hätte ich so reagieren können.
Beispiel: Ich beziehe mich auf mein Verhalten von gestern. Ich bin nicht professionell aufgetreten. Das tut mir Leid.

Pause.

C: Genau. Ich war gespannt, ob jetzt noch Erklärungen folgen würden.

M: Ja, die hätte ich normalerweise auch gegeben. Aber jetzt gibt es für mich nichts mehr zu sagen. Alles andere würde meine Aussage nur verwässern. Und wen interessiert es, ob ich einen schlechten Tag hatte oder ob ich ein impulsiver Typ bin? Mein Verhalten war nicht in Ordnung. Fertig.

Ver-Dicht-ung

- Viele Menschen wählen für eigene Fehlleistungen verniedlichende Beschreibungen. Jemand, der autoritär seine Mitarbeiter klein macht, beschreibt das gerne mit: „Ich rede jetzt Klartext."
  Eine beschönigende Selbsteinschätzung und Beschreibung eigener Fehlleistungen trübt oder verhindert gar Entwicklungsprozesse.
- Impulsive, temperamentvolle Menschen sehen ihre Entwicklungschancen häufig reduziert darauf, öfter mal die Luft anzuhalten oder sich mehr zurückzunehmen. Die Erfahrung zeigt jedoch, dass diese Lösung nicht dauerhaft funktioniert. Sie ist eben nicht wesensgemäß.

- Gelingt es ihnen, ihre eigenen Gefühle gut und rechtzeitig wahr zu nehmen und damit nach außen zu treten, ist die Aussicht auf dauerhaften Erfolg am größten. Also, die rechtzeitige Flucht nach vorne mit dem Satz *„Ich merke, dass ich langsam wütend werde"* bewährt sich.

- Viele Diskussionen verlaufen nach dem Muster: Einer gewinnt, der andere verliert. Berufliche Besprechungen, private Diskussionen sind voll von Aussagen wie *„Das stimmt doch gar nicht", „Ja aber so ist es doch richtig", „Da haben Sie unrecht", „Das ist doch ganz anders"* etc. Es ist nicht damit getan, falsche Kommunikation mit einer verbrämten Wortwahl zu verschleiern. Die Sprache spiegelt das Denken wider. Aber unser Denken scheint nicht automatisch darauf ausgerichtet zu sein, komplexe Systeme zu steuern. Wir müssen das bewusst lernen.

- Wenn alle relevanten Blickwinkel in einer Diskussion ausgetauscht sind, hat es weder Sinn, durch ständige Wiederholung („Es ist aber doch so") noch durch kantige Gesten oder einen lauteren Ton sein Recht einzufordern.
Ein Ausweg bietet folgendes Beispiel:
„Ich habe Ihre Meinung und Ihren Blickwinkel gehört und verstanden. Ich teile sie nicht." Dem ist nichts mehr hinzuzufügen.

- Viele Menschen haben nicht die Größe, sich zu entschuldigen. Obwohl sie merken, dass es angebracht wäre. Sie schweigen oder versuchen dann – als Ausgleich – besonders höflich und zuvorkommend zu sein. Sie werden vielleicht Ihre Mitarbeiter zeitweise ein wenig beruhigen können, richtig abgehakt ist die Angelegenheit aber erst, wenn sie sie wieder in Ordnung gebracht haben. Ob sie dabei im *Recht* oder *Unrecht* sind, ist völlig unerheblich. Viele Führungskräfte holen sich selbst die Erlaubnis zum *Kneifen*, weil sie glauben, inhaltlich im Recht gewesen zu sein.

- Es gibt aber auch genügend Menschen, die erkannt haben, dass nur eine ehrliche Entschuldigung angenommen wird. Oft reduzieren sie aber die Kraft ihrer Entschuldigung durch Erklärungen und Rechtfertigungen.
Selbst ein *Ich-hatte-einen-schlechten-Tag* ist schon eine überflüssige Erklärung und dient dem Ablenken von der eigenen Verantwortung. Egal, wie richtig Ihre Begründung ist: Sie verwässert Ihre Aussage.

- Angebracht ist eine Verneigung, sie muss nicht vollzogen werden, aber im übertragenen Sinne erfolgen. In Japan verneigt man sich tatsächlich. Hier genügt die Kernaussage: *„Obwohl ich nach wie vor dieselbe Meinung wie gestern habe, ist der Stil, in dem ich Sie angefahren habe, nicht in Ordnung. Das tut mir Leid."* Punkt.

Ver-Wert-ung

- Mit welcher inneren Haltung und mit Hilfe welcher Sprachfiguren beschreibe ich meine Schwächen und Fehlleistungen?

- Was entnehme ich als impulsiver Mensch dem Fall?

- Was sind kreative und zielführende Zwischenstufen zwischen „Luft anhalten" und „Wutausbrüchen"?

- Wie verhalte ich mich in kontrovers verlaufenden Besprechungen?

- Wie entschuldige ich mich für meine Fehlleistungen?

- Wie leicht geht mir ein einfaches „Tut-mir-Leid" ohne Erklärungen und Zusätze über die Lippen? Was würde es mir einfacher machen?

> „Wer dem Großen nicht auch im Kleinen
> begegnen mag, wird auch im Großen eher
> dem Kleinen begegnen."
>
> *Dr. Bernd Schmid*

4 Fordern Sie nicht zu viel

> „Ich versinke in Projekten, die ich auch
> noch selbst angestoßen habe"
>
> *Direktor*

Leitfragen

- Wie gelingt Persönlichkeitsentwicklung durch die Arbeit mit Metaphern?
- Wie kann ich meine kreativen-intuitiven Gaben kultivieren?
- Wie kann ich komplexe Zusammenhänge bildhaft darstellen?

Einbettung

Zehntes und letztes Einzelcoaching mit einem Geschäftsführer (GF). Es geht um ein mittelständisches Unternehmen mit 3000 Mitarbeitern. Der Geschäftsführer ist vor einem Jahr eingestellt worden, um für das krisengefährdete Unternehmen einen schnellen Wandel herbeizuführen.

Die Persönlichkeit des GF: Er ist ein Machertyp, schnell im Denken und Sprechen. Manchmal zu schnell und impulsiv für seine Mitarbeiter.

Selbsteinschätzung: Zu Beginn seiner Tätigkeit hat er es geschafft, zahlreiche Projekte anzustoßen. Viele davon sind ins Stocken geraten. Er sieht U-Boot-Symptome, die Projekte tauchen immer wieder mal auf und dann wieder ab. Ihm ist es nicht wirklich gelungen, die Mitarbeiter für sich und seine Vorhaben zu gewinnen. Seine anfängliche Vitalität und Tatkraft haben Dämpfer erhalten. Ernüchterung macht sich bei ihm breit.

In den bisherigen Coachingsitzungen ist an Themen gearbeitet worden wie:

- Die Vergangenheit des Unternehmens vor dem eigenen Eintritt anerkennen und gleichzeitig Neues professionell anstoßen.
- Professionelles Auftreten durch vermeintlich einfache Dinge wie aufmerksames Zuhören, konstruktives Nachfragen, Gedankenpausen des Gesprächspartners respektieren und sich als Schnell- und Vielsprecher zurückzunehmen.

Selbstkritisch sieht der Manager, dass er in großer Euphorie viele Dinge angestoßen hat und gleichzeitig zu wenig die Umsetzung überwacht hat. Damit sind hohe Erwartungen von Mitarbeitern enttäuscht worden. Er war auf zu vielen Baustellen gleichzeitig unterwegs.

In diesem Abschluss-Coaching geht es um eine kritsche Rückmeldung von C an GF in Form einer Metapher. Ziel ist, Erlerntes zu verdichten und einen Ausblick auf mögliche zukünftige Entwicklungen des betroffenen Managers zu geben.

Der Fall

Zu Beginn der Sitzung wird eine Bilanz der Entwicklungen der letzten Monate gezogen, und zwar nachdem der Geschäftsführer seine Einschätzungen deutlich gemacht hat.

GF: Wir haben ja in den letzten beiden Coachings geübt mit Metaphern zu arbeiten.

Vielleicht können Sie mir einmal – egal, wie kritisch Sie dabei vorgehen – in einem Bild sagen, wie Sie mich sehen, wo Sie Veränderungen für nötig halten und natürlich auch Entwicklungschancen erkennen?

C: Gerne. Sie kennen ja bereits unsere Intuitionsübungen.

Die Metapher, die ich heute gerne benutzen würde, ist die eines Einzelhändlers. Also ich stelle mir Sie als Geschäftsinhaber vor. Wo würde Ihr Laden liegen? Wie würde er aussehen? Welches Sortiment böte er an? Wie wäre die Atmosphäre etc.

Ich werde zuvor eine Minute schweigen und Sie auf mich wirken lassen. Mal sehen, welche Bilder in mir entstehen.

Schweigen. C beginnt zu sprechen. Jedem Gedanken folgt eine ein- bis zweisekündige Pause.

C: Vor einigen Monaten sah ich Sie noch so: der Besitzer eines Ladens, zu dem noch zehn weitere Lädchen gehören. Die Lädchen wirken auf die Kunden eher durcheinander. Der Ladeninhaber hechelt von einem Geschäft zum nächsten, um nach dem Rechten zu schauen. Dort verweilt er jeweils nur kurz, gibt Anweisungen, dreht sich wieder um. Das Verkaufspersonal, das oft ratlos zurückbleibt, fühlt sich überrollt. Die äußere Fassade ist auffällig und ein Hingucker, aber jeder spürt die angelernte Kontaktfreude.

Ihre Entwicklung geht nun in folgende Richtung: Sie haben jetzt ein großes Geschäft. Sie als Ladeninhaber sorgen für Ordnung. Der Kunde merkt sofort, dass mehr dahinter steckt als nur eine schöne Fassade mit einem tollen Schaufenster. Der Ladenbesitzer verschanzt sich nicht hinter der Theke, sondern er ist für jeden zu sprechen. Den einen oder anderen Kunden begrüßt er persönlich. Seine Art und Ausstrahlung ist verbindlicher als vorher. Im Geschäft arbeiten Menschen und keine Funktionsträger. Der Kunde spürt das schon beim Betreten des Geschäfts. Alles hat mehr Substanz als früher.

Das Interesse für den Kunden ist echt. Dem Ladeninhaber gelingt es, aufmerksam zuzuhören. Sowohl den Kunden als auch den Mitarbeitern.

Zukünftige Entwicklungsmöglichkeiten: Der Laden hat noch ein wenig den Charakter eines Gemischtwarenladens. Mehr Feinkostanteile, also ein klares Sortiment, wären gut.

Innen wirkt alles geordnet und übersichtlich. Der Kunde spürt, dass hier gute Produkte mit hoher Qualität angeboten werden. In jedem Regal steckt Fleißarbeit. Man hat die Waren nicht einfach so hingestellt obwohl alles leicht aussieht, sondern sich bei jedem Handgriff etwas gedacht.

Pause.

Bezogen auf die Außenwirkung gilt: Man hat als Kunde den Eindruck, dass der Laden viel bekannter sein könnte, weil er doch so viel Attraktives bietet. Doch der Inhaber verfolgt die Strategie, erst einmal den Laden innen ansprechend zu gestalten, ohne an große PR-Effekthascherei zu denken. Denn der Inhaber hat erkannt: Die Konkurrenzläden auf der anderen Straßenseite arbeiten zwar mit schönen Fensterdekorationen, davon sind die Laien erst einmal beeindruckt, doch sowohl Laie als auch Fachmann merken sehr bald, dass hier mehr Schein als Sein verkauft wird. Dieser Laden wächst auf diese Weise von innen nach außen. Von der Qualität in der Leistung zur entsprechenden Kommunikation der Vorzüge.

Pause.

C: Der Laden war früher voll mit Waren. Inzwischen hat der Inhaber einige Ladenhüter entfernt. Und zwar nicht – seiner bisherigen Gewohnheit gemäß – kopflos auf den Müll geschmissen, sondern nach sorgfältiger Prüfung entfernt.

Mit der Zeit ist ein nettes Team aus weiblichen und männlichen Mitarbeitern entstanden, die engagiert im Laden mitwirken. Mit gelegentlichen Rückfällen des Ladeninhabers in alte Gewohnheiten können sie mittlerweile besser umgehen.

Der Ladeninhaber denkt strategisch und kennt alle Bedürfnisse, die ihn und seine Umwelt auszeichnen. Vor Jahren hat er schon erkannt, dass es mit seiner Lebensweise so nicht weitergehen kann. Deshalb gibt es in einer Ecke des Ladens eine kleine, unauffällige Tür. Öffnet man diese, so kommt man in einen kleinen gemütlichen Raum. Sehr puristisch eingerichtet, in hellen warmen Farben gehalten. Einziges Möbelstück: ein bequemer Liegesessel. Da gönnt er sich ab und zu eine kurze schöpferische Pause, um sich für seine Hauptaufgaben Zeit zu nehmen. Ihm kommen hier viele Ideen, die er im Verkaufsraum in aller Ruhe umsetzt. Ihm geht es nicht mehr darum, wie er noch mehr Regale im Verkaufsraum unterbringen kann, sondern er wählt nun ganz gezielt aus.

Als klassischer High-Speed-Chef hat er sich diesen Raum eigentlich nicht gönnen wollen. Inzwischen merkt er aber, wie wirksam und nützlich er ist. Er nennt ihn *Entschleunigungsraum*. In den Medien wird nun auch über den Laden geschrieben, ohne dass er sich groß um PR bemüht hätte.

Am Anfang ist der Ladeninhaber oft drauf und dran gewesen, den Hörer abzuheben, die Presse anzurufen und zu berichten, welche tollen Pläne er hatte. Dieser Versuchung hat er jedoch stets widerstanden. Gut Ding will Weile haben, das wurde sein neues Motto und der Erfolg kam von selbst.

Übrigens: Der Mehr-Schein-als-Sein-Laden von gegenüber hat schon längst geschlossen.

Langes Schweigen ...

GF: In der Geschichte steckt schon eine Menge drin. Viele kritische Anmerkungen. Sie haben mir alle eingeleuchtet *(lächelt)*. Am besten hat mir der Entschleunigungsraum gefallen. Dieses „Schnell-Schnell" bringt auf Dauer wirklich nichts.

Ver-Dicht-ung

- Bestimmt ist das keine neue Aussage aber: *Komplexität* und *Dynamik* nehmen auf allen Ebenen drastisch zu. Die Frage ist: Was kann man tun? Unternehmer und Berater sind aufgefordert, neue kreative Formen zu (er)finden, um mit dieser Entwicklung umzugehen.
- Der Einsatz von Metaphern kann ein schöpferischer Weg sein, komplexe Zusammenhänge sinnvoll abzubilden und zu verdichten. Ohne dabei unzulässig zu vereinfachen, sprich zu banalisieren. Die Einsatzfelder sind breit gefächert: als Führungsinstrument, in Verkaufsgesprächen, bei Vorträgen, um Ist-Diagnosen für Unternehmenssituationen vorzunehmen etc.
- Benutzen Sie Metaphorik als Führungs- und Persönlichkeitsentwicklungsinstrument, ergibt sich für den Empfänger der Vorteil: Er kann sich zurücklehnen, einer Geschichte folgen, in der er der Hauptdarsteller ist, ohne dass er sich im Zugzwang eines unmittelbaren Reagierens befände. Das macht ein „Sacken-Lassen" möglich und erhöht die Lernwirkung.
- Wenn Sie mit Metaphern arbeiten und den Umgang damit üben wollen, bewährt es sich, ein Leitthema auszuwählen. In diesem Fall war das die „Ladenmetapher". So haben Sie eine klare Ausrichtung. Steuerungsfragen* für die „Ladenmetapher" können sein:

- Wo liegt dieser Laden?
- Wie sieht das Schaufenster aus und wie das Geschäft selbst?
- Was charakterisiert den Laden besonders?
- Wie riecht es darin?
- Aus welchen Materialien ist die Inneneinrichtung?
- Was fällt als erstes ins Auge?
- Wie fühle ich mich als Kunde in dem Laden? Beim Eintreten? Beim Verlassen des Ladens?
- Wie sieht das Lager aus?
- Weshalb würde es sich lohnen, von weither dorthin zu reisen?

---

* Quelle: Dr. Bernd Schmid, Institut für systemische Beratung in Wiesloch. www.-systemische-professionalitaet.de

Als Leitthema sind natürlich viele andere Motive denkbar: z.B. Vergleiche mit der Theaterwelt, der Natur, dem menschlichen Körper.

- Eine wichtige Grundlage für das *Intuieren* mit Bildern ist, sich vom Leistungsdenken zu verabschieden. Auf Knopfdruck sofort möglichst „perfekte Bilder" zu produzieren, funktioniert nicht.
  Deshalb sind schöpferische Pausen zu Beginn und während des *Intuierens* sehr hilfreich. In diesem Raum entwickelt sich dann die Kraft der Bilder. Schöpferisch bedeutet: Sie lassen etwas entstehen, was es vorher noch nicht gab. Das Gegenteil wäre: vorhandenes Wissen abspulen.
- Je unzensierter, achtsamer und absichtsarmer Sie darauf vertrauen, dass in Ihnen Bilder entstehen, desto eher unterstützt Sie Ihre Kreativität.
- Ein Tip zum Einstieg: Einfach beginnen und nicht lange überlegen. Sie kennen folgendes Phänomen vielleicht, wenn Sie selbst schon einmal Märchen erzählt haben: Sie fangen mit dem ersten Satz an und plötzlich merken Sie, dass Ideen über Ideen folgen. Das *Intuieren* mit Bildern funktioniert genauso.

Ver-Wert-ung

- Welche Gedanken und Bilder hatte ich beim Lesen des Falls?

- Wo arbeite ich, vielleicht auch unbewusst, bereits mit Bildern?

- Wie könnte ich diese Gabe noch mehr nutzen?

- Mit wem könnte ich ausprobieren und üben, wie es ist, in dieser Form mit Bildern zu arbeiten?

- Wer von meinen Kollegen spricht viel in Bildern? Welche davon könnte ich nutzen?

- Gelingt es, ein wiederkehrendes Leitthema zu entwickeln, auf das man sich immer wieder im Unternehmen oder Team beziehen könnte?

> „Man kann auf Dauer nur gewinnen,
> wenn man das tut, was zu einem passt."
>
> *Dr. Bernd Schmid*

5 Unkonventionell zum Ziel

> „Ich habe schon knapp hundert erfolglose
> Bewerbungen hinter mir. Bin ich so
> schlecht?"
>
> *Resignierter Betriebswirt*

Leitfragen

- Wie verlasse ich in kreativer Weise den Teufelskreis des Misserfolgs?
- Wie gehe ich authentisch und glaubhaft mit meinen Schwächen um?
- Ich bin kein Freund von vielen Worten. Wie kann ich mich dennoch gut verkaufen – ohne faule Tricks zu benutzen?

Einbettung

Es geht um ein Einzelcoaching. Der Bewerber (B) – Betriebswirt mit Schwerpunkt EDV, 29 Jahre, ledig – hat schon knapp 100 schriftliche Bewerbungen und zirka 25 Bewerbungsgespräche hinter sich. Bislang ohne Erfolg. Am nächsten Tag steht erneut ein Vorstellungsgespräch an.

Der Fall

Rollenklärung von C bezogen auf den Kontrakt.

C: Sie wissen ja bereits aus unserem Vorgespräch, dass ich kein Bewerbungstrainer im klassischen Sinne bin. In der Regel arbeite ich mit Führungskräften an konkreten, anspruchsvollen Berufssituationen. Ich denke, da es bei Ihnen auch um eine komplexe berufliche Situation geht, nämlich den erfolgreichen Start ins Berufsleben, ist es den Versuch wert, gemeinsam hier eine Lösung zu suchen. Da Ihr nächstes Gespräch schon morgen ist, wäre es natürlich gut, eine ganz konkrete, pragmatische Vorgehensweise zu entwickeln.

Aus Zeitgründen werde ich Sie recht direktiv beraten. Das heißt, ich werde Ihnen alles sagen, was mir gerade auffällt und vielleicht auch den einen oder anderen schnellen Ratschlag geben. Wäre das okay für Sie?

B: Ja, das ist völlig in Ordnung.

Phase 1: Anerkennen und ernst nehmen der Situation

Nach den ersten Kennenlern- und Aufwärmminuten beginnt das Gespräch.

B: *(mit einem breiten Grinsen im Gesicht)* Jetzt habe ich schon 100 Fehlversuche hinter mir, zehn mehr oder weniger, das ist dann eigentlich auch schon egal.

C: *(unterbricht B)* Sie erzählen mir das fast mit einer diebischen Freude. Passt das zu Ihrer Situation?

B wird ernst, sein Kinn fängt leicht an zu zittern, die Stimmung im Raum verändert sich schlagartig. Fast eine halbe Minute herrscht Schweigen.

C: Genau.

Schweigen.

C: Jetzt kommt es auf das rechte Maß an Aufmerksamkeit an, das die Situation verdient.

Nach einer Weile nickt B zustimmend.

B: Ich ... *(zögert)* ... stimmt.

B wirkt nun sehr beherrscht.

C: Ja, jetzt haben Sie den nötigen Ernst. Wir können nur mit einer angemessenen Haltung eine gute Lösung für Sie finden. Sonst produzieren wir womöglich leichtfertig und flapsig den 101. Versuch, der wieder in die Hose geht ... Aus meiner Sicht geht es um eine existenzielle Frage für Sie: Wie sieht Ihre persönliche Zukunft aus?
Sie sind jetzt Ende 20 und befinden sich an einer Weichenstellung für die nächsten Lebensjahrzehnte. Der Beruf ist sicherlich nicht alles im Leben, aber dennoch ein sehr wichtiger Aspekt.

B nickt, kurzes Schweigen.

C: Es geht also um Ihre zukünftigen Erfolge oder auch Misserfolge. Der Unterschied zwischen einem kreativen, klugen und einem halbherzigen, flapsigen Auftreten ist enorm. Auch finanziell. Bei Ihrem Ausbildungsstand kann das leicht 250 bis 500 Euro mehr Gehalt pro Monat bedeuten. Entsprechend können Sie die Summe auf ein Jahr oder zehn Jahre hochrechnen. Aber vielleicht dramatisiere ich das auch etwas.

B wirkt nachdenklich.

B: So hatte ich mir den Anfang unseres Gesprächs nicht vorgestellt.

C: Sie verstehen es geschickt, Ihre Kritik zu tarnen.

B lacht.

C: Gut. Dann sind wir jetzt arbeitsfähig. Würden Sie mir zunächst einmal Ihr bisheriges Vorgehen schildern? Damit wir das Rad nicht neu erfinden müssen.

Phase 2: Bisherige Versuche

B wird von C zu seinen bisherigen Versuchen interviewt, das dauert etwa 15 Minuten.

B: *(leise, etwas resigniert)* ... Das waren so ... eh ... die Dinge, die ich gemacht habe.

C: Das ist ja eine ganze Menge: Bewerbungsseminare besucht, Rollenspiele mit Videoaufzeichnungen gemacht, Fachbücher gelesen... Sie haben offenbar alles Gängige versucht. Den konventionellen Teil einer Bewerbungsstrategie brauchen wir dann wohl nicht mehr durchzugehen.

B: Nein, ich glaube, da liegt das Problem auch nicht. Es hat ja auch schon öfter geklappt, eingeladen zu werden *(halb scherzhaft, halb ernst)*. Ich bin eben ein hoffnungsloser Fall.

B wirkt entmutigt.

C: Offenbar scheint es keine schnelle Lösung zu geben. Zumindest fällt mir spontan keine ein. Ich mache Ihnen deshalb einen Vorschlag: Gehen wir mal bei den verschiedenen Feldern, die für eine erfolgreiche Jobsuche relevant sein könnten, in die Tiefe. Das heißt nicht, dass wir nun den Acker komplett umpflügen. Vielleicht machen wir hie und da mal eine Bohrprobe und schauen nach, was dort zu holen ist. Sind Sie damit einverstanden?

B: Klar, mit einer schnellen und einfachen Lösung habe ich eh nicht gerechnet.

Phase 3: Überlegen des weiteren Vorgehens und Themensammlung

B nickt zustimmend, dann stellen er und der Coach gemeinsam auf einer Flip-chart die relevanten Themenfelder und Blickwinkel zusammen, ohne schon daran zu arbeiten:

- Wo sind relevante Knackpunkte in den Gesprächen?
- Wie ist die jeweilige Einstiegssituation?
- Wie ist das Grundgefühl im Verlauf des Interviews?
- Wie wird auf welche Fragen konkret geantwortet?
- Wie geht er mit einem aufkommenden Unbehagen um?
- Gab es Gespräche, die besser als andere gelaufen sind? Was war dabei anders?
- Gelingt es, diese Ausnahmen zur Regel zu machen?
- Was sind relevante Stärken bzw. relevante Schwächen bezogen auf die zukünftige Stelle? Wie wird damit umgegangen?

B: Puh, das ist eine ganze Menge. Daran sitzen wir ja noch Tage ...

C: Im Moment weiß ich auch noch nicht, welche Felder die höchste Relevanz für Sie haben. Um möglichst schnell herauszufinden, wo sich der Stellhebel zum Erfolg befindet, werden wir nun die Bohrproben machen. Das heißt, ich werde Ihnen nun zu allen Feldern einige vertiefende Fragen stellen. Ich denke, dass wir dazu zirka eine Stunde brauchen werden. Einverstanden?

Phase 4: Suche nach verwertbarem Material

B nickt bejahend.
   B und C arbeiten zwei Stunden an den verschiedenen Themen. Für die spätere Lösung werden vier Felder relevant, die nun kurz skizziert werden.

1. „Ich kriege Panikgefühle!"

B: Wenn nicht schon ganz am Anfang des Gesprächs kommt spätestens nach ein paar Minuten Beklemmung auf. Ich kriege feuchte Hände, versuche alles irgendwie zu verbergen. Kriege kaum ein Wort raus.

C: Und dann versuchen Sie, sich vor jedem neuen Gespräch fest vorzunehmen, dass Sie dieses Mal ruhig und gelassen bleiben möchten und nicht wieder in die Beklommenheit zurückfallen wollen.

B: Genau.

C: Ich weiß nicht, ob Sie das etwas entlastet. Ich denke, Bewerbungsgespräche sind an sich schon eine unnatürliche Situation. Da treffen zwei Wildfremde aufeinander, beide versuchen sich bestmöglich darzustellen und für eine Sache zu werben, die zumindest einem der beiden noch gar nicht so richtig klar ist. Dass in dieser Situation ein verkrampftes, beklommenes Gefühl aufkommt, wundert mich nicht. Es gibt natürlich einige, die das mit großer Virtuosität meistern. Zu denen gehören Sie offenbar nicht.

B: *(Mit einem Grinsen)* Kann man so sagen.

2. „Ich kann nicht gut reden."

B: Mein Hauptproblem ist, dass ich nicht gut reden kann.

C: Verstehe ich nicht.

B: Na ja, ich bin halt so ein wortkarger Typ. Auch wenn ich in Kneipen bin oder mit Freunden zusammen, weiß ich nie so recht, was ich eigentlich sagen soll. Geschweige denn bei einem Vorstellungsgespräch.

C: Hm, dann kommt bei Bewerbungsgesprächen noch der Druck dazu, etwas Gutes sagen zu wollen bzw. zu müssen und da besteht immer die Gefahr, dass Sie sogar schlechter kommunizieren als sonst.

B: Genau, das trifft den Punkt.

C: Und es beschleicht Sie so ein ungutes Gefühl, das Sie dann mit aller Kraft versuchen, das zu überspielen oder gar zu vertuschen?

B: *(Atmet schwer auf)* Ja, genau.

C: Ich komme noch einmal auf das zurück, was Sie Wortkargheit nennen. Ich teile Ihre Meinung und erlebe Sie in der Art, wie Sie reden, eher schwerfällig. Ihnen fehlt eine bestimmte Leichtigkeit und Eleganz, sich auszudrücken. Im schlechtesten Fall kann das einen negativen Eindruck erwecken, weil man daneben sitzt und so langsam ungeduldig wird, da man sich nur noch fragt: Wann kommt er denn endlich zu Potte?

B ist nachdenklich.

C: Ist das in Ordnung für Sie, wenn ich das so offen ausspreche? Es geht mir nicht darum, meinen Finger in eine offene Wunde zu legen. Ich möchte nur alles sammeln, was für Ihr Bewerbungsgespräch relevant ist. Also über das Gute und auch das weniger Gute an Ihnen sprechen, das jeder Personalchef oder Unternehmer vermutlich ohnehin wahrnehmen wird. Nur auf dieser Basis können wir dann Lösungen finden.

B: Das ist in Ordnung. Wer sagt einem denn sonst schon mal offen die Meinung?

3. „Wie ist der erste Eindruck von mir?"

B: Ich glaube, ich . . . naja, ich bin nicht so der Gewinnertyp – jedenfalls im ersten Moment wirke ich nicht so.

Pause.

C: Hm . . . sollen wir die Chance auf ein Feedback nutzen und erlauben Sie, dass ich Ihnen eine Rückmeldung zu meinem ersten Eindruck gebe?

B: Gerne.

C: In der Tat. Ihre Selbsteinschätzung teile ich. Sie wirken ein bisschen missmutig und wenig herzlich.

Es herrscht Schweigen.

C: Ich weiß, das klingt hart. Im Normalfall würde ich ein solches Urteil auch nicht äußern. Da wir aber das Ziel anstreben, Sie für Bewerbungssituationen fit zu machen, halte ich es für wichtig, auch über den ersten Eindruck offen zu sprechen. Das ist nun einmal ein wichtiger Moment in einem Bewerbungsgespräch. Sie kennen ja bestimmt den Spruch – der mir übrigens nicht sympathisch ist –, aber offensichtlich zutrifft: Man hat nie eine zweite Chance für den ersten Eindruck.
Diese Feststellung einfach so stehen zu lassen, bringt einen natürlich nicht weiter. Ich habe aber dazu eine Idee, auf die ich gleich noch kommen möchte. Einverstanden?

B nickt.

4. *„Was sind unwichtige Schwächen bezogen auf die angebotene Stelle?"*

B: In meinem Job arbeitet man viel am Computer. Man hat schon auch Kontakt zu Menschen. Aber wer mich kennt, weiß, ich habe in der Beziehung noch nie Probleme gehabt.

C: Außer, dass Sie zurückhaltend wirken und eher einen unauffälligen Part in einem Team übernehmen?

B: Hm ... ja, also ich war immer anerkannt, aber es ging nie soweit, dass sich daraus auch private Gespräche oder sogar Freundschaften ergeben hätten.

C: Okay. Dann machen wir an dieser Stelle eine Zäsur.

Die folgenden 20 Minuten verbringen B und C getrennt voneinander, um das Bisherige gedanklich zu sortieren und Ideen für eine mögliche Lösung zu sammeln.

C: Sind Ihnen zweckdienliche Gedanken oder Ideen gekommen?

B: Eigentlich nicht.

C: Ich mache Ihnen einen Vorschlag. Zuvor ist mir wichtig, Sie darauf hinzuweisen, dass wir jetzt rein symptomorientiert arbeiten, da Sie bereits morgen Ihr nächstes Gespräch haben und die Stelle bekommen wollen. Denkbar wäre es nämlich auch, zuerst nach den Ursachen für Ihr Verhalten zu forschen. Das möchte ich jetzt aber nicht tun. Ist das okay für Sie?

B: Wenn's hilft.

Phase 5: Herausfiltern der relevanten Punkte

C: Ich habe die Hoffnung, dass wir auf folgenden Ebenen etwas gestalten können. Zusammengefasst geht es also um die Punkte:

- Ihr Umgang mit Lampenfieber,
- der erste Eindruck, den Sie hinterlassen,
- Ihr eher sparsamer Umgang mit Worten
- und die Tatsache, dass blumige Konversation für die neue Stelle eigentlich überflüssig ist.

Ebenso weiß ich ja von Ihnen, dass Sie sich bei einem mittelständischen Unternehmen bewerben wollen, das zumindest nach außen etwas von Innovation und Andersdenken vermittelt – ganz im Gegensatz zu vielen Konzernen mit eher starren Strukturen. Gebe ich das so richtig wieder?

B: Absolut.

Phase 6: Lösungswege

C: Was halten Sie davon, wenn Sie sich morgen im Gespräch in einer Präsentation vorstellen?

B schaut ungläubig.

B: Ja, aber ich kann doch in einem Vorstellungsgespräch nichts präsentieren. Ich habe Ihnen doch gerade gesagt, wo mein Problem liegt. Wie stellen Sie sich das denn vor?

C: Ich habe Sie schon verstanden. Genau deshalb schlage ich Ihnen ja eine Präsentation vor.
Und Sie haben natürlich Recht. Es ist schon eine ungewöhnliche Art der Vorstellung, wenn Sie ein Bewerbungsgespräch zu einer Präsentation machen.

B: Allerdings! Außerdem frage mich, was ich denn da präsentieren soll?

C: Ich denke dabei an eine Flipchart-Präsentation. Auf der ersten Seite schon soll sich in einem Satz die Kernschwierigkeit Ihrer Situation ausdrücken.

C schreibt auf einen Chart folgenden Satz:

> „Ich bewerbe mich bei Ihnen um eine Tätigkeit, bei der es schwerpunktmäßig nicht um exzellente Kommunikation geht, muss aber durch dieses Nadelöhr des Bewerbungsgesprächs, bei dem gute Kommunikation ein Hauptfaktor für Erfolg oder eben Misserfolg ist."

B liest das und lächelt.

B: Genau, das ist der Kern meiner Misere.

C: Warten wir mal ab, ob es tatsächlich eine Misere ist. Was glauben Sie denn, weshalb ich Ihnen die schriftliche Äußerung empfehle?

B: Ja klar, da ich nicht so gut frei sprechen kann, könnte ich das, was ich äußern will, einfach vom Blatt ablesen. Aber ...

C: *(Unterbricht)* Ich bitte Sie noch um einen Moment Geduld. Betrachten Sie das Ganze für den Moment einmal als Gedankenspiel, als Experiment. Wir spielen das gemeinsam durch und danach können Sie mir Ihre kritische Einschätzung dessen geben, ob Sie darin eine Chance auf Erfolg sehen oder nicht. Okay?

B: Ja, okay.

C: Noch einmal zur Einbettung: Stünde morgen Ihr erstes Vorstellungsgespräch an, dann würde ich Ihnen so etwas sicher nicht vorschlagen. Aber nach 100 Versuchen denke ich, dass man es riskieren kann, aus dem bisherigen Lösungsmuster auszubrechen.

B: Ja, schon, aber ich kann doch nicht einfach wortlos da reinkommen und meinem Gesprächspartner die Flipchart vor die Nase hängen ...

C: Das sehe ich auch so. Über den Einstieg sollten wir noch nachdenken.

Kurze Pause.

C: Was halten Sie davon? Sie sagen also zu Beginn: „Herr Soundso, ich habe etwas Ungewöhnliches vor. Mir war das Gespräch so wichtig, dass ich es vorbereitet habe. Habe ich die Chance, Ihnen als Basis für das eigentliche Gespräch etwas zu präsentieren? Es dauert nur ein paar Minuten.“

B: *(Lacht)* Das ist wirklich ungewöhnlich. Aber ich weiß nicht, ob ich das bringe ...

C: *(Lacht)* Zumindest scheint es Sie jetzt schon zu entspannen.

Noch etwas zum Thema „Ungewöhnlich". Gerade mit diesem Einstiegssatz – und auch dem nachfolgenden – versichere ich mich, ob mein Gegenüber zu meinem Vorhaben *Ja* sagt. Dann fühle ich mich bestärkt, so weiterzumachen. Getreu dem Motto: Hole den anderen da ab, wo er steht. Habe ich jedoch den Eindruck, er würde mich am liebsten zur Tür rausschicken, dann ist der gewählte natürlich nicht der richtige Weg. Was meinen Sie?

B: Ich glaube, er wird mein Verhalten komisch finden, aber ich denke, er wird mich mal machen lassen.

C: Genau. Ich glaube, wenn Sie das ganz charmant vorlesen, dann wird er denken: Ist zwar ein bisschen verrückt, habe ich ja noch nie erlebt, aber schauen wir mal ...

Sie zögern?

B: Ja, ich weiß nicht genau, ob ich das kann ... so etwas präsentieren.

C: Ich denke, dass es eher eine Frage des Mutes ist als der Kompetenz. Und wir werden das so lange üben, bis Sie mit einem ganz sicheren Gefühl hier rausgehen. Okay?

Wenn Sie *fachlich* nicht fit sind für die ausgeschriebene Stelle, dann wäre es ja auch gut, wenn Sie eine Absage erhielten. Nun, Sie fühlen sich aber als kompetenter Fachmann für dieses Unternehmen – dann ist es doch in Ordnung. Oder?

B: Eigentlich schon. Ich weiß, dass ich fachlich fit bin. Ich krieg mein Wissen einfach nicht verkauft.

C: Genau. Und Sie kriegen bislang die Jobs nicht, weil Sie eine Schwäche haben, die für den Job nicht sehr relevant ist, aber fürs Vorstellungsgespräch und daraus machen wir jetzt was. Einverstanden?

B: Sehr einverstanden. Etwas wörtlich ablesen – das kriege ich schon hin!

C: Jetzt kommt der Teil, der Sie entlasten soll: Ich möchte, dass Sie jetzt recht schonungslos Ihre Schwächen, die das Bewerbungsgespräch betreffen, auflisten. Dazu könnte folgender Überleitungssatz dienen: „Grundsätzlich bin ich ja hier, um etwas über meine Stärken zu sagen. Ich möchte es anders machen und Ihnen zuerst sagen, was ich nicht gut kann."

B: Also, die Flucht nach vorne antreten – ja, warum auch nicht!

C: Gehen wir an die Arbeit und verdichten wir jetzt auf einer Chartseite, wo Sie Ihre – für die Stelle allerdings irrelevanten – Schwächen sehen.

B und C listen in einigen Minuten die Punkte auf.

C: Versuchen Sie sich jetzt schon mal, obwohl wir ja noch nicht fertig sind, in die morgige Situation hineinzuversetzen. Wenn Sie so souverän und klar Ihre Schwächen bekannt geben – was empfinden Sie dabei?

B: Es kribbelt noch, aber gleichzeitig spüre ich auch irgendwie große Erleichterung. Ich sage einfach, was ich nicht kann. Damit ist der ganze Druck am Anfang schon einmal weg. Wenn ich dann noch klar mache, dass es für den Job zweitrangig ist, dass ich nicht so geschliffen reden kann, dann könnte es vielleicht ja klappen.

C: Spinnen wir diesen Gedanken mal weiter. Also, wenn Sie dem anderen am Anfang direkt sagen, dass Kommunikation nicht gerade Ihre Stärke ist, dann können Sie nichts mehr falsch machen. Denn, wenn Sie es nicht überzeugend kommunizieren, und gleich sagen, dass Sie nicht gut kommunizieren können, dann beweisen Sie ja gleich damit das, was Sie behaupten, und sind glaubwürdig.

B: Komisch. Im Moment kommt es mir sehr leicht vor, so aufzutreten. Einfach logisch.

B lächelt zum ersten Mal zuversichtlich.

B: Hm, wie geht es denn danach weiter? Ich bin ja nicht da, um ihm zu sagen, was ich alles *nicht* kann.

C: Das ist genau die Überleitung, nach der ich gesucht habe. Der nächste Satz ist dann:
„Herr Soundso, ich bin natürlich nicht hier, um Ihnen nur meine Schwächen zu präsentieren, sondern meine Stärken sollen Ihnen deutlich werden bzw. will ich Ihnen zeigen, wie Sie von mir profitieren können."

B: Klingt wirklich gut.

C: Schön. Dann arbeiten wir mal weiter.

B ist nun sehr konzentriert und mit Neugierde bei der Sache.

C: Okay. Zunächst der Grundgedanke, danach überlegen wir, wie Sie das Erkannte nutzen können. Grundsätzliches zu Bewerbungen oder Was ist der Nutzen für den zukünftigen Arbeitgeber? Es gibt ein paar Dinge, die ich als grundlegend erachte, wenn man miteinander geschäftlich arbeitet, denn eine Bewerbung ist nichts anderes als eine Verhandlung. Sie verkaufen Ihre Arbeitskraft als Dienstleistung gegen eine bestimmte Summe Geld, die Sie jeden Monat bekommen. Bringen Sie weniger, sind Sie das Geld nicht wert, bringen Sie mehr, hat das Unternehmen mit Ihnen einen Mehrwert erreicht.
Was hat das nun mit Ihnen und Ihrem Bewerbungsgespräch zu tun? Ganz einfach. Egal, wie gut oder schlecht Sie sich verkaufen, ob Sie rhetorisch brillant auftreten oder ob Sie stottern, letztlich geht es nur darum, zu verdeutlichen, welchen Nutzen Sie dem Unternehmen stiften. Und die Art der Tätigkeit entscheidet darüber, ob sich Ihre Schwächen dafür nachteilig auswirken oder eben nicht. Wenn Sie dabei viel am Computer sitzen, ist es relativ egal, ob Sie stottern – als Nachrichtensprecher dagegen hätten Sie ein Problem. Sind Sie nur 1,50 Meter groß, werden Sie aller Wahrscheinlichkeit nach kein guter Basketballspieler. Als Jockey sind Sie allerdings bestens geeignet. Daher kann Ihre

Aufgabe nur darin bestehen, Ihren Nutzen für das Unternehmen so präzise und klar wie möglich darzustellen.

B nickt.

C: Es klingt so banal, weil es ja selbstverständlich ist. Und doch ist mein Eindruck, und da gehe ich sehr kritisch mit Bewerbungsschreiben und -gesprächen um, dass viele Bewerber sich nicht am Nutzen für das Unternehmen orientieren, sondern ungeachtet dessen versuchen, nur ihre eigenen Stärken in den Vordergrund zu stellen.
Das zeigt sich oft schon daran, dass Bewerbungsschreiben die 1. Person Singular benutzen, also häufig „Ich kann, ich habe, ich will …" benutzen und selten die Position des Unternehmens berücksichtigen, wie „Ihr Nutzen ist, Sie können profitieren von …", „So können Sie mich auch noch einsetzen …".

B überlegt.

B: Ich glaube, ich weiß jetzt, worauf Sie hinauswollen. Auch ich habe bislang mehr die Ich-Form verwandt. Was ich bisher gemacht habe, was ich drauf habe, das waren die Formeln. Ich habe also quasi meinen Lebenslauf präsentiert.

C: Genau. Das ist auch alles wichtig, und doch bleibt die Frage nach dem Nutzen für den potenziellen Arbeitgeber. Der hat für ihn Priorität.

B: Das leuchtet mir ein.

C: Ich lasse Sie jetzt mal eine halbe Stunde mit folgender Aufgabe allein. Nehmen Sie eine Flipchart-Seite und fertigen Sie eine Tabelle mit zwei Spalten an. Links oben soll „Ich kann …" und rechts oben „Ihr Nutzen" stehen. Listen Sie dann all Ihre Stärken, Fähigkeiten und Ihr Wissen in der Ich-Form auf und leiten Sie davon den Nutzen für die rechte Spalte ab, das, was der besondere Vorzug für das Unternehmen ist. Das werden Sie dann morgen in der geplanten Art und Weise präsentieren.

Eine halbe Stunde später. Die Flipchart-Seiten haben sich gefüllt.

B: Das war sehr interessant für mich. Ich bin noch längst nicht fertig, aber ich merke, was aus vermeintlich einfachen Punkten rauszuholen ist.
Ich bin gespannt, ob das Vorhaben funktioniert. Es wirkt wie ein riesiger Berg auf mich, aber klar, wenn ich jede Seite gut vorbereite und ablese, dann kann es klappen. Ich werde mich hinsetzen und die Flipcharts sauber und ordentlich schreiben – wenn es sein muss, bis spät in die Nacht.

C: Keine schlechte Idee. Ich mache Ihnen jetzt noch einen Vorschlag zum Vorgehen, das mir selbst eigentlich unsympathisch ist. Aber: Lernen Sie die paar Überleitungssätze zu den einzelnen Flipchart-Seiten auswendig. Normalerweise sollte man das nicht tun, um nicht steif zu wirken, aber in Ihrem Fall halte ich es für legitim. In einer Präsentation haben Sie das Ruder selbst in der Hand, das ist der große Vorteil. Ich denke, dass Sie dadurch auch etwas mehr Sicherheit kriegen und souveräner werden.

Die Präsentation wurde noch zweimal komplett durchgespielt. Beim ersten Mal war das Ergebnis erwartungsgemäß noch sehr holprig. Das Vorlesen wirkte hölzern und mechanisch. Nach intensivem Feedback und dem Abhören einiger Tonbandsequenzen dazu, gelang es allerdings überzeugend.

C: Wie ist Ihr Gefühl jetzt?

B: Ach so, ich habe gar nicht mehr darauf geachtet... Ich bin ruhig und sicher. Natürlich habe ich Herzklopfen, wenn ich an morgen denke, aber offen gestanden ist auch schon ein bisschen Neugier dabei, wie es wohl klappen wird ...
Ach, eigentlich bin ich sicher, dass es klappt. Vor allem tut es mir gut, sofort zu sagen, was ich nicht kann.

C: Genau. Und das entlastet, weil Sie sich nicht mehr krampfhaft verstellen müssen.

Um die Emotionen, die Sie jetzt haben, noch etwas zu verdichten, folgende Frage: Kommt Ihnen für dieses Gefühl ein Bild in den Sinn? Vielleicht eine Farbe?

B: Hm, so auf Anhieb nicht *(Schweigt)*.
Doch, ich sehe ein Geländer, so ein Holzgeländer.

C: Das ist ein schönes Bild. Schließen Sie mal die Augen.
Vergegenwärtigen Sie sich noch einmal dieses Geländer. Sie merken, wie Ihre Hand sicher darauf liegt. Sie riechen das Holz. Sie sehen seine warme Farbe. Und Sie spüren, wie das Geländer Ihnen Halt gibt. Und Ihnen die Richtung weist.
Gleichzeitig haben Sie die Möglichkeit, sich fest darauf zu stützen, es als leichte Gehhilfe zu nutzen – oder auch ganz loszulassen. In dem sicheren Wissen, dass es da ist, wenn Sie es brauchen sollten. *(30 Sekunden Pause)*.

B: *(öffnet die Augen, lächelt)* Danke, ich glaube, jetzt liegt's an mir.

C: Ja. Ich wünsche Ihnen viel Erfolg und eine souveräne Leichtigkeit.

Das Bewerbungsgespräch am nächsten Tag verlief erfolgreich. Der Bewerber wurde für die vorgesehene Stelle eingestellt. Im Nachgespräch mit seinem Coach berichtete er, dass er sich das erste Mal in einem Interview von Anfang bis Ende wohlgefühlt habe – trotz seines extremen Herzklopfens, als es zu Beginn darum ging, die Flipchart-Präsentation vorzuschlagen.

Ver-Dicht-ung

* Zum Einstieg: Es ist häufig zu beobachten, dass Menschen, die sich in einem Misserfolgstrudel befinden, ihre Situation zynisch, ironisch oder scheinbar belustigt beschreiben. Diese Haltung kann aus dem Bestreben resultieren, die Dinge nicht wirklich an sich herankommen zu lassen. Einerseits. Andererseits ermöglicht sie kein fruchtbares Denken und Arbeiten, weil man sich dadurch ein Stück weit von den

eigenen Angelegenheiten distanziert. Damit wird ein Ringen, also der innere Suchprozess für eine gute Lösung, verhindert.

- Es gibt genügend gute Ratgeber zum Thema „Bewerbung". Dem soll hier kein weiterer hinzugefügt werden. Es geht nur um eine Logik: Wenn ich mich bei der Lösung von Problemen in einem Kreislauf oder sogar, wie in diesem Fall, in einem Teufelskreis befinde, dann kann es hilfreich sein, das Muster „Mehr des Selben" zu verlassen. Mehr des Selben bedeutet hier, die nächste und übernächste Bewerbung in ähnlicher Form wie die vorherigen hundert zu gestalten. Es geht also darum, ein bestehendes Lösungsmuster in Frage zu stellen.

- Den bisher als richtig angenommen Rahmen zu verlassen, heißt hier, die eigenen Schwächen anzuerkennen, ja, sogar direkt ins Blickfeld zu rücken.

- „Verlassen Sie festgefahrene Denkmuster!" – das sagt sich natürlich leichter als es getan ist. Wie lässt sich ein solches Vorhaben in der Praxis umsetzen? Die Antwort wird Sie nicht überraschen: Vor allem steht ein kreativer Akt. Das Gegenteil von vorhandenem Wissen abspulen.

- Folgende Denklogik kann Sie unterstützen: Es gilt, die bestehenden Annahmen (den Rahmen) in Frage zu stellen. In diesem Beispiel bedeutet das, die Frage zu stellen: Muss ein Bewerbungsgespräch stets so ablaufen, dass man sich höflich begrüßt, seinen Lebenslauf runterbetet und auswendig gelernte Standardfragen zum Unternehmen stellt? Um dann, wie viele es zumindest empfinden, ein latent verkrampftes Gespräch zu führen?

- Wie durchbricht man nun das Muster von Mehr des Selben? Bei schriftlichen Bewerbungen fallen Ihnen vielleicht spontan Dinge ein wie: das Textformat optimieren, das Fotomotiv, seine Größe und den Hintergrund modifizieren. Nur: Das allein macht noch keinen echten Unterschied. Sie verbleiben in derselben Logik und variieren ausschließlich die Effekte.

Sie kennen sicherlich das berühmte Neun-Punkte-Spiel aus dem genialen Buch „Lösungen" von Paul Watzlawick. Es ist ein etwas abstraktes und doch sehr einfaches Beispiel, um die Denklogik der Forderung „den Rahmen zu verlassen" zu verdeutlichen.

Verbinden Sie die neun Punkte in nachfolgender Figur durch vier gerade, zusammenhängende Linien, d.h. beim Ziehen der Linien darf Ihr Bleistift nicht vom Papier abgehoben werden. Wenn Sie diese Aufgabe noch nicht kennen, sind Sie eingeladen, noch nicht weiterzulesen und sich die Lösung und Erklärung erst nach Ihrem eigenen Versuch auf der Seite 94 anzusehen.

O   O   O
O   O   O
O   O   O

Ver-Wert-ung

• Wie kreativ gestalte ich meine Bewerbungen, wie genau sondiere ich für mich wichtige Bewerbungsthemen?

  – Welchen Nutzen stifte ich für das Unternehmen?
  – Welche Stärken habe ich bezogen auf die ausgeschriebene Stelle?
  – Welche Schwächen habe ich bezogen auf die ausgeschriebene Stelle?
  – Erfolge? Welche?
  – Misserfolge? Welche?
  – Ängste? Welche?

• Kenne ich Situationen, in denen ich mich ähnlich gefangen fühle, mich also nur innerhalb der neun Punkte bewege?

• Welche Überschrift könnte ich bei mir dem Muster „Mehr des Selben" geben?

- Welche Lösungen und Lösungslogik tauchen immer wieder auf?

- Was sind meine Annahmen über die Lösungen?

- Wie sähe ein kreatives Infragestellen dieser Annahmen aus?

Fast jeder, der die Lösung der Aufgabe zum ersten Mal versucht, führt als Teil seines Lösungsversuchs etwas ein, das die Lösung unmöglich macht. Nämlich: die unbegründete Annahme, dass die Lösung innerhalb des durch die Punkte abgesteckten Quadrates gefunden werden muss. Haben Sie sich auch diesen engen Rahmen gesetzt, der in der Aufgabe gar nicht enthalten ist?

- Ergo: Das Scheitern liegt nicht in der Unmöglichkeit der Aufgabe, sondern in Ihren – unmerklich und unbewusst entwickelten – Annahmen über den möglichen Lösungsbereich.

- Dieses Beispiel verdeutlicht sehr gut, dass nicht in jedem Fall die deutsche Tugend „Ohne Fleiß kein Preis" den garantierten Erfolg bringt. Auch der 99. oder 100. Versuch, die Lösung innerhalb der neun Punkte zu finden, scheitert. Eine Lösung finden Sie, indem Sie Ihre eigenen Annahmen über die Punkte überprüfen, nicht aber durch die Prüfung der Punkte selbst. Das ist ein entscheidender Unterschied. Versuchen Sie, diese Erkenntnis auf die Lösung alltäglicher Probleme zu übertragen. Stellen Sie Ihre Annahmen in Frage, wie etwas anscheinend zu sein oder zu funktionieren hat!

„Das, was man von sich wegstößt, kommt oft zur Hintertür wieder rein: nur eben verkleidet."

Angelika Glöckner

6 Mit Leichtigkeit vor Gruppen auftreten

„Ich mache mir fast in die Hose vor Präsentationen und Vorträgen."

Bereichsleiter

Leitfragen

- Welcher Nutzen verbirgt sich hinter meiner Vortragsangst? Wie kann ich diesen für mich positiv umsetzen?
- Wie werde ich gelassener vor und bei Präsentationen sowie Vorträgen?
- Wie kann ich mehr Verantwortung für meine Gefühle übernehmen?

Einbettung

Es geht um ein Einzelcoaching mit einer Führungskraft (35). Als hervorragender Fachmann ist er zum Bereichsleiter (BL) in einem mittelständischen Unternehmen geworden. Für das Coaching besteht ein schriftlicher Zielkontrakt mit der Geschäftsführung/Personalleitung und dem BL. Im Wesentlichen geht es um die Professionalisierung und Unterstützungsmaßnahmen, was seine Führungsfunktion angeht. Dauer des Prozesses: sechs Monate. Ein Ziel: BL bei der Durchführung von Auftritten, bei Vorträgen und Präsentationen zu unterstützen, die einen wichtigen Teil in seiner Aufgabe ausmachen und damit auch der Wertschöpfung des Unternehmens dienen.

Der Fall

BL: Ich bin mir nicht sicher, ob es bei mir das normale Lampenfieber ist, das ja wahrscheinlich jeder kennt, der einen Vortrag hält. Es ist wirklich Angst.

C: Versuchen Sie einmal, die Angst zu beschreiben. Was läuft da in Ihnen ab? Halten Sie dafür ruhig mal eine Weile inne.

BL denkt nach.

BL: Nun ja, ich kann Ihnen die körperlichen Symptome nennen. Es geht schon damit los, dass ich schlecht schlafe, wenn ich am nächsten Tag eine wichtige Präsentation habe. Ich kann mich gar nicht entspannen, weil mir ständig die Gedanken durch den Kopf gehen, ob ich alles Nötige bereitgelegt habe, ob inhaltlich alles in Ordnung ist, ob ich wirklich gut vorbereitet bin. Dann werde ich nachts immer wieder wach, stehe morgens mit Durchfall auf oder er plagt mich sogar in der Nacht schon. Es kann auch sein, dass ich gar nicht schlafen kann, weil mein Herzschlag unregelmäßig ist und ich nur noch darauf achten muss. Am Tag selbst kriege ich vorher patschnasse Hände, obwohl ich eigentlich nicht leicht schwitze. Dazu kommt die Gewissheit, dass ich gleich dem Kunden die Hand geben muss, das potenziert das Ganze noch. Ich weiß natürlich, dass das auch wieder ein Zeichen von Unsicherheit ist – das macht es ja auch nochmal schlimmer. Dann überlege ich, was denn der Kunde jetzt von mir denkt?
Dazu kommt noch, dass ich überall Druck verspüre, eigentlich am ganzen Körper. Ich empfinde es so, wie wenn ich regelrecht umklammert werden würde.
Wenn ich anfange zu sprechen, spüre ich das noch ganz stark und nach

einer Weile legt es sich. Wenn dann aber Nachfragen kommen, vielleicht sogar kritische, dann ist dieser Druck, dieser eiserne Gürtel sofort wieder da und bleibt auch während des gesamten Vortrags spürbar.

C: Haben Sie eine Idee, wovor Sie Angst haben?

BL denkt nach.

BL: Ja, ich denke, es ist schon schlichtweg die Versagensangst. Nicht gut genug zu sein.

C: Und rein verstandesmäßig ist Ihnen klar, dass diese Selbstzweifel gar nicht nötig sind.

BL nickt.

C: Der Kopf sagt: „Klar hast du's drauf", vermutlich legen Sie sich die Formel auch immer wieder zurecht – und doch funktioniert die Selbstmanipulation nicht.

BL: Ich habe keine Chance. Ich versuche es immer wieder, aber es klappt nicht.

C: Wir haben zwei unterschiedliche Ebenen: Auf der intellektuellen Ebene haben Sie Klarheit über Ihre Kompetenz und auf der emotionalen Ebene hegen Sie Selbstzweifel. Das Problem dabei ist, dass Sie mit dem Intellekt Ihre Gefühle nicht erreichen.

BL: Stimmt. Genau so ist es.

C: Dann wird unsere Herausforderung darin liegen, diese beiden Ebenen sinnstiftend miteinander zu verbinden. Im ersten Schritt möchte ich Sie fragen, ob diese Angst auch eine – vielleicht gut getarnte – positive Funktion haben könnte?

BL schaut ungläubig.

C: Und im zweiten Schritt möchte ich Ihre emotionale, kritische Seite mit einer Bilderarbeit ansprechen. Das wird Ihnen unmittelbar vor oder während einer Präsentation hilfreich sein. Einverstanden?

BL: Sehr gerne.

Lösungen

Lösungsebene 1: Positive Funktionen der Angst

C: Gut. Dann sammeln wir mal hier gemeinsam, was denn möglicherweise die positiven Funktionen Ihrer Angst und Ihres Druckgefühls sein könnten. Das Ergebnis halten wir schriftlich – zum Mitnehmen für Sie – auf der Flipchart fest.

BL: Also, ich weiß ja nicht, wozu die Angst *gut* sein soll? *(Pause, er lächelt)* Na ja, es ist schon ein echter Adrenalinstoß.

C: Und was bewirkt der?

BL: Der sorgt auf jeden Fall schon einmal dafür, dass ich mich wirklich anstrenge, etwas Gutes zu leisten. Ich nehme dadurch nichts auf die leichte Schulter.

C: Eine Funktion der Angst ist also die positive Aktivierung. *(BL nickt).* Vielleicht fällt Ihnen noch etwas ein? Welche Vorteile hat es für Sie und Ihre Firma, dass Sie in der Lage sind, dieses Gefühl zu erzeugen?

BL: Es hat den Vorteil, dass ich meine Sache perfekt machen will.

C: Genau. Da Perfektion mit einem hohen Leistungsanspruch verbunden ist, der Sie möglicherweise weiter unter Druck setzt, mildern wir das sehr absolute Perfekt-Sein-Wollen ...

BL: ... und nennen es professionelle Vorbereitung! *(Denkt eine Weile nach).* Ja, ich nehme die Sache ernst. Ich kümmere mich damit um meine Kunden, weil ich ja auch die Angst habe, durch eine schlechte Leistung den Kunden zu verlieren.

C: Wandeln Sie das mal ins Positive.

BL: *(Überlegt).* Ich denke, das ist konsequente Kundenorientierung.

C: Genau. Spürt Ihr Kunde, dass Sie ihn ernst nehmen?

BL: Absolut. Da bin ich mir ganz sicher.

C: Ich denke auch. Das Kontrastprogramm zu Ihrer Art wäre so eine Ist-mir-doch-egal-Haltung nach dem Motto: Komm ich heut' nicht, komm ich morgen.

BL: Ja, das stimmt. Ich würde zum Beispiel nie mehr versprechen, als ich auch halten kann. Mir ist Ehrlichkeit, ja Wahrhaftigkeit schon sehr wichtig.
Auch bei meinen Mitarbeitern. Ich nehme die auch sehr ernst und kümmere mich um sie. Wenn ich das jetzt nicht Angst nennen würde, sondern einfach eine große Sensibilität, dann wäre das auch sehr positiv.

C: Und bei Präsentationen nehmen Sie die Sache so wichtig, dass Sie schon am Vorabend anfangen, sich um Ihren Kunden zu kümmern. Stimmt's?

BL lacht.

C: Angenommen, Sie würden das in der Beurteilung eines Mitarbeiters lesen: Wie fänden Sie das?

BL: *(Hält inne, dann spricht er gerührt und leise)* Ich fände das richtig gut.

C: Was passiert gerade in Ihnen?

BL: Ich merke, dass ich zu meiner Schwäche, die ich bei mir richtiggehend verachtet habe, ein anderes Verhältnis kriege. Darin stecken auch viele positive Aspekte, die mich befähigen, etwas Gutes, vielleicht sogar etwas Überdurchschnittliches zu leisten.

BL denkt nach.

BL: Jetzt wird mir plötzlich klar, dass mich erst vielleicht gerade diese Angst und das, was ich da sonst noch empfinde, so weit gebracht haben. Und das tut mir im Moment richtig gut.

BL befindet sich im inneren Dialog. Kurzes Schweigen.

C: Das ist jetzt eine gute Ausgangslage für unsere Arbeit. Natürlich zahlen Sie noch einen hohen Preis für diese Erfolge. Jetzt besteht die Herausforderung darin, dass es Ihnen gelingt, Ihrer Energie eine andere Qualität zu verleihen, ohne dass Sie die Vorteile Ihrer Sensibilität schmälern.

BL: Ich glaube, das ist mir gerade bewusst geworden.

C: Wie meinen Sie das?

BL: Ja, ich hab' eigentlich immer nur das Negative, das Unangenehme, das Schlechte gesehen. Und jetzt kommt auf einmal ein Gefühl von Stolz auf, und zwar im Sinne, dass ich erkenne, dass diese Angst oder Sensibilität sogar gut und nützlich sind. Und ich glaube, das allein hilft mir sehr. Es entlastet ungemein, weil ich das Empfinden jetzt nicht mehr bekämpfen muss.

C: Können Sie noch etwas näher beschreiben, was zu diesem Stolz geführt hat, der nun aufgekommen ist?

BL: Ja, ich denke, dass ich die Angst – oder zumindest Teilaspekte dieser Angst – langsam zu schätzen lerne. Wenn die Angst wiederkommt, und sie wird sicher wieder auftreten, dann gelingt es mir vielleicht, sie als einen Teil von mir zu akzeptieren, der mich schließlich so weit gebracht hat, kurzum die positive Wirkung dieses Gefühls zu sehen. Anstatt immer mehr Angst vor der Angst zu kriegen, habe ich durch eine neue Sicht der Dinge die Möglichkeit zur positiven Umdeutung. Das war ja genau der Kreislauf, aus dem ich nicht mehr rauskam.

C: Sie sind sehr sensibel, nehmen innere Abläufe genau und präzise wahr. Sie erkennen Ihre eigenen Gefühle, das können wir hier nutzen.
Ich möchte dieses Gefühl, das Sie hegen, noch weiter verdichten.
Was wäre denn eine gute Möglichkeit, bei der nächsten Präsentation bereits am Abend vorher mit dem Einschlafen kreativ umzugehen?

BL denkt nach.

BL: Im Prinzip ist es ja klar: Wenn ich merke, dass die Angst kommt und das merke ich ganz gut, könnte ich vielleicht sagen: „Hallo, Partner, da meldest du dich ja wieder." *(Lächelt)* Mein kleiner „Erfolgspartner" meldet sich ja bei mir.

C: Genau, das Wegdrücken und Ausblenden funktioniert nicht und mit *dieser* Haltung erkennen Sie auch Ihre unangenehmen Gefühle als wichtigen Teil von Ihnen an. Und damit bin ich sehr einverstanden, weil in dem Moment automatisch ein anderes Gefühl aufkommt. Anders formuliert: Wenn es einen Teufelskreis gibt, muss es auch das Gegenteil, einen Engelskreis oder eine Erfolgsspirale, geben. Und die lösen Sie damit aus.
Nebenbei: Schön, dass Sie vom kleinen Partner sprechen. Ein Hinweis darauf, dass die Angst vor ihm kleiner wird und auch, dass diese Angst nur *ein Teil* Ihres Erfolges ist.

BL: Ja, ich bin bis heute davon ausgegangen, wenn ich diese Angst *nicht* hätte, dann wäre alles besser! So in dem Sinne, dann wäre es fantastisch. Ich würde meine Vorträge leicht und locker halten, alle wären begeistert. Fast kindisch ist meine Vision, ich sei jemand, der permanent in der Zeitung steht, den alle Welt kennt. Ich hatte immer das Gefühl, wenn ich das mit der Angst nicht bald ablege, dann schaffe ich es nie.

C: Und jetzt?

BL: Klar, jetzt weiß ich, sie ist einer meiner Erfolgsfaktoren – und kein Hindernis zum Erfolg.

Pause.

Lösungsebene 2: Arbeit mit inneren Bildern

C: Zur Unterstützung Ihres Vorgehens in alltäglichen Situationen würde ich gerne noch eine Bilderarbeit mit Ihnen machen, die Ihre Erkenntnis weiter verdichtet.
Was heißt nun Bilderarbeit? Sie kennen dieses Phänomen wahrscheinlich schon vom Sport. Wenn Sie zum Beispiel einen Bobfahrer vor dem Start beobachten, werden Sie feststellen, dass er die Augen geschlossen hat und im Geiste, vor seinem inneren Auge, noch einmal die gesamte Strecke abfährt. Er visualisiert sich jede Kurve, jede Geschwindigkeit in den einzelnen Abschnitten, jeden Neigungswinkel, mit dem er sich in die Kurve legt und absolviert die gesamte Strecke im Kopf – überraschenderweise dauert diese geistige Abfahrt oft exakt die Zeit, die er tatsächlich dafür benötigt. Im Sport nennt man das mentale Vorbereitung, über den inneren Visualisierungsvorgang – sehe ich mich bereits erfolgreich in der bevorstehenden Situation und versuche so, den realen äußeren Erfolg sicher zu erreichen. Das ist auch eine Art von „Arbeit mit Bildern". So ähnlich möchte ich auch Ihren inneren Erfolg visualisieren.
Gelingt es Ihnen, Ihr bisheriges Gefühl von Angst in irgendeiner Form zu visualisieren? Als Bild oder Figur vor sich zu sehen?

BL denkt nach.

BL: Nein, eine Figur sehe ich nicht. Mir kommt eher eine konkrete Situation in den Sinn. Es ist vor einem Vortrag – relativ stark abgedunkeltes Auditorium – da sitzen vielleicht 50 Personen.
(Grinst unsicher) Ich weiß, das klingt blöd, aber ich sehe, dass alle eine Halloweenmaske aufhaben. Kennen Sie diese weißen Masken? Und einen schwarzen Umhang? Und so sitzen sie auf den Stühlen und haben den Mund offen, was wie ein Lächeln wirkt, aber ein Auslachen ist. Ich fühle mich ganz klein, unsicher und – regelrecht bedroht. Das ist genau die Szene, die mir immer wieder in dem Sinn kommt. Mehr nicht.

C: Gut. Schauen wir mal, ob wir zu dem Bild und den Gefühlen, die Sie da haben, auch Ergänzungsbilder finden können. Wir können ja Regisseur unserer eigenen Bilder sein. Vielleicht schließen Sie kurz die Augen, dann finden Sie leichter Zugang zu Ihren inneren Bildern. Mit Ihrer Aufmerksamkeit bleiben Sie im Hier und Jetzt.

BL schließt die Augen, atmet eine Weile ruhig ein und aus.

C: *(Leise, mit ruhiger Stimme).* Stellen Sie sich mal einen Vortragsraum vor, so wie er für Sie angenehm ist – vielleicht in hellen, warmen Farben gehalten, sie nehmen angenehme Düfte wahr, alles ist ganz so, wie es für Sie angenehm ist. Und stellen Sie sich nun vor, dass Sie als Regisseur ganz weit hinten in diesem Saal sitzen und sich von dort aus das Szenarium anschauen. Und nun sehen Sie sich selbst vorne als Redner, erkennen, wie Sie gelassen, gesammelt, nach vorne gehen und in freundliche Gesichter mit freundlichen Augen schauen, die Ihnen wohlwollend zunicken. Sie entwickeln ein Gefühl von Freude, dass Sie da sind und vielleicht den einen oder anderen Gedanken für das Publikum bereit halten, der gut und konstruktiv für die Anwesenden ist.
Je konkreter Sie Gesichter, leibhaftige Menschen mit einem Lächeln auf dem Gesicht sehen, desto leichter wird die Atmosphäre in dem Raum. Und vielleicht sehen Sie auch den Regisseur, wie er mit Zuversicht und Wohlwollen auf Sie schaut. Sie gehen nach vorne, reinigen sich im Geiste und schauen mit Ihrer ganzen Warmherzigkeit ganz ru-

hig ins Publikum, vielleicht kennen Sie das eine oder andere Gesicht. Sie spüren auch das Wohlwollen, das jedem Redner hier entgegengebracht wird. Sie spüren auch Ihren Körper, wie er mit beiden Füßen sicher und ruhig auf dem Boden steht. Sie haben einen festen Stand und atmen ganz ruhig langsam ein und aus.

Und dann sind Sie wieder der Regisseur, der sich das alles von hinten anschaut, wie jemand vorne ganz langsam anfängt zu sprechen und durch das Sprechen auch ein Gefühl von Ruhe und Aufmerksamkeit im Raum entsteht. Und der Regisseur schaut sich an, wie sich das Publikum und der Redner in einem Dialog befinden, der so wirkt, wie ein ganz normales Gespräch unter Fachleuten. Und Sie spüren, wie Sie als Redner merken, dass Stolz in Ihnen entsteht. Vielleicht vergegenwärtigen Sie sich auch das Glücksgefühl, das Sie immer dann haben, wenn Ihnen eine Idee kommt und Sie damit andere erreichen oder sogar begeistern beziehungsweise Menschen, so wie es Ihr Talent ist, in Ihren Bann ziehen. Vielleicht entwickeln Sie auch dieses Gefühl von Euphorie, wie gut es tut, wenn Menschen Ihnen zuhören und spüren, dass Sie etwas zu sagen haben.

BL sehr entspannt, versunken, schmunzelnd.

C: Und Sie merken langsam, wie es zum Schluss geht, schauen noch einmal in die Gesichter, die Sie interessiert und teilweise bewegt anschauen, ... hören den Klopf- oder Klatschapplaus, ... dann bedanken Sie sich dafür, dass man Ihnen Vertrauen und Zeit geschenkt hat und gehen ganz langsam wieder aus dem Raum raus ... Natürlich kommen Sie an Ihrem Regisseur vorbei, Sie beide zwinkern sich zu und Sie spüren, wie der Regisseur Ihnen auf die Schulter klopft und sagt, gut gemacht, ich bin stolz auf Dich.

Und so verlassen Sie zufrieden den Raum und sind genauso gesammelt wie vorher ...

Nach einer Weile öffnet BL die Augen.

BL: Ja, jetzt war ich ganz tief drin und denke, so ist es einfach eine gute Programmierung.

Wie ging es weiter? Im Rahmen des Coaching wurden ganz pragmatisch zwei anstehende Vorträge vorbereitet. Zudem gab es eine live-Begleitung. Dazu aufgenommene Tonbänder wurden unter den Blickwinkeln bearbeitet: Wie kommt die Botschaft ‚rüber'? Wie bringe ich nicht nur Inhalte, sondern wie gewinne ich auch die Zuhörer? Was ist der Nutzen für die Zuhörer? Wie übersichtlich, bildhaft und logisch sind meine Gedankengänge dargestellt?

Ver-Dicht-ung

Lösungsebene 1

- Im Coaching geht es gar nicht darum, als kluger Ratschlaggeber revolutionäre Ideen zu äußern, sondern zur bisherigen Sichtweise einen neuen Blickwinkel, eine neue Perspektive hinzuzufügen. Häufig erreicht man dies schon mit wenigen Fragen.
- Da „Angst" immer eine Funktion hat, ging es hier darum, zur bisherigen, ausschließlich negativen Betrachtungsweise, den Blick auf die „Funktion" der Angst zu lenken: Wozu verhilft mir die Angst? Welchen „Nutzen" hat die Angst auch für mich? Diese neue Perspektive ermöglicht dem Klienten einen anderen Zugang zu seinem Anliegen.
- Den daraus resultierenden Effekt kennt sicherlich fast jeder: ein neuer, plausibler Gedanke kann die persönliche Einstellung und das Verhalten entscheidend verändern – ohne, dass sich die Sache selbst verändert.
- In diesem Fall: Durch das Anerkennen und sogar Wertschätzen dessen, was als Manko und Problem angesehen wurde, hat sich das Problem in Luft aufgelöst ... wie der Klient auch in der Praxis nach seinen nächsten Vorträgen bestätigte.

- Gerade bei Angst und Unsicherheit erzeugen Menschen innerhalb kürzester Zeit – in Zehntelsekunden – Negativbilder. Dieser Vorgang geschieht oft nicht bewusst. In der Folge sieht man im Auditorium nur gesichtslose Menschen oder, wie in diesem Fall, Halloween-Masken vor sich. Dies wirkt natürlich bedrohlich. Selbst, wenn die Bilder wieder verschwinden – das ungute Gefühl bleibt.
- Die geführte Phantasiereise soll den Klienten – als Kontrast zu seinen Gewohnheitsbildern – vor Augen führen, wie die konkrete Situation auch ganz anders ablaufen kann. Je konkreter und klarer er diese Bilder imaginieren und auch fühlen kann, desto größer die Aussicht auf Umsetzung und Erfolg.

Ver-Wert-ung

- Ist mir das Gefühl von Aufregung und Lampenfieber vor Vorträgen und Präsentationen vertraut? Wie gehe ich damit um?

- Welche Symptome zeigen sich bei mir in den Tagen und Stunden vor Vorträgen?

- Welche positiven Funktionen haben die Symptome?

- Welche Stärken und Tugenden verbergen sich dahinter?

- Was würde fehlen, wenn ich diese Stärken einbüßen müsste?

- Habe ich auch konkrete Bilder vor mir, wie „die Halloween-Masken" aus diesem Fall? Wenn ja, wie sehen meine aus?

- Wie kann ich diese Bilder verändern: in Größe, Farbe oder Rahmen?

- Wie wirkt das auf meine Gefühle?

„Nicht alles, was aufgeschoben wird, reift.
Manches gammelt auch."

Dr. Bernd Schmid

7 Die Flucht nach vorn nutzen

„Ich bin ein Meister darin, die unangenehmen Dinge aufzuschieben!"

Geschäftsführer, der gerne Dinge aufschiebt

Leitfragen

- Wie gehe ich leichter und aktiver mit Unangenehmen um?
- Wie können mich fantasievolle innere Bilder dabei unterstützen?
- Was passiert in meinem Kopf, wenn mir etwas unangenehm wird?

Einbettung

*Es wird ein Einzelcoaching durchgeführt, und zwar mit einem Geschäfts-
führer (GF) in einem mittelständischen Unternehmen. Es wird an der
Ausübung der Führungsrolle sowie an Zeitmanagementthemen gearbeitet.*

Der Fall

GF: Ich glaube, es ist einfach Schmerzvermeidung, eine Art Schonhaltung – unangenehme Dinge macht man einfach nicht gerne. Man findet immer Gründe, Unangenehmes wegzuschieben. Eigentlich ist das ganz simpel.

C: Bevor wir beginnen, eine kleine Randbemerkung: Ich empfehle Ihnen, in der Ich-Form und nicht in der Man-Form zu sprechen. Über die Ich-Form übernehmen Sie die Verantwortung. Die Man-Form ist so eine Möglichkeit, sich zu verstecken. Es wird damit immer auch gesagt: Es geht ja allen so! So ist es kein individuelles Problem mehr von mir, sondern ein allgemeines. Nur: allgemeine Probleme können wir hier nicht lösen, nur die Ihren.

GF: Ja, stimmt. *(Schmunzelt)*. Also: Ich schiebe meistens unangenehme Dinge auf.

C: Was ist denn der Vorteil dieses Verhaltens?

GF: Weiß ich nicht. Ich will es ja ändern.

C: Stellen Sie sich mal vor, Sie müssten morgen zum Zahnarzt gehen. Sie merken, dass Sie jetzt schon ein flaues Gefühl kriegen, wenn Sie nur daran denken. Prompt fallen Ihnen tausend Gründe ein, weshalb der Termin morgen einfach nicht wahrgenommen werden kann. Wie geht es Ihnen dann?

GF: *(Grinst)* Na ja, damit geht es mir sofort viel besser. Das ist so ein Gefühl von: Puh, ich bin gerade noch einmal davon gekommen! Das kenne ich gut.

C: Genau. Das Verschieben geht schnell und unproblematisch vonstatten und führt kurzfristig dazu, dass Sie sich zunächst einmal viel besser fühlen als vorher. Insgeheim wissen Sie zwar, dass Sie sich damit selbst etwas vormachen. Spätestens morgen meldet sich auch wieder das schlechte Gewissen, aber das spontan gute Gefühl der Erleichterung überwiegt. Für einen Moment scheint der Gewinn des Verschiebens größer, als der des Erledigens der Dinge.

GF: Genauso ist es. Verstandesmäßig ist mir das auch völlig klar. Aber das hilft mir auf Dauer auch nicht, weil, wie Sie schon sagen, das schlechte Gewissen ja ganz schnell wiederkommt.

C: Ich schlage vor, dass wir im 1. Schritt einige unangenehme Dinge, die Sie gerne verschieben, sammeln und im 2. Schritt analysieren, was denn die Ursachen für das Aufschieben sind. Im 3. Schritt überlegen wir dann anhand einer Tabelle, was denn eigentlich der Nutzen für Sie wäre, wenn Sie diese Dinge umgehend erledigt hätten.
Im Anschluss daran kann ich ihnen noch eine Arbeit mit inneren Bildern anbieten, die Ihnen in solchen Situationen hilfreich sein könnte. Sind Sie damit einverstanden?

GF nickt zustimmend.

Lösungen

Ebene 1: Was passiert in meinem Kopf, wenn's unangenehm wird?

C: Was sind das eigentlich für innere Vorgänge, die uns so schnell dazu verleiten, den scheinbar einfacheren Weg zu wählen? Nehmen wir mal ein Beispiel aus Ihrer Erfahrungswelt. Ich weiß ja von Ihnen, dass Sie begeistert kochen, und wer gerne kocht, der weiß, wie eine Küche nachher aussehen kann.

GF: *(Schmunzelt)* Bei mir entsteht immer ein kreatives Chaos: Da stapeln sich die Töpfe.

C: Ich vermute, dass Sie Ihre Abwaschberge auch nicht sofort nach dem Essen beseitigen.

GF: *(Lacht)* Offen gestanden, türmen sich die Berge oft bis zum nächsten Kochen. Also bis zu ein, zwei Tagen.

C: Das habe ich mir gedacht. Schauen wir mal, was hier genau passiert. Wir Menschen machen uns innere Bilder, teilweise in mir einem kurzen Augenblick und je nach Beschaffenheit dieses Bildes motivieren oder demotivieren wir uns damit.

GF: Versteh' ich jetzt noch nicht so ganz.

C: Bleiben wir bei Ihrem Beispiel. Nach dem Kochen sehen Sie den riesigen Abwaschberg. Und Sie wissen, es wäre gut, jetzt die Küche aufzuräumen. Sie tun's aber nicht. Welches innere Bild oder welche Bilder hindern Sie vermutlich daran? Versuchen Sie sich in diese Lustlosigkeit hinein zu fühlen – was sehen Sie da vor Ihrem inneren Auge?

GF denkt nach.

GF: Ich sehe die vielen Töpfe, klebrige Essensreste, Geschirr, meine wild verstreuten Gewürze, schmutziges Geschirr dazwischen – das reinste Chaos! Das fällt mir beim Kochen selbst auch gar nicht so auf …

C: Aha, und weshalb bemerken Sie es bei der Arbeit nicht?

GF: Da bin ich in Gedanken ganz beim Kochen – und sehe bereits das fertige Gericht vor mir.

C: Und dieses Bild des fertigen Gerichts und die Ahnung vom Genuss des Essens motiviert Sie zu kochen. Was könnte Sie demzufolge eher motivieren, die Küche danach aufzuräumen?

GF: Ach so, ich glaube, jetzt verstehe ich: Indem ich mir die Küche vorstelle, wie sie tadellos fertig und sauber ist, sodass ich am nächsten Morgen in einer angenehmen Ordnung meinen Kaffee machen kann, statt erst einmal nach einer sauberen Tasse suchen zu müssen, wäre eine Motivation. Ja, ich merke schon, mit dieser plastischen Vorstellung könnte ich mich vielleicht eher motivieren, das Chaos gleich zu beseitigen. Klingt interessant und auch einleuchtend.

C: Um noch einmal das Beispiel mit dem Zahnarzt zu nehmen: Stelle ich mir nur die möglichen Schmerzen und das Geräusch des Bohrers vor, dann sinkt meine Motivation erheblich. Stelle ich mir vor, dass ich nachher gesunde, strahlend weiße Zähne habe und mit dieser Vorsorge meinen Körper und meine Gesundheit ernst nehme, dann wird es mir sicher leichter fallen, den Termin wahrzunehmen.
Das Eigenartige an solchen Bildern ist, dass sie blitzschnell, in Zehntelsekunden, auftauchen und dann wieder weg sind. Aber das damit verbundene Gefühl bleibt und wirkt – sowohl im Guten als auch im Schlechten.

GF: Ich denke, ich habe diesen Mechanismus verstanden. Was fange ich denn jetzt konkret damit an?

GF schildert nun zwei typische und aktuelle Situationen, die für ihn unangenehm sind und deshalb ständig aufgeschoben werden. Es handelt sich dabei um:

1. *ein längst fälliges Gespräch mit einem Aufsichtsratmitglied,*
2. *das Verfassen eines Organisationshandbuchs, das schon seit einem Jahr auf seiner To-do-Liste steht.*

GF arbeitet etwa 15 Minuten daran, zunächst die Ursachen für das Aufschieben zu definieren und danach möglichst bildhaft den Nutzen zu beschreiben, wenn er diese Dinge erledigt hätte. Die Bilder sollten so kreiert werden, dass sie viele Sinne ansprechen: Farben, Formen, Gerüche, Geräusche und Gefühle sollten in den Bildern möglichst konkret beschrieben werden.

GF: Also, im Moment entsteht bei mir eine ungemeine Lust, die Dinge endlich zu erledigen. Die Themen sind zwar nach wie vor für mich unangenehm, aber dadurch, dass ich mir jetzt erstmalig ganz konkret überlegt habe, was denn der Gewinn für mich ist, wenn ich etwas schnell erledigt habe, will ich dieses Ziel jetzt auch erreichen.

C: Können Sie kurz die Sie motivierenden Bilder beschreiben?

GF: Klar, gerne. Bei dem Gespräch mit dem Aufsichtsratmitglied kam ich mir die ganze Zeit wie ein „Hasenfuß" vor, weil ich mich davor scheute, die kritischen Punkte anzusprechen. Um nicht aufzufallen blieb ich bislang immer passiv. Jetzt sehe ich mich als aktiven, engagierten und selbstbewussten Geschäftsführer, der die Dinge – lachen Sie jetzt nicht – wie ein Mann anpackt. Und der dafür auch von seinen Mitarbeitern geschätzt wird, die warten nämlich schon lange darauf, dass ich etwas unternehme. Ich sehe auch ganz klar die zufriedenen Gesichter meiner Mitarbeiter vor mir. Das motiviert mich.
Beim Projekt „Organisationshandbuch" sah ich die ganze Zeit nur die Menge an Schreibarbeit sich vor mir auftürmen, also ähnlich wie nach dem Kochen die Abwaschberge. Ich sah nur hohe Papierberge auf meinem Schreibtisch. Jetzt habe ich mir ganz bewusst die positiven Folgen ausgemalt und vor Augen geführt und mir verdeutlicht, weshalb ich dieses Handbuch eigentlich anstrebe. Ich verspreche mir davon mehr Klarheit für die innerbetrieblichen Abläufe, viel weniger lästige Diskussionen darüber, wie etwas gemacht werden soll, weil dort für alle zugänglich die Vorgänge schriftlich fixiert sind und natürlich auch eine effizientere Einarbeitung neuer Mitarbeiter möglich ist. Durch diese Vorteile ergibt sich ein enormer Zeitgewinn für mich, den ich dann endlich in meine Familie investieren kann, die schon lange unter meinem chronischen Überstunden-Machen leidet. Das motiviert mich am meisten. Und ich habe in dieser Sache noch die Unterstützung meiner Frau.

Ebene 2: Arbeit mit inneren Bildern

C: Prima. Das scheint Ihnen ja richtig Spaß gemacht zu haben. Freut mich.

Damit Sie Ihre jetzigen Gefühle und Gedanken auch noch lange präsent haben, biete ich Ihnen noch die so genannte Bilderarbeit an, die Ihr Ergebnis noch weiter verdichtet. Okay?

GF: Ja, gerne.

C: Gehen Sie mal eine halbe Minute in sich und schauen Sie, ob Sie ein Bild finden, ein Symbol oder eine Farbe, die die zu klärenden Themen in einer guten Form symbolisieren könnten?

GF denkt eine Weile nach.

GF: Ich weiß nicht, ob es passt oder ob Sie das meinen. Ich habe sofort einen großen Schrank mit vielen Schubfächern vor Augen. Und in diesen Schubfächer stecken die Themen drin.

C: Das ist doch ein gutes Bild. In welcher Größenrelation befinden Sie sich selbst dazu?

GF: Ich sehe mich ein bisschen kleiner oder genauso groß.

C: Entspricht das der realistischen Größenordnung? Fühlen Sie sich damit gut?

GF lächelt.

GF: Nein, an sich nicht. Eigentlich ist mir der Schrank mit diesen Fächern zu groß, zu mächtig. Er hat in dieser Größe schon etwas Bedrohliches, Abschreckendes.

C: Schließen Sie mal die Augen ...
   (*Nach einer Weile ...*) Verändern Sie die Größe dieses Schranks so, wie sie aus Ihrer Sicht stimmig und realistisch ist.

GF mit geschlossenen Augen.

GF: Jetzt habe ich den Schrank kleiner, er ist jetzt etwa kniehoch.

C: Formen Sie jetzt an dem Schrank weiter und versuchen Sie, die guten Gefühle, die wir in den einzelnen Beispielen vorhin hatten, in dieses Bild hineinzumalen. Wie sieht er dann aus?

Seine Mimik verändert sich schlagartig, er lächelt.

GF: Der Schrank hat jetzt erst mal ganz freundliche Farben, so hellgelb-orange. Er sieht auch mehr wie eine kleine Kommode aus – mit abgerundeten Ecken. Die Kommode hat ein Gesicht und lacht. Oben drauf steht „Lust auf Klärung". Und in den einzelnen Schubfächern sind dann die jeweiligen Themen, die zu klären sind.

C: Wo stehen Sie als Betrachter dieser Kommode und wie fühlen Sie sich?

GF: Ich stehe vielleicht ein bis zwei Meter davon entfernt und ... habe so ein Gefühl von Tatendrang, Lust etwas anzugehen ... und dann sehe ich mich, wie ich mich vorbücke, einen Schub herausziehe. Ich schaue mir die Sache an, analysiere und kläre, was zu tun ist und mit einem Gefühl von Stolz schiebe ich die Schublade wieder rein.

Nach einer Weile des Innehaltens. GF macht die Augen auf und lächelt.

GF: Ja, das ist gut. Das tut mir gut.

C: Dieses Bild kann quasi als Symbol für all die Themen gelten, die ein Manager bearbeitet, gelten und soll Sie überall begleiten und an die Vorteile erinnern, die sie haben, wenn Sie die Dinge beherzt anpacken.

Ver-Dicht-ung

- Es liegt in der Natur der Sache, dass wir Unangenehmes lieber erst einmal aufschieben. Das bringt zunächst einen kleinen Zeitgewinn – der natürlich nicht von Dauer ist. Hinzu kommt noch die Tatsache, dass eine Sache um so lästiger wird, je länger man sie vor sich herschiebt.

- Ein effektiver Umgang mit Ihren eigenen lästigen und unangenehmen Dingen kann Ihnen gelingen, wenn Sie sich das Positive: den Nutzen, den Gewinn, das Angenehme, vor Augen führen, das Sie erreichen, wenn Sie die Aufgaben erledigt haben.
- Je konkreter und sinnlicher Sie sich in Ihrer Phantasie die Gefühle und den Zustand des Erledigten ausmalen, desto mehr Energie und Antrieb entsteht in Ihnen, den ersten Schritt dafür zu tun.
- Sie kennen vielleicht das folgende Phänomen: Visionen versorgen Sie mit Energie. Das heißt, Sie denken mit angenehmen Gefühlen an Ihre Vision, Sie haben Lust, daran zu arbeiten, um Ihre Vision zu erreichen. Dieser Energie folgt also Bewegung: Ihr Handeln. Dieses Phänomen kann ebenso bei den kleinen Unannehmlichkeiten im Alltag auftreten: Ihr persönliches Bild vom Zustand des Erledigten versorgt Sie mit aktivierender Energie. Und Energie ist die Ursache für Bewegung, das heißt, dass Sie etwas tun.
- Anders ausgedrückt: Sie motivieren sich. Und Motivation ist die Konzentration auf ein lohnendes Ziel. Kreieren Sie sich also ein lohnendes Ziel! Entsprechend ist auch die umgekehrte Wirkung: ein negatives Bild oder Ziel blockiert Ihre Energie. Und damit kommt nichts in Bewegung.
- Bei großen komplexen Aufgaben ist es leichter, sich zunächst nur auf den ersten Schritt zu konzentrieren. Führen Sie sich diesen ersten Meilenstein so attraktiv wie möglich vor Augen.

Ver-Wert-ung

- Welche Dinge schiebe ich bevorzugt auf?

- Wie ging ich bisher damit um?

- Welche Folgen hat das für mich?

- Welche Folgen hat das für andere?

- Was für ein Gewinn lockt nach Erledigung des vermeintlich Unangenehmen?

- Wie fühlt sich die Situation genau an?

- Was ist mir beim Lesen des Falls noch aufgefallen und wie könnte ich
das ver-Wert-en?

„Nicht die bessere Sache bringt den Sieg,
sondern die, für die man besser gekämpft
hat."

Dr. Bernd Schmid

8 Kommunizieren statt einfach nur plaudern

„Oh Schreck: Ich glaube, ich bin ein
Dampfplauderer!"

Projektmanager

Leitfragen

- Wie effektiv kommuniziere ich?
- Wie gewinne oder verliere ich meine Gesprächspartner?
- Wie werde ich gesprächsfokus-disziplinierter?

Einbettung

Erstes Einzelcoaching mit einem Projektmanager. Es geht um ein Industrieunternehmen mit 1000 Mitarbeitern. Ausgangspunkt für das Coaching ist ein Dreiergespräch zwischen dem Geschäftsführer, dem Projektmanager und dem Coach.
Das Gespräch verläuft unbefriedigend und hat auch ein schlechtes Ergebnis. Der Projektmanager ist in seiner Position gefährdet. In den Augen des Geschäftsführers erfüllt er seine Aufgabe nicht richtig.

Kritik und Unmut sind schon oft geäußert worden. Die Unterstützung durch einen Coach oder Professionsberater ist quasi eine letzte Chance. Darüber besteht Einigkeit zwischen allen Dreien.

Das Dreiergespräch hatte das Ziel, herauszufinden, was der professionelle Ergänzungsbedarf für den Projektmanager ist. Im Verlaufe des Gesprächs wurde der Geschäftsführer immer ungeduldiger und autoritärer. Der Projektmanager immer ruhiger. Kernkritik am Projektmanager geht dahin, dass es ihm offenbar nicht gelingt, die verschiedenen Hauptabteilungsleiter bei der Abwicklung von Projekten an einen Tisch zu bringen und die relevanten Schnittstellenpartner im Unternehmen für sich zu gewinnen.

Man ist so verblieben, dass man in ein Einzelcoaching investiert, um herauszufinden, was sich hinter der Kritik verbergen könnte. Einziger Punkt der Einigkeit in diesem Dreiergespräch: Die Uneinigkeit. Verbunden mit einem skeptischen Blick in die Zukunft.

Der Fall

Einstieg in das Coaching.

C: Ja, seit dem Dreiergespräch sind ein paar Tage vergangen. Gab es seitdem für Sie bezogen auf die Inhalte dieses Gesprächs oder auch auf unsere Arbeit Gedanken, die in diesem Zusammenhang nützlich sein könnten?

PM: Nein, an sich nicht ... Außer, dass es sehr frustrierend ist, dass wir uns seit Monaten im Kreis drehen. Das Gespräch fand auch wieder genauso statt wie sonst und deshalb bin ich schon recht ratlos.

C: Mein Eindruck war, dass Sie mit der Kritik nicht viel anfangen konnten. Oder gab es etwas Verwertbares?

PM: Leider nein. Außer Frust nicht, ich bin nicht schlauer geworden.

C: Leider habe ich ebenso wenig aus dem Dreiergespräch eine Idee entwickeln können, woran sich hier arbeiten ließe.

Das Kernthema ist klar: Ihnen gelingt es offenbar nicht genügend, relevante Schnittstellenpartner, vor allem Hauptabteilungsleiter des Unternehmens, für sich und Ihre Anliegen zu gewinnen. Das führt offenbar dazu, dass Ihre Arbeit nicht als erfolgreich bewertet wird.

PM: Genau. Das ist der Punkt.

Erstes Feedback: „Nichts zu finden."

C: Ich gebe Ihnen schon einmal eine schnelle Rückmeldung zu dem, was ich in dem Dreiergespräch wahr genommen habe: Ich sehe spontan nichts, was Sie nicht in einem guten Licht erscheinen ließe: Sie treten galant und höflich auf, nehmen Kritik an, verlieren sich nicht in Rechtfertigungen oder in die ja oft anzutreffende Ja-aber-Haltung. Sie hören sich die Anliegen Ihres Gegenübers an, wirken nicht gleichgültig. Sie signalisieren glaubwürdig, mit der Kritik etwas anfangen zu können. Spontan habe ich aus diesen eineinhalb Stunden keinen Anhaltspunkt herausgefiltert, der erklären könnte, woran es liegt. Das mag Sie freuen, ich finde es zunächst eher ernüchternd, weil es darum geht, den Unterschied für die Beteiligten deutlich zu machen.

PM: Klar, tut natürlich gut, das zu hören, aber Sie haben Recht, helfen tut's nicht.

C: Mein Vorschlag: Wir überlegen zunächst, wie wir an das Ganze herangehen können. Dabei werde ich Sie zu Beginn nicht sehr fokussiert beraten, sondern Ihnen eher Eindrücke schildern, wie ich Sie wahrnehme. Wenn es für Sie passt, schildere ich Ihnen alles, was mir zu Ihnen einfällt: Kritisches, Unangenehmes, Unsympathisches, Nicht-Gewinnendes.

PM: Nur zu, dafür bin ich ja da.

PM und C sammeln Themen, z. B. über Selbst- und Fremdbilder, Stärken und Schwächen im Vorgehen oder auch einzelne Beziehungen zu Hauptab-

teilungsleitern etc. PM hält sich wenig an die Vorgabe, die Themen erst ein-
mal zu sammeln, sondern geht bei jedem angeschnittenen Thema bereits in
die Details.
C lässt ihn gewähren, führt das Gespräch also nicht straff. PM liefert wenig
Material, das für eine gemeinsame Arbeit zu verwerten wäre.

PM schildert seine Miseren

Aus der ersten halben Stunde wurden verschiedene Thesen und Statements des
PMs zu den unterschiedlichsten Themen herausgegriffen und aufgelistet.

PM: Mein Geschäftsführer erwartet von mir, dass ich ins kalte Wasser
springe. Mag er recht haben, was seine Sicht angeht. Aus meiner Sicht
sehe ich es etwas anders, weil ich in vielen kalten Gewässern
schwimme und aus meiner Sicht durch die Masse der Aufgaben Prioritäten setzen muss. Nachher wird mir gesagt, alles sei verkehrt.
Ich verstehe mich ja auch mit den Hauptabteilungsleitern sehr gut, wir
können uns ruhig auch mal streiten. Zumindest ist das meine Sicht
der Dinge.
Jetzt geht es speziell um die Terminplanung. Wenn ich für das Projektmanagement zuständig bin, also eine planende Abteilung unter
mir habe, setzt man voraus, dass ich mich selbst und meine Abteilung
planen kann, dass die Projekte geplant und verfolgt werden und auch
innerhalb eines bestimmten Toleranzfeldes der Planbarkeit abgearbeitet werden, das Werk verlassen und irgendwann Produkte an die Kunden übergeben werden. Dazu brauche ich natürlich die Mithilfe und
Akzeptanz des ganzen Unternehmen. Ich benötige z. B. Akzeptanz
beim Vertrieb. Es geht einfach nicht, dass die mir die Sachen zu spät
auf den Tisch schmeißen, sondern ich muss davon ausgehen können,
dass das, was wir mal festgelegt haben, weil wir es brauchen, um starten zu können, auch geliefert wird. Es darf nicht sein, dass ich immer
wieder von einzelnen Mitarbeitern höre: „Ja, das reiche ich nach."
Aber von mir wird Termintreue von der Konstruktion und Entwicklung gefordert, ich bin ja Dienstleister, so verstehe ich mich zumindest.

Also, ich soll das Projekt durch die ganze Organisation tragen, Schnittstellen zum Kunden wahren und natürlich die Fäden in der Hand halten, auf Ressourcen zugreifen ... *(Schweigt)*, bloß die Termine werden nie eingehalten. Verstehen Sie, was ich meine? Und genau damit kämpfe ich jeden Tag bei meiner Arbeit.

Termine werden nicht eingehalten, denn es gibt im Produktionsbereich stets eine bestimmte Gruppe, die macht alles jedes Mal anders. Diese Abteilung ist natürlich immer hinten an. Die konstruieren noch, wo eigentlich schon Ende der Montage angesetzt ist, wir also kurz vor der Inbetriebnahme stehen.

Und da schließt sich der Kreis: Ich habe die Probleme, spreche die auch an, habe aber keine Handhabe. Wenn irgendwas nicht fertig ist, ist es halt nicht fertig.

Und ich will nicht von Team reden, weil wir kein Team sind. Wir verhalten uns nicht wie ein Team. Wenn es da einem zu viel wird, geht er zu seinem Chef und sagt: „Ich kann nicht mehr, es geht nichts mehr." Dann kommt der Hauptabteilungsleiter zu mir, als dem Projektleiter und fragt, was mir einfiele, seine Leute so unter Druck zu setzen, und das alles schlägt dann wieder zurück auf das Projekt-/Auftragsmanagement. Da habe ich dann meine Probleme.

C: Hm. Es klingt alles recht komplex, so wie es in Unternehmen – und insbesondere bei Stabstellen ist. Gut, ich habe jetzt eine halbe Stunde zugehört und bewusst kaum Fragen gestellt. So langsam habe ich aber ein paar Intuitionen für die Vorgehensweise. Ich würde gerne zehn Minuten Pause machen, das Ganze noch einmal setzen lassen und Ihnen einfach meine Eindrücke schildern. Dann können wir schauen, ob wir es verdichten und überhaupt arbeitsfähig werden.

Zehn Minuten Pause.

C: Ja, wie wir es eingangs vereinbart haben, schildere ich Ihnen jetzt meine Eindrücke. Ich habe Gedanken auf vier Ebenen: Die ersten drei Ebenen stelle ich Ihnen einfach vor, ohne dass wir daran arbeiten müssen. Die vierte Ebene könnte die sein, die uns weiter bringt.

PM nickt.

Lösungsansätze

Ebene 1: Eindrücke über Wohl und Weh von Projektmanagern oder: PMs müssen sich oft prostituieren

C: Nur eine nüchterne, vielleicht enttäuschende Feststellung: Alles, was Sie mir über Wohl und Weh eines Projektmanagers berichtet haben, deckt sich mit meinen Erfahrungen. Streng genommen befindet sich ein Projektmanager oftmals in einer Situation der Führungsunmöglichkeit. Er kann Projekte festlegen, Ziele vereinbaren, Meilensteine setzen etc. Lässt sich das alles nur mit Mitarbeitern aus anderen Bereichen realisieren, in denen er nicht weisungsbefugt ist, passiert immer wieder das Gleiche: Konsequentes Führen, also auch mit Nachdruck Aktion erzeugen, ist ihm einfach in seiner Rolle nicht möglich. Im Buhlen um knappe Ressourcen legen die Vorgesetzten dieser Mitarbeiter ganz schnell ihr Veto ein. Dann sind sie chancenlos. Und dürfen sich mit nettem Charme nur noch durchlavieren und prostituieren. Meine Erfahrung ist, dass Projekte, die über eine Art Stabstelle – ohne gute und konsequente Führung der Geschäftsführung – organisiert werden, häufig nicht funktionieren. Alles, was Sie mir erzählten, klingt plausibel und schlüssig.

Ich weiß, diese Erkenntnis hilft Ihnen keinen Schritt weiter. Zudem: Hat der Projektmanager überdies eine nicht sehr gewinnende Art, so wie es offenbar bei Ihnen der Fall ist, dann wird's für ihn noch mal komplizierter.

PM nickt.

PM: Genau das ist die Situation und so empfinde ich es auch.

Ebene 2: „Sie zählen Faktoren auf, die außerhalb Ihrer Verantwortung liegen."

C: Sie haben ausschließlich Projektschwierigkeiten aufgezählt, die außerhalb Ihrer Kompetenz und Verantwortung liegen. Ich denke, das wird Ihnen aufgefallen sein. Inhaltlich mögen Sie richtig liegen, aber das zählt nicht immer. Wenn Sie vor Ihren Kollegen ähnlich auftreten, also Fehler und Schwierigkeiten stets außerhalb Ihrer Verantwortung sehen, dann kann das eine Nebenwirkung haben: Sie gewinnen Ihre Kollegen nicht. Es entsteht bei ihnen zusätzlich ein Gefühl wie: „Den kann man nicht greifen, der gleitet einem immer wieder durch die Finger."

Jetzt bin ich möglicherweise strenger, als ich sein möchte, aber für unser Arbeiten hier nutzen uns gute Erklärungen, warum die Dinge nicht funktionierten, wenig. Klingt das rigide?

PM: Nein, klar, keineswegs. Ich könnte Ihnen vielleicht auch noch stundenlang erklären, warum die Sache im Argen liegt, aber Sie haben Recht, damit komme ich kein Stück weiter.

Ebene 3: „Sie wirken selbstgefällig."

C: Im Vortragen Ihrer Gedanken wirken Sie selbstbewusst. Das ist auch gut so. Gleichzeitig möchte ich Ihnen sagen, welchen Preis Ihr Selbstbewusstsein haben kann. Bei Ihnen schwingt gleichzeitig etwas Selbstgefälliges mit. Sie wirken über alles erhaben und ein wenig über den Dingen stehend.

Kurzes Schweigen. PM denkt nach.

C: Es hat nicht viel Sinn, zu entscheiden, ob es so ist oder nicht. Ich schildere Ihnen meine Eindrücke und halte Ihnen einen Spiegel vor. Der Grad zwischen selbstbewusst und selbstgefällig ist natürlich ein schmaler.

PM: Nein, nein, das ist in Ordnung. Wer sagt einem denn sonst schon so etwas.

C: Gut, vielleicht hören Sie einfach unter diesem Aspekt das Tonband noch einmal an und sich selbst reden. Gleichzeitig fühlen Sie einmal, ob Ihr Stil und die Art, in Erklärungen zu gehen, andere eher einlädt oder auslädt.

Schweigen und Nachdenken.

PM: Ja, ich glaube, da ist schon was dran, wenn man auf mich trifft, gerade was die Geschäftsführung angeht. Wenn die merken, dass ich in jedem Gespräch zu jedem und zu allem etwas zu erklären habe, dann löst das eher Ärger aus. Aber das, was Sie „mich-nicht-greifen-können" nennen, ist für mich noch nicht zu greifen.

Schweigen und Nachdenken.

Ebene 4: „Ich schocke Sie jetzt: Sie lullen jemanden ein."

C: Ich möchte Ihnen sagen, was mir im Gesprächsverlauf zunehmend aufgefallen ist. Ihre Art zu sprechen lädt auf Dauer aus und macht den Zuhörer ungeduldig. Dies passiert schleichend und fast nicht merklich, was natürlich ein direktes Feedback erschwert. Ich werde Sie jetzt erst einmal mit einer überzogenen Beschreibung schocken und versuche, Ihnen den Aspekt anschließend mit Tonbandbeispielen zu erklären.

PM nickt.

C: Sie lullen Ihre Zuhörer allmählich ein.

PM schluckt. Denkt nach. Schweigen.

C: Sie haben eine Art an sich, da fällt es schwer, Ihnen zu folgen. Sie sind quasi für Ihre Zuhörer nicht gut decodierbar. In der ersten halben

Stunde hatte ich mehrfach das Gefühl, ich verstehe gar nicht, was Sie meinen und worauf Sie hinaus wollen.

Kriegen Sie eine erste Ahnung, was ich meine?

PM denkt nach.

PM: Nein, so noch nicht. Hm, also wenn das so wäre, das wäre ja entsetzlich.

C: Ja. Und gleichzeitig bin ich zuversichtlich, dass alles durch ein wenig Übung zu ändern ist. Ich erkläre es noch mal deutlicher. Wenn Sie sprechen, dann lösen Sie in mir Ungeduld aus. Dadurch entsteht Distanz, also das Gegenteil von Nähe. Sie verlieren beim Sprechen den roten Faden. Und das passiert unmerklich. Sonst würde man Sie ja sofort unterbrechen.

Bei Ihnen kommt nur erschwerend hinzu, dass Sie ja damit beileibe kein Einzelfall sind. Man merkt es nicht so leicht. Sie formulieren jeden Satz so rund und bedacht, dass man als Zuhörer felsenfest glaubt, jeder Satz sei wichtig. Wenn man Sie dann nicht versteht, zweifelt man sofort an sich selbst. Ihre an sich wohltuende Ruhe macht einen in so einem Fall eher ungeduldig, bei Wiederholung möglicherweise auch latent aggressiv.

PM schweigt. Er ist sehr nachdenklich geworden.

PM: Also irgendwie krieg ich jetzt 'ne Ahnung. Wenn das alles so wäre, ist die Situation ja furchtbar. Aber es ist gut, dass man was dran tun kann. Aber so richtig kapiere ich noch nicht, was ich machen soll.

- *Der Unterschied zwischen Blabla und gehaltvoller Kommunikation*

C: Ich präzisiere Ihnen den Unterschied anhand von ein paar Beispielen. Dazu möchte ich zunächst zwei Begriffe einführen, die unsere weitere Arbeit unterstützen können. Ich unterscheide zwischen *„Daten"* und *„Informationen"*. *Information* ist alles, was für das zu bearbeitende Anliegen, für das gestellte Thema wichtig ist. Also den entscheidenden Unterschied macht.

Daten sind alle Aspekte, die einfach nur so dahergesagt werden. Nett zu hören, aber für das Ziel, für die Aufgabenstellung sind sie überflüssig. Also machen sie nicht den entscheidenden Unterschied.

Mir ist bei Ihnen aufgefallen, dass Sie im ersten Antwortsatz auf meine Fragen durchaus *Informationen* erzeugen. Dann verlieren Sie sich rasch in Datenschwällen, die für unser Arbeiten nicht wichtig sind. Also keinen Gewinn für unser Anliegen bringen. Damit lösen Sie – quasi permanent – beim Gegenüber die Frage aus, worauf Sie eigentlich hinausmöchten, was Sie überhaupt sagen wollen. Wenn's schlecht läuft, nebeln Sie Ihr Gegenüber auf diese Weise langsam ein.

Nach schlichtem Menschenverstand geht es ja darum, das Thema auf den Punkt zu bringen. Das Problem ist: Menschen, denen diese Fähigkeit fehlt, ist mit einer einfachen Kritik nicht zu helfen. Ihnen z.B. in einer Besprechung „Nun kommen Sie doch mal auf den Punkt" zuzurufen, erzielt vielleicht für ein, zwei Minuten Wirkung, dann geht alles wieder so weiter wie vorher. Irgendwann ist man müde, Sie zur Konzentration auf das Wesentliche aufzufordern. Hält den Mund und erträgt es. Als gewinnend kann man das natürlich nicht umschreiben.

PM ist versunken.

PM: Oh je, das ist ja schweres Material.

C: Zu schwer? Noch verdaubar?

PM: Nein, nein, es ist gut. Ich habe auch ein Gefühl, dass da was zu holen ist.

C: Positiv gesehen haben Sie die Gabe, sehr blumig, ausgefeilt, virtuos zu sprechen, jeder Untergedanke kriegt noch einmal seine Unteruntergedanken. Das kann in bestimmten Situationen recht belebend und aktivierend sein. Bei regelmäßigen Berufskontakten führt es dazu, dass man im Zweifelsfall einen Bogen um Sie macht, weil sie die Sache zu verkomplizieren scheinen.

PM schweigt.

PM: Ja, da fällt mir auch ein, dass es in den letzten zwei Wochen mir bei einer Präsentation zweimal passiert ist, dass man mir Fragen gestellt hat. Ich habe angefangen zu antworten, bin ziemlich schnell unterbrochen worden und zwar mit dem Hinweis, dass das nicht die Frage gewesen sei – auch in recht scharfem Tonfall.

PM schweigt.

PM: Wenn ich mir das jetzt so recht überlege, jetzt in dieser neuen Situation, habe ich Daten erzeugt, die aber keinen Informationsgehalt haben, also Füllmaterial darstellen.

C: Und wie sieht es da mit den Aspekten „Nähe" und dem „Einladen" aus?

PM nickt.

PM: Klar, auf Dauer hat dann keiner mehr Lust, mit mir irgendwas zu tun. Und das ist auch das, was mein Geschäftsführer mir oft genug gesagt hat, dass ich einfach keine Nähe zu den Leuten aufbaue. Und das mit dem Einlullen, also wirklich, wenn das stimmt, das wäre ja schrecklich.

PM ist sehr nachdenklich geworden.

PM: Und in dem Moment, wo ich auf den Punkt komme, ist es vermutlich zu spät.

C: Ja, das kann sein. Wenn Sie beispielsweise 30 Sätze sagen, mit 28 Sätzen davon erzeugen Sie Daten und in Satz 29 und 30 kommt tatsächlich die wichtige Information, ist das kein Wunder.

PM: Ja, dann habe ich ein Problem.

C: Wenn es zu lange so geht, dann können Sie sicher sein, dass Ihnen ab Satz 5 keiner mehr zuhört. Dann geht das Gehaltvolle in Satz 29 und 30 gnadenlos unter.

Und wie gesagt, Sie haben eine Art zu reden, bei der alles so wirkt, als wenn nicht Sie selbst, sondern Ihr Pressesprecher redete. Da fällt es schwer, Sie zu disziplinieren, an Sie heranzukommen. Und bald lässt man es auch ganz.

PM seufzt.

PM: Oh je. Die haben alle schon frühzeitig abgeschaltet. Das ist ein Ding. Ich mache das bestimmt nicht bewusst.
Und die Frage ist, warum mache ich das und wie kann ich es ändern?

C: Gut. Das *Warum* interessiert mich selten. Aber wie wir es ändern können, darüber sollten wir jetzt nachdenken. Was für mich ein gutes Zeichen ist, ist die Tatsache, dass Sie betroffen sind, und das ist einfach ein Signal, dass Sie nicht mit Gleichgültigkeit über die Sache hinweggehen, sondern auch die Kraft der Betroffenheit nutzen können und lernen, Veränderungsprozesse in Gang zu setzen.

PM schmunzelt.

PM: Na ja, wenn's hilft.
Das Problem ist natürlich, ich erzähle ja nicht extra irgendwelche belanglosen Daten. Ich meine natürlich immer, um mich zu verstehen, mein Anliegen, den Sachverhalt eines Projektes zu erkennen, müsse ich ja ein bisschen ausholen und die Umstände erklären.

C: Schnelle Nebenbemerkung: wenn Sie schon so Ihre Gedanken „Ich muss da ein bisschen weiter ausholen" einleiten, beginnen Sie schon genau an dem Punkt, Ihre Zuhörer zu langweilen.
Und zu Ihrer Bemerkung, dass Sie es ja nicht willentlich machen, ist zu sagen: Natürlich, es erzählt ja keiner extra Unfug. Offenbar stimmen bei Ihnen in Punkto richtiger Gewichtung von Genauigkeit und Weitschweifigkeit die Relationen nicht.
Ihnen fehlt es an Fokusdisziplin.

PM und C hören sich die ersten zwei Minuten des Tonbands nochmals an.

C: Fällt Ihnen etwas auf?

PM: Nein, nicht so richtig.

C: Meine Einstiegsfrage zu Beginn des Coachings war ja, an welchen Themen oder Feldern wir arbeiten könnten. Das Leithema sollte sein, wie es Ihnen gelingen könne, gewinnender aufzutreten, also Ihre Abteilungsleiterkollegen für sich einzunehmen.

PM nickt.

C: Sie haben dann sofort Ihren ersten Gedanken immens aufgebaut und haben erzählt und erzählt. Klang auch interessant. Das alles hat nur meine Frage nicht beantwortet. Wenn meine Frage lautet, an welchen Themen wir arbeiten könnten, dann bedeutet jede Aussage, mit der Sie schon tiefer in die Thematik einsteigen, ein Erzeugen von Daten. Das ist ein erstes Beispiel, das verdeutlichen kann, dass Ihnen in komplexen Situationen offenbar die Steuerung fehlt. Sie orientieren sich an der Vollständigkeit, wollen also alles, was Ihnen zu einem Thema einfällt, erzählen. Und verlieren dabei Zuhörer und Fokus aus den Augen.

Noch eine weitere drei-Minuten-Sequenz der Tonbandaufnahme wird angehört.

PM: Mensch, das ist ja schlimm. Jetzt wird mir alles klar. Ich versuche, wenn auch mit bestem Wissen und Gewissen, möglichst komplett alles zu bieten und abzubilden. Ich bin dadurch einfach langweilig. Ich meine alles erwähnen zu müssen, vorher höre ich gar nicht auf. Ich will immer auch sehr genau sein.

PM und C denken nach.

- *„Auf die andere Seite vom Pferd gefallen ist auch nicht geritten."*

C: Ich hege gerade eine Befürchtung für eine ungünstige Entwicklung: Ich glaube, es wäre nicht der richtige Weg, ab sofort Dinge einfach wegzulassen, also nach dem Motto zu handeln: „Ich will weniger perfekt und ausschweifend sein", und auch mal 5 gerade sein zu lassen und ungenauer zu werden.

PM: Ja, ich glaube, sie haben Recht. Das war genau das, woran ich jetzt auch gedacht habe. Ich sollte mal hier und da etwas weglassen.

C: Genau. Und das ist absolut nicht der Weg.

- *Rückblick in die Schulzeit: die Mengenlehre*

C: Zur Verdeutlichung des Gesagten möchte ich ein Gedankenmodell aus der Schulzeit, aus dem Mathematikunterricht einführen, die Mengenlehre. Vielleicht erinnern Sie sich daran. Die Mengenlehre unterscheidet zwischen *Gruppen* und *Elementen*. Die Gruppe ist das hierarchisch höher geordnete Ordnungsinstrument und umfasst Elemente. Sehr vereinfacht formuliert.

Dazu ein Beispiel. Zur Gruppe „Autos" gehören die Elemente Autoreifen, Autositz, Lenkrad, Windschutzscheibe etc. Was bedeutet das für Ihre Ausführungen?

Sie haben folgenden Stil, komplexe Sachverhalte zu schildern: Sie benennen die *Gruppe* kurz, wenn überhaupt, und zählen dann eine Hülle und Fülle *Elemente* auf. Im besten Bemühen, Vollständigkeit herzustellen.

Sie erzeugen dadurch aber eher Langatmigkeit, oder wie Sie es selbst genannt haben, Langeweile. Eine Fehlentwicklung wäre es nun in der Konsequenz, relevante Gruppen einfach wegzulassen. Dadurch würde Sinn verloren gehen.

Ihre Herausforderung lautet dagegen: Auf viele sinnvolle Elemente in Ihren Ausführungen zu verzichten und sich darin zu üben, diese auf einer höheren hierarchischen Ebene zusammenzufassen. Das Benennen von Elementen dient dann nur noch gezielt zu Beispielszwecken, um das Übergeordnete zu verdeutlichen.

PM: Ja, jetzt kapiere ich es wirklich. Das heißt ja dann auch, wenn ich die Gruppe kurz, präzise benenne und beschreibe, dann brauche ich nicht oberflächlich oder weniger perfekt auf die Sache einzugehen.

C: Genau das ist der Punkt. Und damit wird Ihre Rede für andere sinnvoll und nutzbringend.

- *„Oh Schreck, ich bin ein Dampfplauderer."*

  Einige Stunden später ruft PM bei C an.

PM: Ich habe mir das komplette Tonband noch einmal angehört. Also es ist wirklich entsetzlich. Ich bin ein „Dampfplauderer". Und glauben Sie mir, in bestem Wissen, es nicht zu sein.

Der weitere Verlauf:
PM und C arbeiten in acht Coachings zusammen, u. a. auch an diesem Thema. PM hat zur Übung Tonbandauszüge schriftlich niedergelegt. Ziel: überflüssige Datenschwälle zu streichen und somit seinen Fokus zu schärfen. Mit dem wichtigsten und ihm gegenüber kritischsten Abteilungsleiter ist gegenseitiges Coaching bzw. eine kollegiale Beratung vorgenommen worden. PM hat dabei – im Nebeneffekt – immer wieder geübt, seine Anliegen in nur 60 Sekunden (Stoppuhr) kompetent zu schildern.

Schlussbemerkung im letzten Coaching

PM: Ja, die Resonanz auf meine Statements hat sich bei meinen Mitarbeitern auf Bereichsleiter- und Abteilungsleiterebene dramatisch verändert. Die Sensibilisierung für mein plauderndes Abschweifen, das intensive Üben haben mir eine ganz andere Ausrichtung möglich gemacht. Eigentlich mit jedem Gespräch mehr. Sogar privat bin ich fokussierter geworden. Am Anfang dachte ich, um Gottes Willen, dann kann ich ja gar nicht mehr reden, wie mir der Schnabel gewachsen ist. Das ist natürlich Quatsch. Im Gegenteil, es macht mir richtig Spaß, sauber, klar, fokusdiszipliniert aufzutreten.

Ver-Dicht-ung

- An sich ist es jedem klar und für alle einleuchtend: Man soll nicht lange herumreden, man soll auf den Punkt kommen. Man soll den Fokus stets im Auge behalten. Doch Sie werden sicher bestätigen, dass es in der Praxis oft ganz anders aussieht.

  Einfache Interventionen wie „Sie verlieren den roten Faden", „Sie antworten nicht auf die Frage" oder „Sie reden am Thema vorbei" reichen oftmals nicht aus. Nach drei Versuchen spart man sich selbst das, wenn es ohne Konsequenzen blieb, und ärgert sich schweigend.

- Wenn man genauer hinschaut, ist das Thema komplexer als man gemeinhin glaubt. Uns fehlt die präzise Fokussierung. Die (Hoch-) Schulausbildung leistet dazu keinen nennenswerten Beitrag. Es geht nach wie vor um den Erwerb von Wissen und dieses Vorgehen ist keine brauchbare Hilfe, die persönliche Steuerung und Fokussierung zu trainieren. Fokussierung bedeutet, seine Wahrnehmung am gewünschten nachfolgenden Handeln auszurichten.

- So wie wir Menschen generell sehr unterschiedlich sind, so scheinen auch die Maßstäbe für Genauigkeit und *Auf-den-Punkt-Kommen* sehr unterschiedlich zu sein. Kommt noch ein allgemeiner Schlendrian im Sprechen und Denken hinzu, gepaart mit einer unterentwickelten Feedbackkultur, ist das Ergebnis leicht vorhersehbar: Dauerhaft uneffektive Kommunikation quält alle.

- Wenn Sie bereits ähnliche Erfahrungen gesammelt haben und sich keine brauchbaren Lösungen abzeichnen, kann Ihnen vielleicht die Sensibilisierung über folgende Steuerungsbegriffe dienlich sein:

Fokusdisziplin: Die Kunst, ein anvisiertes Ziel im Auge zu behalten.

Information: Das ist alles, was Relevanz für die Zielerreichung hat. Eine Information ist im Unterschied zu den Daten alles, was sinnvoll und weiterbringend für das zu bearbeitende Anliegen ist.

Daten: Sind eine Anhäufung von Wissen, die für die eigentliche Frage unerheblich ist. Oder überzogen ausgedrückt: Blabla.

- Der fehlenden Steuerung zu frönen, also zu denken und zu sprechen, ohne einen Fokus im Sinn zu haben, ist möglicherweise der Zeitdieb Nummer 1, wenn es um unternehmensinterne Kommunikation geht.

  Ob etwas *Datum* oder *Information* ist, hängt von der Fragestellung ab. Daten dienen vielleicht der Beruhigung, geben auch das Gefühl, sich auszukennen, tragen aber nicht wirklich zur Steuerung bei.

- „Viele Menschen glauben, zu wenige Informationen zur Verfügung zu haben und hoffen, durch mehr Daten, sich und anderen bessere Orientierung verschaffen zu können. Doch mit Daten werden wir ohnehin zu stark überhäuft. Was fehlt ist, eine für unsere Orientierung und Steuerung relevante Ordnung einzurichten", sagt Dr. Bernd Schmid aus Wiesloch.

- Ein typisches Beispiel aus Coachings, das auf viele Berufssituationen zu übertragen ist Folgendes: Viele Klienten beginnen ihr Coaching, indem Sie sagen: „Ich erzähle Ihnen erst einmal die Vorgeschichte und die Hintergründe." Das ist gut gemeint und höflich. Gleichzeitig geht es in einem Coaching immer um ein ganz konkretes Anliegen, für das ein Unterschied erzeugt werden soll. Erfahrungsgemäß ist ein Großteil dessen, was in der Vorgeschichte erzählt wird, nicht von Relevanz für das Lösen des Problems. Viele Daten über Strukturen, Hintergründe etc. sind für das Bearbeiten eines Anliegens belanglos und erzeugen eher Überkomplexität.

  Auch hier hilft eine effektive Selbststeuerung mit Fragen wie: Was ist wichtig für mein Anliegen? Was steht damit in unmittelbarem Zusammenhang? Wer ist betroffen?

- Wie kann man *Fokussierung* nun üben? Ganz einfach und pragmatisch: Am besten führen Sie diese Begrifflichkeiten ein und erklären sie anhand einiger Beispiele. Auf dieser Basis führen Sie eine regelmäßige Feedbackkultur ein. Am Ende jeder Besprechung investieren Sie maximal fünf bis zehn Minuten, in denen Sie konkret zu Personen und Gesprächsbeiträgen Rückmeldungen geben. Überlegen Sie: Was waren jeweils *Daten* und *Informationen*? Wo war der Fokus ganz im Blick? Wo ging er verloren?

- Anregungen und praktische Tipps, wie Sie – auch als Nichtvorgesetz-

ter – Beiträge zur Verbesserung Ihrer Gesprächskultur leisten können, bekommen Sie über das Beispiel „Gesprächskultur schaffen".

Ver-Wert-ung

- Welche Gedanken und Gefühle hatte ich beim Lesen dieses Falls?

- Wie klar und fokusdiszipliniert bin ich im Denken und Sprechen?

- Wem könnte ich neue Begriffe erklären und mir dann eine kritische
  Rückmeldung holen? Das sollten Sie sich fragen, wenn Sie sich nicht
  sicher sind, was Ihr Vorgehen anbelangt.

- Bei welchen Vorgesetzten, Kollegen und Mitarbeitern fällt mir feh-
  lende *Fokusdisziplin* auf?

- Wie wirkt sich das auf Gesprächseffektivität, Ergebnis und Lust auf
  Besprechungen aus?

- Wie kann ich versuchen, wesentliche Gedanken in mein Unternehmen und meine Besprechungen hineinzutragen?

---

* Quelle: Geistige Herkunft der Themen „Daten – Informationen, Dr. Bernd Schmid
  www.-systemische-professionalitaet.de

- Mit welchen Mitarbeitern könnte ich einen ersten Pilotversuch wagen, um herauszufinden, ob das Vorhaben auch in der Praxis funktioniert?

- Wie gut habe ich als Redner meine Zuhörer im Blick? Frage ich hin und wieder nach, ob das, was ich erzähle, auch von Interesse ist bzw. meine Ausführlichkeit angemessen ist?

Teil II

Horizontales Coaching: Probleme innerhalb einer Führungsebene beseitigen

„In guten Vorsätzen zu schwelgen ist auch
eine Art, Verantwortung zu vernebeln."

Dr. Bernd Schmid

1 Kritik professionell vorbringen

„Wie trete ich gegenüber einem Bereichsleiterkollegen auf, den alle meiden, der aber
eine wichtige Schnittstelle im Unternehmen verkörpert?"

Betroffener Kollege

Leitfragen

- Wie baue ich professionelle Beziehungen zu schwierigen Kollegen auf?
- Wie spreche ich erstmalig kritische Themen an – ohne Vorgesetzter zu sein?
- Wie hole ich mir die Erlaubnis, um überhaupt an die heißen Eisen
herangehen zu können?

Einbettung

Führungsebene in einem mittelständischen Industrieunternehmen.
Einzelcoaching mit einem Bereichsleiter (BL). 750 Mitarbeiter arbeiten in dem Industrieunternehmen. Basis für das Coaching ist ein
schriftlicher Zielkontrakt. Das Hauptziel ist „Professionalisierung
der Führungsrolle und Verbesserung der professionellen Beziehungen zu wichtigen Kollegen – Schnittstellen im Unternehmen".

Hintergrund im Unternehmen:
Eine offene Feedbackkultur ist im Unternehmen nicht vorhanden. Die Entwicklung der allgemeinen Markt- und Wettbewerbslage erhöht den Innovationsdruck auf die Firma. Viele Besitztümer Einzelner wirken innovationshemmend. Das Unternehmen läuft Gefahr, den Anschluss zu verpassen. Hauruckaktionen und pompös gestaltete Kick-off-Veranstaltungen haben beachtliche Wellen erzeugt, die regelmäßig nach einer gewissen Zeit wieder abgeflaut sind. Gemeinsam vereinbarte, schriftlich festgelegte Spielregeln hängen eingerahmt an der Wand, werden aber nicht gelebt.

Das Ziel ist es, innerhalb eines realistischen Zeitrahmens (von etwa drei Jahren) eine beobachtbare gelebte Professionskultur zu entwickeln, die zuerst die drei Geschäftsführer und dann die 15 Führungskräfte der nächsten Ebene erfassen soll. Lerndesigns sind Einzelcoaching, begleitete Zielvereinbarungsgespräche, vertikales Coaching, kollegiale Beratung in Kleingruppen und vieles mehr.

Das nachfolgende Coaching ist das erste in einem siebenmonatigen Prozess, an dem der BL beteiligt ist. Erstes Übungsthema: Die Entwicklung einer professionellen Beziehung zu einem wichtigen Kollegen bzw. Schnittstellenpartner (also einem anderen Bereichsleiter).

Der Fall

C: Sie haben ja gerade schon berichtet, was Sie an der Zusammenarbeit mit Ihrem Kollegen stört und wie das Ihre Arbeit beeinträchtigt. Fest steht, dass ein Gespräch mit Ihrem Kollegen offenbar notwendig ist. Ich möchte Ihnen folgenden Vorschlag machen: Sie skizzieren hier Ihre Gedanken bezogen auf eine Rückmeldung zu X genauso wie Sie es auch im Alltag machen würden. Wir nehmen das ganze Gespräch auf Tonband auf. Und anschließend schauen wir, was daran gut ist und was zu verbessern wäre.
Einverstanden?

BL nickt.

BL: Ja. Mit Tonband ist mir zwar ein wenig unangenehm, aber klar, je konkreter man die Dinge überprüfen kann, desto besser.

BL hat das Kritikgespräch an den Kollegen X einmal komplett aufgenommen. Nun folgt im nächsten Schritt eine erste Einschätzung seiner professionellen Gesamtleistung. Im zweiten Schritt hören sich BL und der Coach das Band sequenziell an und geben zu den entsprechenden Stellen Einschätzungen und Rückmeldungen ab.

Gesamteinschätzung des BLs selbst

C: Wie ist Ihr allererster Eindruck von sich selbst, was Ihre Leistung angeht?

BL: Wenn ich das noch mal alles Revue passieren lasse, denke ich schon, dass ich gesagt habe, worauf es ankommt. Ich glaube, ich bin auch neutral geblieben. Ich weiß noch nicht, inwieweit ich hätte schärfer sein müssen. Vielleicht war ich zu neutral?

Tonbandauszug des Originalgesprächs Teil 1. Der erste Satz lautete wörtlich:

G: Herr X, wir haben Schnittstellenprobleme und für mich stellt sich die Frage, warum die Schnittstellen nicht eingehalten werden, und zwar von beiden Seiten? Ich denke, dass das eine Frage der Akzeptanz ist.

BL und C reflektieren die Leistung von BL gemeinsam.

C: Ich teile Ihre Einschätzung nicht, Sie hätten „schärfer" ragieren müssen. Ich glaube, dass es darum geht, präziser zu werden. Genauer und deutlicher. Das macht für mich den Unterschied.
Gehen wir erst einmal zurück zum Beginn des Gespräch und nähern uns der Frage, was ein professionelles Abholen und Einbetten des Gesprächspartners überhaupt ist. Wenn eine offene Kommunikation in Ihrem Unternehmen noch völlig ungewohnt ist, dann wirkt Ihr neuer

Stil jetzt wie ein Überfall. Wenn's nicht gelingt, scheitert Ihr Versuch allein deshalb – obwohl Ihre Ideen möglicherweise sehr gut sind.

BL und C überlegen zirka zehn Minuten lang, was hier relevant sein könnte.

BL: *(Lächelnd)*. Oje, jetzt merke ich erst, gegen welche Regeln ich da verstoßen habe. Und offen gestanden habe ich vor unserem Termin geglaubt, mit einem Coach geht's eher ums rhetorisch schöne Verpacken. Jetzt merke ich schon beim Einstieg, dass es schlichtweg darum geht, den Mitarbeiter erst einmal auf ein ähnliches Denklevel zu bringen.

Eine Gesprächsvariante für die Terminvereinbarung.

C: Herr X, ich habe mir über unsere Zusammenarbeit ein paar Gedanken gemacht. Genauer gesagt, mir überlegt, was die Zusammenarbeit zwischen unseren beiden Bereichen, die wir zu verantworten haben, charakterisiert. Auch wenn es Sie überrascht, ich glaube, es ist wichtig und die Sache wert, dass wir uns einmal eine Stunde Zeit nehmen und überlegen, was wir in der Zusammenarbeit besser machen können. Dazu würde ich gerne Ihre Einschätzung zur Situation hören. Ebenso möchte ich Ihnen, was mich persönlich angeht, sagen, dass mir an der Zusammenarbeit mit Ihnen bzw. Ihrem Verantwortungsbereich gefällt, aber ich möchte genauso offen sein können, zu sagen, was mir nicht gefällt.

Lösungsvarianten zum eigentlichen Gespräch

C: Herr X, damit das Gespräch nicht chaotisch verläuft, habe ich mich vorbereitet und mir Notizen gemacht.
Zwei Vorüberlegungen: Ich habe den Wunsch, Ihnen meine Gedanken als Ganzes zu präsentieren. Das Gegenteil davon ist das unstrukturierte, zufällige Gespräch, wie wir's ja häufig in unseren Besprechungen erleben, wo jeder zu jedem Stichwort seine Mei-

nung sagt. Im Anschluss höre ich mir natürlich gerne Ihre Einschätzung dazu an, und vor allem Ihre Kritik, die Sie, was mich oder meinen Bereich angeht, äußern.

Die andere Vorüberlegung ist folgende: Für mich ist das zunächst eine merkwürdige Situation. Ich bin Ihr Kollege. Ich werde nicht von Ihnen geführt und ich führe Sie auch nicht. Als Ihr Chef wäre es völlig normal – oder es sollte zumindest zur guten Führung gehören –, dass ich Ihnen regelmäßig Rückmeldung gebe über das, was mir gefällt und was mir nicht gefällt. Als Kollege steht mir das natürlich nicht zu.

Nun ergibt sich für mich das folgende Dilemma: An den relevanten Schnittstellen in unserem Unternehmen sind wir aufgefordert, professionell und innovativ zu arbeiten. Gerade zwischen unseren beiden Bereichen wird das ja immer wichtiger. Wir merken sicherlich beide, dass es an jeder Schnittstelle Dinge gibt, die wir noch verbessern können.

Jetzt gibt es für mich zwei Wege, mit Missständen umzugehen. Ich sehe etwas in Ihrem Bereich, das mich ärgert und mir zu schaffen macht, schweige aber lieber, da ich Sie nicht führe und wir auch schon mal aneinandergeraten sind. Oder ich beschwere mich hinter Ihrem Rücken bei Kollegen oder ganz Unbeteiligten. Sie merken, mit beiden Varianten lösen wir das Problem nicht. Schweigen bringt es nicht und hinter dem Rücken schlecht reden bringt es auch nicht.

Spreche ich die Dinge *direkt* an, so wie ich es jetzt tue, besteht die Gefahr, dass Sie sich denken: „Was maßt denn der sich an? Was fällt dem ein, in meinem Bereich zu regieren, *mir* Anweisungen zu geben oder mich sogar als Person zu kritisieren?"

Wie gehen wir mit diesem Punkt um?

Reflektion zu diesem Auszug des Gesprächs

BL: Ja, so ist es Klasse. Ich merke, dass ich die Leute bisher viel zu sehr überfallen habe. Ich gebe Äußerungen von mir, die mir gar nicht zustehen.

Zum „Schweigen" oder „Hinter-dem-Rücken-Reden": Da möchte ich ganz ehrlich zu Ihnen sein: Ich habe mich richtig ertappt gefühlt, als davon die Rede war.

In unserer neuen Variante des Vorgehens mache ich ihm die Situation klar und hole mir vorher eine Erlaubnis. Dieser Weg muss funktionieren. Er dürfte nicht einmal sehr verwundert sein.

BL schmunzelt.

BL: Ist das nicht ein bisschen gemein? Er hat ja eigentlich gar keine Wahl mehr. Das Vorgehen ist schon sehr suggestiv.

C: Finden Sie es suggestiv?

BL: Nein, eigentlich nicht. Einfach geschickt. Und ich würde mich auf jeden Fall drauf einlassen.

C: Ich halte es auch nicht für suggestiv, jemanden, mit dem man in einer Berufsbeziehung steht, professionell abzuholen und ihn in die eigene Gedankenwelt einzuführen.

BL stimmt dem zu.

C: Nebenbei bemerkt, ich hab eine Definition von „suggestiv" gelesen. Dort hieß es: Suggestion bedeutet, Wirklichkeitsvorschläge zu unterbreiten – und das tun Sie, Sie unterbreiten Vorschläge für die Wirklichkeit. Zurück zum Thema: Eine größere Einbettung halte ich auch nur dann für wichtig, wenn diese Form von Kritikkultur in Ihrem Haus unüblich ist. Ansonsten würde man zu viel drumherum reden. Man sollte rascher auf die heiklen Punkte kommen. Nur: Lassen Sie beim ersten Mal die Einbettung weg und überfallen Ihr Gegenüber nach jahrelangem Schweigen mit Kritik auf Kollegenebene, dann ist die Aussicht auf Erfolg gering. Und dann sagt man ja hinterher so schön, ich hab's versucht, mit dem kann man so etwas nicht schaffen. Bleibt die Frage: Kann und darf man einen nicht professionellen Versuch tatsächlich als Versuch zu bezeichnen?

BL: Dieses professionelle Einbetten – oder, wie ich es nenne, „Auf-das-selbe-Level-Bringen" – hat ja nur zwei Minuten gedauert. Ich glaube, die sind gut investiert, um daraufhin eine Stunde oder vielleicht ja auch auf die nächsten Jahre gesehen besser miteinander arbeiten zu können.

BL und C hören sich die erste Tonbandaufnahme weiter an.

Tonbandauszug BL, Originalgespräch Teil 2:

BL: Es geht um Akzeptanz. Wenn wir Führungskräfte nicht die Akzeptanz der anderen Bereiche haben, dann funktioniert nichts. Wie bekomme ich diese Akzeptanz? Indem ich meinen Leuten den Rücken frei halte und sie nach außen hin loyal vertrete. So sehen das auch die anderen BLs.
Es nützt nichts, wenn ich im stillen Kämmerchen irgendwelche Durchführungsrichtlinien ausarbeite. Ich muss sie auch nach außen vertreten. Ich muss das Optimale für meine Leute und Firma rausholen. Und ich glaube, das ist ein Punkt, an dem der Erfolg momentan scheitert.

C: Wie beurteilen Sie Ihre professionelle Leistung?

BL: Wenn ich sie vor dem neuen Hintergrund beurteile, finde ich sie schwach.

BL denkt nach.

BL: Ja, was soll man damit anfangen? Das Thema stimmt vielleicht, aber alles muss viel genauer gesagt werden. Wenn ich mir überlege, jemand würde mir so kommen, dann würde ich denken: „Was will der denn von mir? Vor allem nach dem professionellem Einstieg, wenn dann so etwas wie ein Dünnbrettbohren folgt. Ich habe nur keine Idee, was ich wie besser machen könnte. Da bin ich jetzt wirklich ratlos. Klar ist nur, mit einer solchen Aussage weiß er nachher nicht mehr als vorher.

C: Ich teile Ihre Einschätzung: Ich finde sie schwach. Sie erweisen ihm keinen Dienst, sondern eher einen Bärendienst.

BL nickt nachdenklich.

C: Ganz kurze Nebenfrage, da wir ja am Beginn einer Zusammenarbeit stehen. Wenn ich Ihnen so Rückmeldung gebe, ist das zu streng für Sie?

BL schüttelt den Kopf.

BL: Keineswegs. Ich möchte ja wissen, wo ich dran bin.

C: Gut, dann nutze ich die Chance. In der Professionsbeziehung zu Ihnen versuche ich natürlich auch so aufzutreten, wie es aus meiner Sicht als Führungskraft in Ihrem Alltag auch gut wäre. Ich glaube nämlich, es ist auch gut, klar und frei heraus ganz deutlich die Meinung zu sagen, beispielsweise eine Leistung als schwach zu bezeichnen.

BL lächelt.

BL: Nur zu, und ich merke auch, wenn Sie das so sagen, motiviert es mich, es spornt mich an, mich weiterzuentwickeln und das ist völlig in Ordnung. Nachdenklich macht mich eher meine eigene Leistung.

C: Gut, freut mich. Dann komme ich auf unseren Inhalt zurück und möchte präzisieren, was ich schwach finde.
Einerseits steht die Ungenauigkeit im Vordergrund, was Sie selbst schon erkannt haben.
Ich überlege, ob Ihre Rückmeldung so klar war, dass sie einen Unterschied für ihn bringt. Es ist also zu prüfen, ob für ihn etwas dabei ist, was ihm realistische Entwicklungsperspektiven bietet. Wenn sie beispielsweise etwas von *„den Rücken stärken"* sagen, dann glaube ich, dass diese Botschaft alleine, ohne Erklärungen und Beispiele, zu schwach ist, um etwas bei Ihrem Kollegen zu bewirken.
Andererseits habe ich in den Eindruck, dass Sie hinter der *Wir-Form* Ihre

eigene Meinung verstecken. Sie benutzen als Argumentationsverstärker die anderen Bereichsleiterkollegen: „Die Anderen denken das auch." Sie haben ja eine profunde Meinung und ich halte es für besser und für alle annehmbarer, wenn Sie nur für sich selbst sprechen und nicht die anderen vorschieben.

BL und C arbeiten noch zirka 60 Minuten daran, wie eine Rückmeldung an X gehaltvoller und präziser werden könnte. Dazu werden zunächst die kritischen Themen gesammelt. In diesem Fall sind es das Informationsverhalten sowie mangelnde Gesprächsprofessionalität von X in Zweier-Gesprächen und größeren Workshops.
In einer weiteren Kritik geht es um die Führungsrolle von X bezogen auf Mitarbeiter, die Schnittstellenkontakte zum Bereich von BL haben und dort nicht professionell hinein agieren.
Bei allen Themen übt BL klar und deutlich Kritik, die er präzise formuliert. Dies gelingt vor allem über Beispiele aus konkreten Alltagssituationen.

BL: Das waren zwei sehr intensive Stunden. Ich meinte vorher, mein Eingangsgespräch sei ganz in Ordnung gewesen. Jetzt merke ich, wie schlecht ich meinen Gesprächspartner abgeholt habe und wie wenig griffiges Material und Rückmeldung für ihn dabei waren.
Ich denke, jetzt werden ihm meine Anliegen und Kritikpunkte tatsächlich deutlich. Ich bin auch sicher, dass er offen damit umgehen wird – wenn ich ihm das auch nur halbwegs so rüberbringen kann.

Ver-Dicht-ung

* In vielen mittelständischen Unternehmen ist eine offene Professionskultur noch nicht verankert – trotz eines langsam beobachtbaren Wandels muss man dies feststellen. Offen, klar und vor allem präzise kritische Themen und heiße Eisen anzusprechen, bedarf offenbar einer hohen Kompetenz.
* Viele Unternehmen haben erkannt, dass eine offene Kultur des Miteinanders wichtig und ökonomisch ist, wenn es beispielsweise darum geht, Fehler nicht mehr zu vertuschen, sondern offen anzuge-

hen, sodass ein möglichst großer Lernwert für das Unternehmen daraus entsteht.

- Das Problem mit der Offenheit: Mit aufwändig inszenierten Kick-off-Workshops und dem schriftlichen Festlegen von Führungsspielregeln ist es offenbar nicht getan. Keine Führungskraft führt am nächsten Tag deshalb anders oder gar besser.
- Um aus einer Kultur des Schweigens heraus eine professionelle Beziehung zu entwickeln, sind einige Regeln zu beachten: In einer kollegialen Beziehung, also Nicht-Vorgesetzten-Beziehung, ist es wichtig:

  - die Kollegenrolle zu klären und gleichzeitig das aktuelle Dilemma anzusprechen, in dem man sich befindet: Schweigen bringt nichts.
  - Offenheit kann sich zu einem Eigentor entwickeln.
  - Sich zunächst die Erlaubnis zum Ansprechen der kritischen Punkte zu holen ist wichtig. Vielleicht geht es auch *ohne*. Die Aussicht auf Erfolg ist allerdings *mit* wesentlich besser. Demjenigen, dem es nicht zusteht, Kritik zu üben, der sollte niemanden damit überfallen, jedenfalls nicht ohne Erlaubnis.

- Ähnliches gilt für die private Beziehung. Die Frage an den Partner „Mir ist etwas an Dir aufgefallen. Darf ich es Dir sagen?", bereitet in vielen Situationen den Boden für eine *fruchtbare* Kommunikation. So aufzutreten ist aber unüblich und wirkt auf manche Leute aufgesetzt. Man ist geneigt, die Haltung zu belächeln. Trotzdem: Steht es einem Partner in einer gleichwertigen Beziehung zu, den anderen ungefragt und unaufgefordert zu kritisieren?
- Professionelles Einbinden wird häufig abgetan mit „unnnötige Verpackung", „zu viel Drumherum" oder mit Aussagen kommentiert, wie: *„Ich weiß, ich bin nicht sehr diplomatisch. Ich komme immer direkt auf den Punkt."* Darum geht es nicht. Es geht darum, seinem Partner bestimmte Gedanken plausibel zu machen. Ihn in die Überlegungen miteinzubeziehen, die man sich selbst schon gemacht hat. Das heißt, ihn abzuholen – damit er mitgehen kann.
- Viele Kollegen lehnen Klarstellungsgespräche ab, weil sie in dem

Glauben sind, es schon oft genug versucht zu haben. Zitat: „*Das ist zwecklos, mit dem hab ich schon x-mal gesprochen.*" Hinterfragt man diese Versuche, ist oft feststellbar, dass gegen professionelle Regeln verstoßen wurde. Die Frage ergibt sich, ob man dann wirklich behaupten kann, man habe schon alles versucht.

Ver-Wert-ung

- Welche Kollegen fallen mir spontan ein, mit denen ich schon längst etwas hätte klären müssen?

- Wie ist mein Stil, mit meinen Kollegen in kritischen Situationen umzugehen?

- Wie starte ich meine Gespräche?

- Wie bereite ich meinen Gesprächspartner darauf vor? Tue ich das überhaupt?

- Welche Erkenntnisse könnte ich aus dem Fall nutzen?

- Was möchte ich künftig unternehmen?

- Wie werde ich mir Erlaubnisse für ein Kritikgespräch holen?

- Wie trete ich in meiner Privatwelt auf (vor Ehepartner und Freunden), wenn es um das Ansprechen von kritischen Punkten geht?

- Hand aufs Herz: Besteht bei mir auch die Gefahr, dass ich etwas als unnötige Verpackung abtue oder mit der Aussage „Ich bin halt gradheraus" kommentiere?

„Vieles, was Menschen für Gefühle halten,
sind emotionale Reaktionen auf Denkfeh-
ler."

Dr. Bernd Schmid

2 Emotionen kontrolliert äußern

„Ab und zu sehe ich rot, da die Gäule mit
mir durchgehen."

Managerin mit unberechenbarer Impulsivität

Leitfragen

- Wie zügle ich mein Temperament ohne mich zu verbiegen?
- Wie kann ich Format wahren und dabei weniger rigoros auftreten?
- Wie spare ich Kraft im täglichen Kampf?

Einbettung

Managementdirektorin (M) reagiert in Besprechungen, die ihr aus
dem Ruder laufen, heftig und impulsiv. Sie fühlt sich persönlich at-
takiert und kontert mit verbalen Gegenangriffen. Probleme entstehen nicht durch ihre Führungsrolle, sondern auf kollegialer Ebene,
mit Direktoren und Vorständen. Und zwar besonders dann, wenn
sie sich und Ihre Gedanken oder Vorschläge abgespeist fühlt.

Der Fall

M: An sich bin ich schon recht friedfertig, ich glaube, das werden auch Kollegen und Freunde bestätigen. Aber dann gibt es immer wieder Situationen, da sehe ich regelrecht rot …

M erzählt lebhaft von verschiedenen Beispielen.

C: Mir fällt auf, dass Sie eine sehr martialische Sprache mit militärischen Begriffen benutzen. In Ihren Schilderungen geht es viel um Kampf und Starksein.
Ziele, die Sie formulieren, benennen Sie oft in folgender Art und Weise: „Ich weiß, ich sollte weniger kämpfen, ich sollte mich weniger zur Wehr setzen etc." Die Frage, die sich mir stellt, ist, ob diese Ziele tatsächlich auch attraktiv für Sie sind. Alles wirkt so, als wenn Sie sich die Ziele schon x-mal vergeblich vorgenommen hatten.

M lächelt verlegen.

M: Ja, so ist es, ich habe sie mir in der Tat schon x-mal vorgenommen.

C: Auch Ihre Körpersprache drückt Rigorosität und Kantigkeit aus. Sie ballen die Fäuste, klopfen vehement mit dem Zeigefinger auf den Tisch – offenbar um Ihren Gedanken den nötigen Nachdruck zu verleihen. Wenn wir Ihre Körpersprache als Symbol nehmen, könnte eine Zusatzfrage lauten, wie Sie mit weniger Krafteinsatz Nachdrücklichkeit erzeugen könnten.

M: Ja schon. Aber ich kann doch auch nicht so lammfromm durch die Gegend rennen, gerade als Frau. Ich glaube, dass ich einfach weniger Chancen habe, wenn ich in der Beziehung nicht „meinen Mann stehe" und auch mal wirklich hart durchgreife.

C: Das mag sein. Gleichzeitig merken Sie, dass diese Form offenbar noch nicht rund ist. Sonst würden wir vermutlich hier nicht zusammensitzen.

M schweigt und es entsteht eine Pause. Sie macht ein nachdenkliches Gesicht.

C: Ich würde gerne mit Ihnen zwei kleine Experimente machen. Erstens eine Arbeit leisten, die ich Passamtsarbeit nenne. Zum zweiten eine, die mit seelischen Leitbildern hantiert, die Sie in Ihrem Alltag nutzen können – gewissermaßen als Partner in bestimmten Situationen, in denen Sie wieder zu impulsiv werden.

M nickt.

Lösungen

Schritt 1: Arbeit auf einer Identitätsebene oder so genannte Passamtsarbeit

C: Sie erinnern sich sicherlich an die alten Personalausweise. Da gab es eine Eintragung für unverwechselbare Kennzeichen. Das diente dazu, äußere Merkmale wie Augenfarbe, Narben etc aufzuführen. Diese Tatsache möchte ich hier nutzen, um mit Ihnen auf einer Identitätsebene zu arbeiten. Das klingt noch ein wenig abgehoben, wird sich aber gleich am Beispiel klären.

M: Ich bin gespannt.

C: Überlegen Sie zunächst mal ruhig für sich, welche unverwechselbaren Kennzeichen Sie charakterisieren. Wie würde – bezogen auf unser Arbeitsthema – Ihr aktueller Eintrag lauten und was wäre ein guter Neueintrag.

M denkt nach.

M: Sie meinen also, Kennzeichen in Form von Persönlichkeitseigenschaften …?

C nickt.

M: Na ja, in der alten Version wären „rigoros" und „hart" zu nennen und in der neuen „weniger kämpferisch".

C: Gut. Hilfreich ist für den neuen Eintrag eine positive Ausrichtung. Sie wissen vielleicht, dass unser Gehirn nicht „nicht" denken kann. Nicht an einen rosaroten Elefanten zu denken, geht einfach nicht. Das Gehirn braucht erst einmal zur Erkennung den Begriff „rosaroter Elefant", um ihn dann löschen zu können. Nur damit ist zunächst einmal das Bild da. Anderes Beispiel. Ich weiß ja , dass sie fußballinteressiert sind. Wenn also der Bundesligatrainer im Hinblick auf Pokalspiele gegen viertklassige Mannschaften eine Woche lang warnt: „Wir dürfen den Gegner nicht unterschätzen." Dann können Sie sich vorstellen, was damit bewirkt wird, nämlich genau das Gegenteil.
Genauso verhält es sich mit Ihrem Ziel, *„weniger kämpferisch"* zu sein.

M: Stimmt. Hab' ich schon mal gehört … *(M denkt nach)* Was wäre es dann?
„Weicher" gefällt mir nicht, ich denke, dass trifft die Sache nicht. Jetzt fällt mir was ein, was mir gefiele: „Sanfter!"

C: Gut. Ich biete Ihnen noch etwas zur Ergänzung an und Sie fühlen, ob es für Sie gut ist. Und zwar: „Sanft, sich fügend und mit Format".

M denkt nach und schmunzelt.

M: Ja, das passt sehr gut. Gerade der Nachsatz *mit Format*. Ich will kein sanftes Pflänzchen werden. Wenn Format bleibt, dann ist die Charakterisierung genau richtig.

C: Gut. Durch Ihre Körpersprache kam mir „sich fügend" in den Sinn. Sie haben etwas Stakkatohaftes, Bestimmendes, auch Dominantes. Das kann ein Zeichen sein, dass Sie gerne gegen Dinge ankämpfen. Das kostet eine ganze Menge Kraft: *„Sich fügend"* könnte für Sie eine entlastende Ergänzung darstellen, ohne dabei gleichgültig zu werden.

M: Ja, Sie sprechen da den Kern der Sache an. Ich bin jeden Abend völlig k.o.

M ist in Gedanken versunken.

C: Dass man nach einem langen Arbeitstag kaputt ist, ist ja klar. Und doch lohnt die Frage, investieren Sie Ihre Kraft angemessen oder verschleudern Sie sie – erhalten also keinen angemessenen Gegenwert? Eine andere Frage: Wie geht's Ihnen nach Ihren rigorosen Auftritten?

M: Meistens ärgere ich mich über mich selbst. Es ist dann schon etwas Selbstverachtung dabei. Ich ärgere mich, dass ich mich nicht im Griff habe.

C: Und immer dann, wenn Ihnen das passiert ist, kämpfen Sie auch dagegen an.

M: Ja.

C: Das funktioniert nicht.

M: Ja. Stimmt, ich merke das jetzt auch.

M und C schließen die Passamtsarbeit ab. Der alte Eintrag „rigoros und hart" wird symbolisch gelöscht. Der neue Eintrag lautet „sanft, sich fügend, mit Format".

Schritt 2: Arbeit mit seelischen Leitbildern

C: Ich möchte nun mit Ihnen eine Arbeit mit seelischen Leitbildern machen, aber mögliche Erklärungen erst nachher geben. Einverstanden?

M nickt.

C: Gelingt es Ihnen, ein Bild zu finden, das Ihre impulsiven Reaktionen wiedergeben würde? Das kann ein Symbol sein, eine Figur, eine Form, eine Farbe.

M *(spontan)*: Nein, da kommt mir nichts in den Sinn.

C: Für diese Art der Arbeit ist es gut, ein wenig zu ent-schleunigen. Also, lassen Sie sich ruhig mal ein paar Sekunden Zeit, vielleicht auch ein bis-schen länger und schauen Sie, was kommt.

M schließt die Augen.

M: Ja, jetzt hab' ich ein Bild recht klar vor Augen. Ich sehe den Don Quijote aus einem Buch, das ich früher als Kind gelesen habe. Und den sehe ich da, wie er verzweifelt und immer wieder umsonst gegen Windmühlen ankämpft.

M strahlt fast über das ganze Gesicht.

C: Ist es eine lustige Szene oder hat sie auch etwas Tragisches?

M nickt und wird ernster. Sie beschreibt leise und gesammelt das Bild.

C: Gut. Merken Sie sich das Bild und stellen es für einen Moment zurück. Und nun finden Sie, oder erfinden Sie ein Bild, das zum Ausdruck bringt, wohin Sie möchten. Also zum Sanften, Sich-Fügenden und For-mat-Habenden.

M nimmt einen Suchprozess auf, die Gesichtszüge entspannen sich schnell.

M: Das fällt mir leicht. Es ist eine große grüne Sommerwiese mit vielen hel-len bunten Blumen darauf.

M beschreibt das Bild genauer.

C: Damit Sie sich diese inneren Bilder besser vorstellen können, bitte ich Sie, die Augen zu schließen.

C fährt mit einer ruhigen, meditativen Stimme fort.

C: Ich bitte Sie, sich noch einmal das erste Bild vorzustellen und es so zu verändern – vielleicht in Form oder Größe –, dass es Ihnen gut tut.

M schmunzelt ein wenig.

M: Ja, ich habe es jetzt einfach ein bisschen kleiner gedacht. Jetzt sind Don Quijote und die Windmühle ungefähr kniehoch.

C: Gut. Jetzt das zweite Bild, malen Sie sich selbst in das Bild hinein. Gelingt Ihnen das?

M immer noch mit geschlossenen Augen.

M: Ja, ich sehe mich jetzt selbst auf dieser Wiese, ganz entspannt, ganz ruhig ...

C: Genau – sanft und sich fügend. Und eine Sommerblumenwiese hat immer Format.

M schmunzelt.

C: Jetzt gehen Sie ganz langsam und gesammelt auf dieser Wiese entlang ... am Ende sehen Sie – mit einem Schmunzeln im Gesicht – die kleine Windmühle mit dem Don Quijote. Sie gehen langsam darauf zu, bis Sie davorstehen. Sie sind entspannt und ruhig, spüren die Sommerwiese unter Ihren Füßen. Sie schauen mit einem Gefühl von Achtung und Wertschätzung auf Don Quijote und sagen freundlich zu ihm: „Gut, dass Du bist. Du bist ein Teil von mir."

M laufen Tränen über die Wange. Nach einer Weile spricht sie weiter.

C: ... und Don Quijote schaut mit einem zwinkernden Auge nach oben und sagt: „Schön, dass Du mich jetzt siehst. Das tut mir gut."

M hält die Augen noch eine Weile geschlossen und weint vor Rührung. Dann lächelt sie.

M: Danke. Das tut gut.

C: Ich lasse Sie ein paar Minuten allein. Wenn Sie mögen, können wir dann darüber sprechen.

Danach fasst sie das Geschehen zusammen.

M: Ich glaube, mir ist einiges klar geworden. Ich bin früher immer gegen meine schlechten Gefühle angegangen. Und jetzt weiß ich, dass das nicht funktionieren kann.

C: Genau. Das ist der Punkt. Es ist ja verständlich. Was wir Menschen an uns nicht mögen, das versuchen wir wegzudrücken, abzustoßen, auszugrenzen. Und das funktioniert eben nicht. Jetzt fügt sich das, was zusammengehört, endlich zusammen. Natürlich ist es gut, die richtigen Größenmaße zu haben. Also die große Wiese und der kleinere Don Quijote. Nur den Don Quijote ganz austricksen und ausschalten zu wollen, das funktioniert nicht, der wird sich immer wieder zurückmelden. Findet er die angemessene Beachtung und seinen rechten Platz, lässt er sich in die Realität integrieren.

Noch eine Anmerkung zu Ihnen, Sie merken es sicherlich auch selbst: Jetzt ist eine Stimmung von Sanftheit bei Ihnen erweckt worden, auch die Gesprächsgeschwindigkeit hat sich verändert. Und ich sehe kein bisschen davon, dass Sie damit an Format verloren hätten.

M ist bei sich und lächelt. Wie ging es weiter? M und C vereinbaren, die Ergebnisse des Coachings wirken zu lassen und in der Folgewoche an konkreten Situationen zu arbeiten, um das Ergebnis, d.h. den Alltagstransfer, sicherzustellen.

Ver-Dicht-ung

- Auf die Beschreibung mit Hilfe der Adjektive „rigoros und impulsiv", reagiert M zu Beginn des Coachings extrem und zwar mit *„Ich kann ja nicht immer so lammfromm durch die Gegend rennen".*
- Das Einstellungs- und Verhaltensspektrum ist also reduziert auf die beiden Extreme:

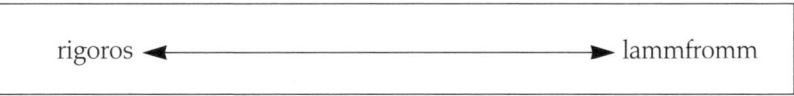

- Viele Menschen neigen dazu, in bestimmten Situationen relevante Aspekte aus ihrem Blickwinkel zu streichen. Sie reduzieren sich dabei auf zwei gegensätzliche Sichtweisen, was als typisches Schwarz-weißdenken bezeichnet wird. Keiner dieser beiden Pole, „schwarz" oder „weiß" beschreibt jedoch einen wünschenswerten Zustand.
- Hilfreiche, praxistaugliche Ergänzungen liegen meist dazwischen.
- Entscheidend für M ist es, attraktive Zwischenstufen zu finden und an Differenzierungen zu arbeiten (siehe auch Umsetzungsbeispiele im Folgecoaching, S. 160).

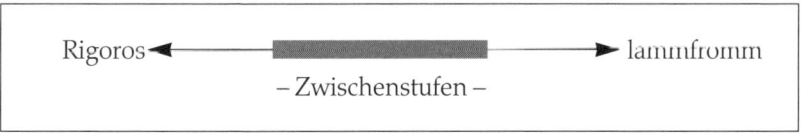

- Wenn Sie Ihr Denken auf zwei Extreme reduzieren, dann ist es vorge-zeichnet, dass Sie sich im Kreis drehen werden. Beobachten Sie sich und andere aufmerksam im Alltag – Sie werden dieses Phänomen sehr häufig antreffen. Dieses Entweder-Oder birgt wenig Lösungs-möglichkeiten. Es geht darum, zu einem stimmigen Sowohl-als-Auch zu kommen.
- Beispiele für typische Schwarzweißgedanken, die jedoch die echten Alternativen ausklammern:

Beispiele:

Kritik von anderen oder Selbsteinschätzung	Typische Reaktionen
Sie sind zu akkurat, zu genau mit den Dingen.	Ich weiß, ich muss lernen, Fünf gerade sein zu lassen.
Sie sind als Führungskraft zu weich.	Also, ich muss auch mal mit der Faust auf den Tisch hauen.
Sie sind zu oberflächlich, Sie müssen genauer werden.	Soll ich jetzt zum Pedant und Oberbuchhalter werden?
Ihnen fehlt der Blick fürs Wesentliche. Sie setzen die Prioritäten nicht richtig.	Soll ich mich jetzt nur noch um die A-Aufgaben kümmern und die B- oder C-Aufgaben einfach hinschmeißen?
Ich erlebe Sie oft als sehr kritisch und ablehnend.	Wollen Sie jemanden, der zu allem *Ja und Amen* sagt?
Sie sind sehr empfindlich.	Ich weiß, ich sollte die Dinge gar nicht mehr an mich ran lassen und mir einen Panzer zulegen.
Sie müssten viel mehr Präsenz zeigen.	Ja, soll ich jetzt den ganzen Tag den Animateur spielen?

* Die Kunst ist nun, in Ihrer Rolle als Führungskraft, diese Schwarzweiß-Kreisläufe Ihrer Mitarbeiter zu erkennen und einen Such- und Entwicklungsprozess auf zahlreichen Zwischenstufen zu fördern.
* Dazu können Fragen dienlich sein, die die Lösungsversuche auf die Zwischenstufen lenken.

Beispiele: „Wie könnten Sie sich als Introvertierter mehr ins Szene setzen, ohne dass Sie sich dabei verbiegen und gleichsam den Clown oder Animateur spielen?" Und: „Was könnten für Sie gute Zwischenstufen sein, Ihre häufig abweisende negative Haltung zu ändern, ohne dass Sie sich gleich zum naiven Ja-und-Amen-Sager entwickeln?"

- Jede Differenzierung, die Sie bei sich und Ihren Mitarbeitern anstoßen, wird das bestehende Denk- und Verhaltensrepertoire vergrößern. Der Vorteil für Sie: Sie werden nicht zum klugen Ratschlaggeber Ihrer Mitarbeiter, sondern zu deren Ergänzungshelfer. Zu bestehenden Verhaltensmöglichkeiten fügen Sie neue hinzu und vergrößern dadurch das Spektrum der Chancen. Dies nennt man Professionalisierung. Erklärungen zur Passamtsarbeit finden Sie bei den Überlegungen zur Arbeit mit seelischen Leitbildern.

Ver-Wert-ung

- Wo sehe ich bei mir mögliche Schwarzweiß-Reduzierungen?

- Was wären relevante und schöpferische Zwischenstufen, die mein Denken und Verhalten reichhaltiger und professioneller machen würden?

- Wo nehme ich Schwarzweißdenken und -verhalten bei meinen Mitarbeitern wahr?

- Was sind aktivierende Fragen?

- Was ist ein gutes Feedback für meine Mitarbeiter im Sinne des So-wohl-als-Auch-Gedankens?

  Mitarbeiter A: _____

  Mitarbeiter B: _____

  Mitarbeiter C: _____

- Neige ich selbst zu Rigorosität und überzogener Impulsivität? Was ging mir beim Lesen des vorliegenden Falls durch den Kopf?

- Wie kann ich *sanfter* werden und gleichzeitig *Format* wahren?

> „Man muss verantworten, was man tut,
> aber auch, was man unterlässt."
>
> *Dr. Bernd Schmid*

3 Nehmen Sie Ihren Platz selbstbewusst ein

> „Wie bringe ich ungeduldige, hektische Kapitalgeber zu einer professionellen Zusammenarbeit?"
>
> *Geschäftsführer mit einem*
> *Akzeptanzproblem*

Leitfragen

- Wie gehe ich mit Geschäftspartnern um, die für mich existenziell wichtig sind und mit denen eine saubere Zusammenarbeit offenbar nicht möglich ist?
- Wie schaffe ich eine langfristig solide Professionskultur?
- Wie präsentiere ich klar und präzise heikle, schon länger aufgeschobene Themen?

Einbettung

Einzelcoaching mit dem Geschäftsführer (GF) eines recht jungen Unternehmens der New Economy mit zirka 300 Mitarbeitern das Beteiligungsstrukturen mit Venture Capitalists aufweist. Der GF hat die Mehrheitsbeteiligung und ist auch der geistige Vater der Geschäftsidee. Da die Marktsituation angespannt ist, werden die Venture Capitalists zunehmend nervöser. Der GF verhält sich im Tagesgeschäft wie ein Minderheitsaktionär. Problem und Anliegen für das Coaching sind zwei Schwierigkeiten: einmal, dass er das Unternehmen wie ein angestellter Manager führt und sich von den Investmentmanagern stark im Tagesgeschäft beeinflussen lässt. Dadurch sind bereits nachweislich Fehlentscheidungen vorgekommen. Sein Wunsch ist, klarer und mit mehr Profil aufzutreten, ohne dabei die Investmentmanager vor den Kopf zu stoßen. Seine Mitarbeiter stellen die Frage, wer eigentlich die Firma führe – die Investmentmanager oder er?

Der Fall

GF: Momentan üben die Partner einen extremen Druck aus. Ich will ihnen auch gar keine böse Absicht unterstellen, nur merke ich, dass ich auf diesen Druck reagiere und dadurch Schwierigkeiten bekomme in Sachen Führung. Die Mitarbeiter fangen an, sich zu fragen, ob nun nur noch nach der Nase der Investmentmanager getanzt werde oder wer eigentlich das Sagen habe.

Und, vorsichtig ausgedrückt, ist die Zusammenarbeit mit ihnen sehr intensiv. Jeden Tag kommen x E-Mails und Telefonanrufe, alle zwei Wochen findet ein Meeting statt, bei dem dann auch permanent Projektstau konstatiert wird. Sie müssen wissen, dass dort immer wieder neue Projekte vorgeschlagen und dann auch festgelegt werden. Und dann wundert man sich und wird auch ärgerlich, dass ich das Ganze nicht rechtzeitig fertig bekomme. Meistens sind die Anweisungen, die da kommen, aus meiner Sicht eher banal und häufig auch nicht zielverträglich. Da heißt es dann, ich muss noch jemanden einstellen und für einen geeigneten CEO sorgen – gleichzeitig aber jede Kostenexplosion vermeiden.

C: Stimmen Sie denn in Ihrer Zielsetzung mit Ihren Partnern überein?

GF: Es gibt einen grundsätzlichen Interessenkonflikt zwischen Venture Capitalists und mir als Geschäftsführer: Die Kapitalgeber wollen natürlich möglichst schnell Geld machen und ich möchte langfristig ein Unternehmen entwickeln. Ich brauche Ihnen nicht zu sagen, dass wir oft mit unseren Vorstellungen kollidieren. Die Zusammenarbeit ist schlichtweg eine Katastrophe. Und erschwerend kommen noch die einzelnen „persönlichen Besonderheiten" hinzu. Ich weiß, dass die keine Rolle spielen sollten, aber mir gelingt das nicht, sie auszublenden. Einer der Venture Capitalists ist ein lauter, aggressiver Typ, unnahbar, auch unbeherrscht, hört kaum zu. An eine konstruktive Zusammenarbeit, geschweige denn an ein kreatives Ideensammeln oder Besprechen von Problemen ist meist nicht zu denken.

C: Sie haben den Druck genannt, der auf Ihnen lastet. Was passiert denn genau, wenn Sie sich von Ihren Partnern in die Ecke gedrängt fühlen?

GF: Na ja, sie treten wie meine Vorgesetzten auf. Rufen an und sagen: „Bis zur nächsten Gesellschafterversammlung hätten wir gerne dies und das. Bitte referieren Sie darüber." Oder sie machen mir Druck, indem sie z. B. behaupten, ich habe etliche Schwächen. Und dann kommen – es ist kindisch – E-Mails ohne Anrede, da werden – so halb bedrohlich – bestimmte Themen fett gedruckt und mit dreifachem Ausrufezeichen versehen – und die sollen dann bereits am nächsten Tag auf der Gesellschafterversammlung besprochen werden. Dieser Stil ist einfach unerträglich.

C fragt und hört noch eine Weile zu.

C: Nach meiner Einschätzung ist es so, dass Sie sich Ihrer eigenen Machtposition, also an über 50 Prozent des Unternehmens beteiligt zu sein, bewusst sind – dies jedoch im täglichen Umgang mit Ihren Geschäftspartnern nicht ausleben.

GF denkt nach.

C: Wissen Sie, wie ich das meine?

GF nickt.

GF: *(Eher monoton redend).* Meine Position in diesem Geschäft ist faktisch und juristisch gesehen die stärkste. Definitiv.

GF denkt nach.

GF: Aber ich fühle mich der Sache nicht gewachsen und fülle sie überhaupt nicht aus. Jedoch: Ohne mich würde die Firma zugrunde gehen, weil einfach der kompetenteste Ideengeber weg wäre. Das weiß ich.

C nach einer Weile.

C: Wenn ich Sie sprechen höre, vermisse ich die Kraft, die hinter Ihrem Statement stehen sollte – oder könnte. Ich erlebe Sie eher frustriert, resigniert und zurückgezogen, so wie ein unbedeutender, drittklassiger Anteilseigner, dem vielleicht 1 Prozent der Firma gehört und der sich über seinen Partner ärgert.
Nicht wie jemand, dem es zusteht, in angemessener Form Verantwortung wahrzunehmen und sich durchzusetzen, weil er über mehr als 50 Prozent des Kapitalanteils verfügt und die Geschäftsführung persönlich innehat.

GF ist irritiert und wirkt sehr nachdenklich.

GF: Ja, das stimmt. In ähnlicher Form haben mir das wohl auch schon vertraute Mitarbeiter gesagt. Aber die Worte haben mich nicht erreicht. Jetzt verstehe ich, was Sie meinen: Ich spreche und denke wie ein 1-Prozentler und nicht wie der Mehrheitsbeteiligte ... Und das trifft den Kern. Als 1-Prozentler lasse ich mir eine ganze Menge gefallen, was? ... *(Wirkt etwas verbittert).* Das Tragische ist, dass ich mit dieser Haltung auch Fehlentscheidungen mittrage, die ich gar nicht müsste.

C: Sie schildern mir natürlich jetzt die Dinge aus Ihrem Blickwinkel. Was würden denn Ihre Partner über die Zusammenarbeit oder über das, von dem Sie mir nun berichtet haben, sagen? Es geht mir dabei nicht darum, wer wohl im Recht ist.

GF: Ja, klar. Ich mache natürlich Fehler. Ich denke, ich habe auch eben schon welche beschrieben. Das würden die Partner auch so sehen. Und in der Tat: Ich will gar nicht Recht haben, sondern vernünftig mit den anderen Verantwortlichen arbeiten.

C: Gut. Ich denke, es wird auf einer Ebene darum gehen, dass Sie ein angemessenes Rollenverständnis in Ihrer Geschäftsführerrolle und in Ihrem Beteiligungsverhältnis entwickeln. Auf einer zweiten Ebene können wir überlegen, wie das neue Verhalten ganz pragmatisch, praktisch im Alltag umgesetzt und beobachtbar gemacht werden kann – für Ihre Mitarbeiter und für Ihre Partner.

GF nickt.

GF: Genau. Das wäre gut.

Lösungsansätze

Ebene 1: Was ist eine angemessene innere Haltung?

C: Dann gehen wir doch in einem ersten Schritt bitte auf die Ebene Ihrer Rollenidentität. Versuchen Sie mal den jetzigen, augenblicklichen Zustand in einem Bild darzustellen. Fällt Ihnen ein Bild ein, das die jetzige Gesellschaftersituation im Management gut widerspiegeln würde?
GF denkt eine Weile nach

GF: Also, um es ganz krass auszudrücken, meine Firma kommt mir vor wie ein großer, schwerer Elefant, der angsterfüllt auf einem kleinen Stuhl steht, weil unten zwei, drei kleine Mäuse auf dem Boden quietschen.

GF geht aus dem Bild wieder raus.

GF: Ja, an diesem Bild merkt man ganz deutlich, wie absurd das Ganze ist.

C: In der Tat. Was wäre denn ein gutes Ergänzungsbild, das die Realität abbildet und Sie in einer gestärkten, realistischen Position zeigt? Ein Bild, das Sie wie ein innerer Kompass durch Ihre Alltagssituationen steuern könnte?

GF denkt nach.

GF: Hm, ein gutes Beispiel für Wachstum ist für mich natürlich immer die Natur. Mein Unternehmen ist ja schon gewachsen, ist also wie ein junger und doch starker Baum. Es ist nicht mehr so eine kleine zarte Pflanze wie in der Baumschule.
Was die Gesellschafter betrifft, so sind die in der Chronologie des Wachstums vielleicht zu Beginn eine Hilfshaltestange, die immer parallel zu den Bäumen befestigt wird, um das Wachstum in die richtige Richtung zu lenken und den Baum zu stabilisieren. Und diese Stange ist doch im Vergleich wesentlich dünner und kleiner als der eigentliche Stamm. Irgendwann wird diese Stange obsolet, weil der Baum so groß und mächtig geworden ist, dass er keine Stütze mehr braucht.

GF denkt lange nach.

GF: Ja, und so hat es in meinen Augen auch Sinn. Aus dem Biologieunterricht kennt man ja Symbiosen. Jeder Baum hat einen Pilz, der ihm nahe ist, Nährstoffe abgibt und ihm bei der Verwertung von Mineralien hilft. Ja, so würde ich eher die Aufgabe der Gesellschafter sehen.

C: Was macht für Sie jetzt den Unterschied?

GF: Ich merke, dass ich gerade im wahrsten Sinn des Wortes einsichtig geworden bin. In mir drin spüre ich eine, wie Sie sagen würden, ganz neue innere Haltung. Ich habe mich bislang unter Wert verkauft. Die

Abhängigkeitsverhältnisse kann ich jetzt in positiver Weise verschieben. Die Macht- und Entscheidungspositionen werden klarer. Ich habe bisher viel zu unreflektiert Dinge angenommen, ohne mir über meine eigene Rolle und vor allem meine Möglichkeiten klar zu werden.

C: Und damit haben Sie natürlich auch viele Fehlentwicklungen mitverursacht und tragen dafür auch die Verantwortung. Denn mit Schweigen und Annehmen übernehmen Sie auch Verantwortung.

GF stellt rasch fest, dass er von seiner Seite noch keinen nennenswerten Beitrag geleistet hat, um die gemeinsame Professionskultur und Arbeitsbeziehung zu reflektieren und Entsprechendes auch den Gesellschaftern zurückzumelden. Er gibt zwar hin und wieder per E-Mail Hilferufe durch, nach dem Muster „So bitte nicht", aber die wesentlichen Punkte sind noch nicht thematisiert worden. Und zwar weder in einer Haltung als 1-Prozent-Gesellschafter, geschweige denn als 53-Prozentiger. Im Coaching werden mögliche Vorgehensweisen entwickelt sowie deren Vor- und Nachteile besprochen. GF neigt zunächst dazu, in seiner vorpreschenden Art, leicht eingeschnappt, seine Eindrücke zu schildern. Daran wird einige Male – auch mit Tonbandcheck – gearbeitet.

GF: Ach so, jetzt verstehe ich auch Ihre Rückmeldung! Erst halte ich quasi Monate lang den Mund und dann trete ich nicht nur wie ein 53-prozentiger, sondern gleich wie ein 100-prozentiger Gesellschafter auf, der seine dummen Sachbearbeiter zurechtweist. Das kann es natürlich nicht sein. Wobei ich sagen muss, dass es mir auch gut tat, hier mal meinen aufgestauten Ärger rauszulassen. Aber klar, das bringt mich nicht wirklich weiter.

C: Stimmt. Denn auf der anderen Seite vom Pferd gefallen, ist auch nicht geritten.
Ich empfehle Ihnen auch, die Präsentation der Problematik zum Schwerpunkt eines Meetings zu machen. Wenn Sie die Dinge nebensächlich irgendwo einfließen lassen, wo es gerade passt, wird das Gesagte kaum Wirkung zeigen.

GF: Sie meinen, dass dieser Punkt in die Tagesordnung einer Gesellschafterversammlung aufgenommen werden sollte?

C: Genau. Es kann sehr nützlich sein, eine eigene Sitzung nur dafür einzuberufen. (*GF schaut eher erschrocken auf.*) Wenn Ihnen diese Hürde für den Einstieg zu groß erscheint, ist es auch völlig ausreichend, wenn Sie erst mal einfach eine Diagnose präsentieren.

GF nickt erleichtert und zustimmend.

Ebene 2: Pragmatisches Vorgehen

GF und C entwickeln eine Strategie für das anstehende Gespräch mit dem hauptverantwortlichen Investmentmanager.

* *Professionelle Wegbereitung*

GF: „Herr XY (Investmentmanager), ich habe etwas Ungewöhnliches vor. In den letzten Monaten habe ich mir einige Gedanken gemacht über die Zusammenarbeit der Gesellschafter und Kapitalgeber einerseits und mir als Gesellschafter und Geschäftsführer andererseits. Natürlich weiß ich nicht sicher, wie Sie unsere Zusammenarbeit einschätzen, ich vermute, dass Sie sie ähnlich wie ich sehen: aber es gibt einiges, was gut läuft und was wir auch so beibehalten sollten, und es gibt einiges, was mir nicht gefällt und was die Kooperation, aus meiner Sicht, auch ineffektiv macht. Darüber möchte ich gerne mit Ihnen sprechen. Ich habe einige Ideen zu diesem Thema und möchte diese auch bei der nächsten Gesellschafterversammlung offiziell vorstellen und mit Ihnen besprechen. Ich denke, dass wir vielleicht eine halbe, maximal eine Stunde dafür brauchen. Natürlich bin ich auch an Ihrer Einschätzung, was unsere Zusammenarbeit angeht, interessiert."

C: Noch ein vorbereitender Gedanke zum Gespräch: Aus Ihren Schilderungen schließe ich, dass Sie eine schlechte Zuhörkultur in Ihrer Gruppe haben und daher auch eine Rechtfertigungskultur zu erwarten ist, geprägt von „Ja-aber"-Diskussionen. Deshalb empfehle ich Ihnen, Ihren Gesprächspartnern entgegenzukommen, das heißt, eine professionelle Einbettung vorzunehmen. Das Gegenteil wäre, sofort mit den konkreten, kritischen Punkten zu beginnen und sozusagen mit der Tür ins Haus zu fallen.

Da Sie seit zirka einem Jahr zusammenarbeiten, bietet es sich ohnehin an, auch mal eine Zwischenbilanz zu ziehen: Was waren die Highlights des abgelaufenen Jahres – im Guten und im Schlechten? So stellen Sie aus meiner Sicht Ihre Gedanken auch in einem stimmigen Kontext dar. Und es hilft Ihnen, Ihre Partner auch entsprechend in Ihre Gedankengänge einzuführen.

GF: Je genauer Sie das erzählen, desto klarer wird mir das. In der Vergangenheit habe ich nie aktiv und schon gar nicht konstruktiv versucht, Szenarien mitzugestalten oder sogar zu initiieren.

C nickt.

C: Mit dieser Hinführung verständigen Sie sich auf diesen Tagesordnungspunkt – und die übrigen Gesellschafter haben noch Gelegenheit, sich Ihre eigenen Gedanken dazu zu machen. Kommen wir nun zum zweiten Schritt, Ihrer Präsentation.

* *Beginn der Präsentation*

GF: Damit Sie wissen, was auf Sie zukommt und ich Sie nicht einfach überfalle, noch mal kurz im Überblick meine Gedanken: Ich möchte eine kurze Bilanz der bisherigen zwölf Monate unserer Zusammenarbeit ziehen. Dazu möchte ich einige Highlights würdigen. Wir haben schon einiges erreicht. Ich möchte ebenso Dinge beim Namen nennen, die nicht gut gelaufen sind. Dann möchte ich

Ihnen sagen, was mir an der Zusammenarbeit mit Ihnen gefällt und auch, was mir missfällt. Natürlich möchte ich auch Ihre Einschätzungen hören und vor allem gemeinsam mit Ihnen überlegen, was wir im Sinne des Unternehmens verbessern könnten. Das ist mein Hauptanliegen der heutigen Sitzung. Darauf sollten wir uns konzentrieren.

Einen Extrawunsch habe ich noch: Ich möchte Ihnen meine Gedanken gerne an einem Stück, also ohne Unterbrechung, präsentieren. Ich denke, wir sollten es vermeiden, sofort auf jedes Stichwort zu reagieren und bei jedem Köder anzubeißen. Es wird einiges geben, das Ihnen nicht gefallen wird oder Sie vielleicht sogar ärgert. Auch in diesem Fall bitte ich Sie, bis zum Schluss zuzuhören.

C: Kompliment. So hat alles Geradlinigkeit und Kontur. Vom eingeschnappten Angestellten ist nichts mehr zu spüren.

GF schmunzelt.

GF: Ja, mit dem Elefanten, der Angst vor den Mäusen hat, hat das, glaube ich, nichts mehr zu tun. Sie haben mich ja eben zu Recht kritisiert, als ich bei der Gesprächseröffnung sagte: „... und nun möchte ich Ihre Gegenrede hören." Sie empfahlen mir ja, von Wörtern wie Gegenrede Abstand zu nehmen. Und obwohl es ja nur eine Kleinigkeit ist, wenn ich meine Partner um ihre Einschätzungen bitte, wirkt das Gesagte ganz anders – auch auf mich selbst. Ich fühle mich dann viel partnerschaftlicher behandelt, ebenbürtiger – wie ein starker Baum.

C nickt.

C: Noch eine Ergänzung: Vielleicht ist es im Hinblick auf die Historie sogar gut, noch einmal die Rolle und innere Haltung, aus der heraus Sie sprechen, zu verdeutlichen. Es könnte Ihnen den Boden besser bereiten.

GF denkt nach und die Lösung wird gefunden.

* *Rollenklarheit schaffen*

GF: Zu Beginn möchte ich Ihnen sagen, aus welchem Rollenverständnis und aus welcher inneren Haltung ich spreche: Ich sehe mich hier als 53-prozentiger Gesellschafter und Geschäftsführer und nicht als Angestellter. Das könnte für Sie vielleicht eine neue Qualität darstellen.

C: Kompliment. Damit zeigen Sie Kontur. Sie wirken sachlich und klar und verdeutlichen gut, wie die Beteiligungsverhältnisse nun einmal sind. Für Partner, die offenbar nach einem Gewohnheitsmuster die Gesellschafterverhältnisse bislang im falschen Licht gesehen haben, ist das eine gute Klarstellungsarbeit. Und sie richtet gleichzeitig bei allen Beteiligten den Blick auf die Realität. Das heißt ja nicht, dass Sie nun streng autoritär werden, aber im Gegensatz zu früher verkaufen Sie sich auch nicht mehr unter Wert.

GF zieht Bilanz über das abgelaufene Jahr. Er würdigt Erfolge und benennt auch klar und detailliert die kritischen Punkte.

Schritt 4: Die heiklen Punkte des Gesprächs

Abholen der Gesprächspartner respektive Kontext. GF und C entwickeln folgende Variante.

C: Zum Einstieg in die für mich kritischen Punkte habe ich versucht, mich in Sie hineinzuversetzen. Sie sind Kapitalgeber, investieren Geld in eine Firma und versuchen dadurch möglichst viel Gewinn rauszuholen. Da die Renditeaussicht größer ist als bei einem einfachen Bankdarlehen, ist auch das Risiko größer. Und im Moment zeichnet sich ab, dass die geschäftliche Lage negativ verläuft. Also werden sich auch Ihre Erwartungen nicht erfüllen. Dass daraus

Spannungen und Stress entstehen, halte ich für normal. Jetzt ergibt sich aber für mich die schlichte Frage, wie wir damit umgehen können. Es gibt schlechte und gute Varianten.

Mein Eindruck bezogen auf unser Zusammenspiel ist: Sie werden nervös und versuchen, den Druck auf mich und mein Unternehmen zu erhöhen. Ich finde das auch sehr verständlich – aus Ihrem Blickwinkel gesehen. Vielleicht sehen Sie sogar Ihr Geld davonschwimmen.

Nur, bei allem Verständnis für Ihre Position: Mir gefällt Ihr Stil nicht. Damit meine ich z. B. Ihre Art, mit mir zu kommunizieren: täglich mehrere E-Mails in sehr direktivem Stil, ständige Telefonanrufe, kurzfristig anberaumte Meetings, die mir keine Möglichkeit mehr lassen, mich kompetent darauf vorzubereiten, eine Flut von neuen Projekten, die nicht hinreichend diskutiert werden und folglich auch nicht erfolgreich weiterverfolgt werden etc. Ich könnte noch mehrere Beispiele anbringen, ich glaube aber, Sie wissen, was ich meine. Und in meiner Position als Ihr Geschäftspartner mit 53 Prozent der Anteile, will ich das auch nicht mehr so hinnehmen.

Damit ich nicht missverstanden werde: Ich unterstelle Ihnen keinerlei böswillige Absichten. Nur: Dieser Stil zieht mich und meine Mitarbeiter herunter, und damit erweisen Sie der Firma keinen guten Dienst. Das ist für mich der entscheidende Punkt und daran möchte ich etwas ändern.

Meine Präsentation ist ein erster Schritt, Verantwortung zu übernehmen.

Vorschläge für eine bessere Zusammenarbeit

C: Da ich an einer professionellen Zusammenarbeit interessiert bin, möchte ich nicht nur sagen, was mir nicht gefällt, sondern auch Vorschläge zur Verbesserung machen. Ich denke, wir könnten unsere Besprechungskultur dahingehend verändern, dass wir uns zwar weiterhin alle zwei Wochen treffen, ein Verantwortlicher jedoch

mindestens eine Woche vorher verbindlich die Tagesordnungs-
punkte vorbereitet und darüber informiert. Und gegebenenfalls
auch die nötigen Unterlagen zur persönlichen Vorbereitung jedes
Teilnehmers zusendet.

Zu den Projekten selbst: Ich glaube, wir sollten noch mal gemeinsam alle Projekte hinsichtlich ihres Aufwands, ihres Nutzens und
ihrer Zielverträglichkeit prüfen. Wahrscheinlich können wir dann
einige Projekte erst einmal aussetzen. Einmal im Monat sollte eine
eigene Projektleiterkonferenz stattfinden.

Die schriftliche Korrespondenz bitte ich in einem angemessenen
Stil zu formulieren und zwar rechtzeitig, damit alles ohne Termin-
druck versendet werden kann.

Das sind zunächst Vorschläge von mir, die ich gerne im Anschluss mit
Ihnen diskutieren möchte. Sie werden sicherlich ja auch Ihre Ideen
dazu haben.

Persönliche Rückmeldungen in Einzelgesprächen

C: Wichtig ist hierbei eine wertschätzende, partnerschaftliche, klare und
sachliche Haltung. Sobald Gefühle wie Ärger, Unmut oder gar Aggression mitschwingen, besteht die große Gefahr, dass die Äußerungen zynisch und destruktiv ankommen.

Einschätzung – Gesellschafter A:

Sie zeigen ein sehr dynamisches Auftreten, was den Vorteil hat, dass
Sie andere schnell begeistern und mitreißen können. Diese Fähigkeit brauchen wir auch für unser Unternehmen. Teilweise steigern
Sie Ihre Art jedoch ins Explosive, was sowohl in den E-Mails als auch
in Ihren Anrufen oder in der persönlichen Begegnung spürbar wird.
Meiner Meinung nach liefern Sie damit einen entscheidenden Beitrag zum Schlagabtausch, der hier statt einer konstruktiven Besprechung stattfindet. Diese Art fördert eher eine Haltung, bei der nur

nach Schuldigen, Recht und Unrecht gesucht wird. Das halte ich nicht für zweckdienlich und deshalb möchte ich Sie in zukünftigen Meetings unterbrechen und eventuell eine Pause einlegen, bis wieder eine professionelle Arbeitsstimmung vorhanden ist.

Einschätzung – Gesellschafter B:

Ich schätze sehr an Ihnen, dass Sie … (positive Aspekte der Zusammenarbeit und Vorzüge seiner Kompetenz werden aufgezählt) und ich möchte gerne mit Ihnen gemeinsam herausfinden, ob es auch noch andere Möglichkeiten gibt, miteinander in Kontakt zu sein, als dies bisher der Fall ist. Mir fällt auf, dass Sie bei Vorschlägen einzelner entweder die Stirn runzeln, die Augen rollen oder mit abwertenden Gesten Ihre Meinung hier kundtun. Wenn Sie berechtigte Zweifel an einer Sache haben, so sind wir alle daran interessiert, sie zu hören. Allein aufgrund Ihrer ablehnenden Körperhaltung können wir keine Entscheidung treffen. So stelle ich mir auch nicht „gemeinsames" Arbeiten vor.

Einschätzung – Gesellschafter C:

Mir gefällt an Ihnen, wie Sie … (positive Aspekte der Zusammenarbeit und Vorzüge seiner Kompetenz werden aufgezählt). Dies alles halte ich für sehr wertvoll im Hinblick auf unsere Zielerreichung. Was ich allerdings sehr kritisch sehe, ist Folgendes: Sie haben die Angewohnheit, als Manager aufzutreten, so als wenn Sie 95 Prozent der Anteile besäßen. Dies passt mir nicht. Und diese Haltung passt auch nicht zu unserer Zusammenarbeit.

Eigeneinschätzung

Es steht völlig außer Frage, dass ich auch meine Fehler habe und dass ich daraus lernen möchte. Der Umgang mit Ihnen war bislang dadurch geprägt, dass ich Kritik an mir unreflektiert angenommen habe – wenn auch oft mit einem unangenehmen Gefühl im Bauch. Dann habe ich versucht, all Ihren Erwartungen zu entsprechen. In Zukunft wird das nicht mehr so funktionieren. Und keine Sorge, das heißt nicht, dass ich nun alle Ideen und Vorschläge von Ihnen ablehne, aber ich möchte sie sorgfältiger prüfen und werde nicht mehr zu allem Ja sagen.

Vorschlag zur Ergebnissicherung

Da wir alle erfahren genug sind, zu wissen, dass eine einmalige Rückmeldung in Form einer Absichtserklärung nicht genügt, werden wir in den nächsten Monaten Folgendes machen:

Am Ende jeder Gesellschafterbesprechung werden wir 10 bis 15 Minuten investieren, um über den professionellen Stil unserer Zusammenarbeit in den letzten zwei Wochen nachzudenken. Das heißt, dass ich Ihnen sowohl eine generelle Rückmeldung gebe als auch eine personenspezifische. Und umgekehrt natürlich auch. Meine Hoffnung ist, dass wir so immer besser im Dienste der guten Sache arbeiten können.

Ver-Dicht-ung

- Grundlegendes Problem ist die unklare Rolle des GF. Zur Lösung ist es deshalb wichtig, zunächst einmal auf der psychischen Ebene ein Bewusstsein dafür zu schaffen, wie die Macht- und Beteiligungsverhältnisse tatsächlich liegen. Die Arbeit mit inneren Bildern kann Klarheit schaffen.
- Auf der pragmatischen Ebene ist es wichtig, aus dem Schweigen

nicht in das andere Extrem zu verfallen, nämlich nun ständig zu kritisieren und kontrollieren.

- Beim ersten Klärungsgespräch geht es darum, zu üben, sauber, klar und prägnant Versäumnisse und kritische Punkte der Vergangenheit anzusprechen und daraus gemeinsam Lösungswege für die Zukunft abzuleiten.

- Zum Zuhörkontrakt: Gerade bei stark kontroversen Meinungen, sehr impulsiven Zuhörern und schlechten Methoden mit unterschiedlichen Meinungen umzugehen, ist der Zuhörkontrakt eine simple und doch hocheffektive Professionsfigur, um überhaupt in den Dialog zu kommen. Wenn Sie sich die Erlaubnis zum ungestörten Reden zu Beginn einholen (das heißt, Sie können ohne Unterbrechungen und Ja-aber-Einwände Ihre Gedanken zu Ende führen), dann können Sie Ihre Gesprächspartner bei Verstößen im Folgenden auch immer wieder an diesen Kontrakt erinnern. Zudem ermöglicht der Kontrakt auch ein besseres Zuhörverhalten Ihrer Partner, weil sie wissen, dass sie jetzt nicht sofort auf jeden Gedanken anspringen dürfen, sondern sich erst das Gesamte anhören.

- Da konfliktreiche und damit unökonomische Kommunikation immer an konkrete Personen gekoppelt ist, hat es nicht viel Sinn, sich in einer allgemeinen Form über schlechte Kommunikation auszulassen. Präzises und vor allem personenspezifisches Feedback ist die Basis für eine echte Verbesserung, so ungewohnt das in dieser Form auch sein mag.

- Die Praxis zeigt: Personenunabhängiges Festlegen von Spielregeln einer guten Zusammenarbeit klingt gut, verwässert aber nach ein paar Wochen. Tausendfach in deutschen Unternehmen festgelegte Regeln, wie „wir sollten offen und fair miteinander umgehen", „wir wollen uns rechtzeitig informieren" etc., führen zu keiner beobachtbaren Verhaltensänderung.

- Eine langfristig positive Wirkung ist erfahrungsgemäß selbst bei einer noch so gut gelungenen Klärung und Zielvereinbarung nicht zu erwarten. Entscheidend ist die wiederholte, gut gemachte Form der Selbstreflexion über das Miteinanderarbeiten. Dazu können schon fünf bis zehn Minuten am Ende jedes Treffens genügen.

Steuerungsfragen für diese Reflexionsübung

– Waren wir ausreichend gut vorbereitet oder hatte jemand seine Hausaufgaben nicht gemacht? Welche Auswirkungen hatte das auf unser heutiges Treffen und unsere Zusammenarbeit?
– Konnte ich heute meine Gedanken und Ideen einbringen? Wenn das nicht der Fall war, wer oder was hinderte mich daran?
– Haben wir uns bei Diskussionen konstruktiv aufeinander bezogen oder hat jeder versucht, seine eigene Meinung durchzusetzen?
– Wie sind wir mit kritischen Äußerungen eines Partners umgegangen?
– Sind wir beim Thema geblieben oder ständig abgeschweift?
– Hat der Moderator seine Rolle gut wahrgenommen?
– Habe ich mich in unserem Kreis wohl gefühlt? Wenn nicht, woran lag das? Was würde ich mir künftig wünschen?
– Welche Gedanken und Ideen sind mir noch eingefallen?

Ver-Wert-ung

- Sind mir ähnliche Situationen in meiner Berufswelt bekannt?

- Bin ich mir meiner Rolle und meiner Macht bewusst?

- Wie sauber und klar gehe ich mit meiner Macht um?

- Im Falle eines Missverständnisses in Bezug auf meine Rolle, wer könnte mir dazu kritisch-konstruktives Feedback geben? Wie werde ich mit den Problemen umgehen?

- Mit welchen Marktpartnern möchte ich generell mehr professionelle Klarheit erzeugen?

- Besteht die Gefahr, dass ich nach langem Schweigen meine Marktpartner mit meiner Kritik oder Offenheit irritiere oder überfalle? Wie werde ich dieser Gefahr vorbeugen?

- Wie könnte ich meinem Partner entgegenkommen? Was wäre eine klare Hinführung zu meinen kritischen Punkten?

- Was sind meine Kritikpunkte? Wie kann ich sie präsentieren, ohne anzuecken und unpräzise aufzutreten?

- Wie stelle ich sicher, dass die von mir angesprochenen Dinge auch umgesetzt werden? Welche Vereinbarungen wären hierfür gut?

- Was ist mir beim Lesen dieses Falles noch eingefallen oder klar geworden? Was hat mich erreicht, das heißt, zum eigenen Nachdenken angeregt (privat und beruflich)?

Teil III

Vertikales Coaching: Probleme innerhalb verschiedener Führungsebenen in Angriff nehmen

> „Je besser man jemanden versteht, desto
> weniger muss man ihn pathologisieren."
>
> *Dr. Bernd Schmid*

1 Nehmen Sie Ihre Führungsrolle bewusst ein

> „Wie führe ich meinen Verkaufsleiter grad-
> linig und ohne Schönfärberei?"
>
> *Geschäftsführer, der sich schwer tut,*
> *Kritik anzubringen.*

Leitfragen

- Wie nehme ich meine Führungsrolle wahr?
- Wie kritisiere ich einen Mitarbeiter offen und ehrlich und gleichzeitig bereichernd?
- Wie kann ich ein Kritikgespräch mit einer Metapher abrunden
  und aufwerten?

Einbettung

Drittes Einzelcoaching mit einem Geschäftsführer (GF). 500 Mitarbeiter.
Thema ist es, die professionelle Führung von Mitarbeitern zu üben
und auszuführen.

Seinen bisherigen Führungsstil kennzeichnet er so: „Richtige Kritikgespräche habe ich noch nicht geführt. Ich gebe meinen Mitarbeitern Anweisungen und spreche schon einmal Lob und Tadel aus. Mehr aber nicht."

Im heutigen Fall geht es um die Führung des Verkaufsleiters. Vor einigen Wochen gab es das erste Führungsgespräch, bei dem ihm ausführlich eine Rückmeldung über Persönlichkeit, die Ausübung seiner Rolle, Stärken und Schwächen gegeben wurde.

Die Kernschwierigkeit bestand darin, dass sich der Verkaufsleiter bis zu diesem Gespräch als kritikunfähig erwiesen hat. Jede Kritik wurde sofort abgetan. Viele „Ja-Aber"-Rechtfertigungen ließen ein wirkliches Führen nicht zu.

Durch Herstellung jeweils eines Zuhörkontraktes konnte der Geschäftsführer in den letzten Wochen seine Meinung ungestört und am Stück offenbaren, was erheblich zur Verbesserung der Professionsbeziehung zwischen beiden geführt hat.

In diesem Fall geht es um bedeutende Schwächen und Nicht-Professionalität des Verkaufsleiters bei Präsentationen.

Der Fall

GF hat sich auf das anstehende Kritikgespräch mit seinem Marketingleiter vorbereitet und berichtet, wie er es führen möchte. Anschließend wird der Tonbandmitschnitt ausgewertet.

Tonbandaufzeichnung Teil 1

GF: „Herr ML, wie in den letzten Wochen angekündigt, möchte ich in den nächsten Wochen und Monaten mehr Führung wahrnehmen. In dem Zusammenhang möchte ich Ihnen Feedback zur Präsentation geben, die letzte Woche vor dem Kunden xy gelaufen ist. In erster Linie kann ich festhalten, dass Sie sich in emotionaler Hinsicht deutlich verbessert haben.

Auswertung durch GF selbst:

GF: Was ich wirklich sehr seltsam finde: Ich bin sauer über bestimmte Dinge, die gelaufen sind, und fange trotzdem mit den positiven Aspekten, emotionalen Komponenten und so einem Blabla an und höre nicht mehr auf damit. Ich lobe ihn zum Einstieg des Gesprächs, was überhaupt nicht der Anlass war.

Was mir auch noch auffällt: Wir haben beim letzten Coaching Gesprächsprofessionalität und gutes Einbetten geübt. Das war in der Umsetzung katastrophal. Ich habe ihm gar nicht gesagt, worauf ich hinaus möchte, also im Sinne: „Ich möchte Ihnen zur Präsentation sagen, was mir gefallen hat, was mir nicht gefallen hat und was ich mir für die Zukunft wünsche." Ich habe einfach losgeredet. Das war schwach.

Vor allem, vor dem Hintergrund dessen, was Sie letztes Mal sagten: Er ist ja selbst Führungskraft und gerade deshalb sollte ich vorbildlich auftreten.

Und noch mal: Obwohl ich richtig verärgert war, fange ich an der falschen Stelle an, mit irgendeiner positiven Sache. Also, das gefällt mir gar nicht.

Tonbandaufzeichnung Teil 2

GF: Ich denke, dass Sie nicht mehr so aggressiv, fahrig und wenig konstruktiv sind. Da sind deutliche Verbesserungsschritte erkennbar, die ich positiv vermerke. Das freut mich.

Auswertung:

GF: Ich fand's nicht schlecht. Ach so, was mir einfällt, die Ziele oder die Entwicklungsschritte vom ihm, die sollte ich positiv formulieren. Also statt „Du bist weniger aggressiv" eher „Du bist gelassener, umgänglicher" etc. Es ist ja wesentlich besser, jemanden positiv zu führen.

GF: „Ganz konkret und ganz konsequent: Ich habe noch ein wenig Bauchschmerzen, was Ihre Professionalität in der Konzeption und Präsentation anbetrifft."

C befragt GF, was sich hinter dem Wort Bauchschmerzen verbirgt.

GF: Als ich es eben hörte, dachte ich, klingt gut. Jetzt wird mir deutlich: es ist richtig schwach von mir. Schwach, schwach, schwach. Der Begriff *Bauchscherzen* ist total schwammig. Was soll er mit so einer Kritik anfangen? Was er sich da geleistet hat, habe ich schon als sehr störend empfunden. Es war direkt peinlich und jetzt habe ich alles total verniedlicht, obwohl es peinlich war. Das hat mir als Geschäftsführer und unserem Unternehmen geschadet. Das muss ich ihm ganz klar sagen. Hier wird mir deutlich, was Sie mir letztes Mal gesagt haben: Ich habe ein Missverständnis, was *Klarheit und Weichheit* angeht, aufgebaut. Wenn ich ihm sage, dass ich ein wenig Bauchschmerzen habe, dann bekommt er überhaupt keine Vorstellung von der Dimension seiner Fehlleistung.

C: Nur ein Beispiel. Was würden Sie von mir als Coach halten, wenn ich Sie die ganze Zeit verhätscheln würde mit Rückmeldungen wie „Das finde ich jetzt eigentlich nicht ganz so gut" oder „Ich weiß nicht genau, ob ich das jetzt gut finde"?

GF *(unterbricht resolut):* Das fände ich furchtbar. Sie würden keinen Job bei mir kriegen.
Ich merke, dass ich gerade bei Leuten, die nicht kritikfähig sind, einen echten Eiertanz aufführe. Womit niemandem gedient ist.
Eigentlich ist es doch so einfach: Ich schließe einen Zuhörkontrakt mit ihm, dann sage ich ihm klar und präzise, was nicht Ordnung ist und schließlich überlegen wir, was zu tun ist.
Stattdessen denke ich die ganze Zeit, ob er es nicht zu schwer nimmt,

ob er dann sauer ist, ob er's vielleicht in den falschen Hals kriegt und, und, und.

Ein Mist, wenn ich ehrlich bin, ich habe die Schnauze voll davon. Diese Verniedlichungen, diese Konfliktvermeidungen, dieses diplomatische Vorgehen und Abwägen. Ich sollte die Dinge einfach auf den Punkt bringen. Aus.

GF schlägt mit der Faust auf den Tisch.

C: Wenn alles klar ist, brauchen Sie nicht einmal eine Verstärkungsfaust.

GF schmunzelt.

GF: Ja, ich will auch klar sehen und handeln. Das, was Sie das letzte Mal sagten, dass ich wie ein Kollege und nicht wie ein Chef dächte und spräche, das ist hier wieder passiert.

GF verbessert.

GF: Herr ML, ich möchte Ihnen ebenso sagen, was mir nicht gefällt.

Dazu ein selbstkritischer Vorgedanke: Mir ist aufgefallen, dass ich Ihnen gegenüber in den letzten Monaten schwammig aufgetreten bin. Ich habe Ihnen gesagt, was mir nicht ganz so gut gefällt oder wo ich vielleicht ein bisschen Bauchschmerzen verspüre, obwohl mir etwas ganz und gar nicht gefallen hat. Teilweise haben Sie sogar meine Mindesterwartungen nicht erfüllt.
Damit Sie genau wissen, woran Sie sind bzw. wie ich Sie sehe, bemühe ich mich, ehrlicher und klarer aufzutreten.

Auswertung:

GF: Ja, so ist es viel besser. Das hilft ihm genauso. Der Mist an dieser Schwammigkeit ist ja, dass keinem gedient ist.

GF: Ja, Sie haben eine Präsentation letzte Woche zum Thema „Customer Relations". gemacht. Mein Eindruck ist, dass sie viel zu akademisch war. Sie war nicht klar genug strukturiert und die Maßnahmen waren nicht erkennbar.
Das waren alles Punkte, die wir uns vorgenommen haben und an denen Sie arbeiten wollten. Das ist nicht in dem Maß passiert, wie ich es mir vorgestellt hatte. Summa summarum glaube ich, dass Sie hier noch erheblichen Optimierungsbedarf haben.

Auswertung:

GF: Besser, wesentlich besser. Da kommen die wichtigen Punkte vor. Ich sage klipp und klar, was mir nicht passt. Es klingt auch nicht aggressiv, was ich nämlich auch nicht werden möchte.
Eine Frage: Wie finden Sie denn Wörter wie „Optimierungsbedarf" oder „Verbesserungschance"?

C: Das ist schlichtweg eine Geschmacksfrage. Mir gefallen solche Wörter nicht mehr. Wenn ich eine Leistung als schwach ansehe, möchte ich persönlich kein Beschönigungswort wie „Entwicklungschance" oder „Optimierungsbedarf" verwenden.

GF unterbricht.

GF: Ja, das dachte ich mir auch schon. Alles andere ist Euphemismus.

C: Wenn Sie eine Leistung *schwach* fanden, dann sagen Sie das auch.

GF: Okay. Gut wäre natürlich, klar zu beschreiben, was eine befriedigende oder auch gute Leistung wäre und worauf man in Zukunft mehr achten möchte. Genau damit habe ich Kritik mit Lösungsangeboten kombiniert, was sehr sinnvoll ist.

Nach einer Pause.

C: Ich möchte noch einmal auf den inhaltlichen Aspekt Ihrer Rückmeldung zurückkommen. Sie sagen, Ihr Verkaufsleiter sei zu akademisch. Ich befürchte, wenn Sie jemandem vorwerfen, er sei zu akademisch, zu theoretisch oder zu wenig praxisnah, dann gelingt Ihnen vielleicht eine gute Diagnose der Missstände, die Betroffenen selbst können jedoch selten daraus Verbesserungen ableiten.

GF denkt nach.

GF: Ja, das kann sein. Ich befürchte, der wird danach kaum irgendetwas anders machen.

C: Genau. Einem, der zu theorielastig argumentiert, die Kritik auszusprechen, er sei zu theoretisch, erzielt keine Wirkung. Ist also im Prinzip zu theoretisch. Den Einwand versteht er nicht, weil er es selbst nicht so empfindet. Wenn Sie wirklich etwas anstoßen möchten, dann sollten Sie Ihren Vorschlag möglichst praxisnah und konkret formulieren.

GF: Ja, und das geht vermutlich am besten über Beispiele.

C: Genau. Nachdem Sie Ihre Kritik geäußert haben, geht es darum, mit ihm an den nächsten Präsentationen zu arbeiten. Das kann kurz und bündig in jeweils fünf Minuten erfolgen, sollte aber ganz konkret anhand von Beispielen geschehen. Anstatt durch regelmäßige Pauschalkritik erreichen Sie Ihr Ziel eher, wenn Sie mit ihm einen konkreten Absatz oder eine Folie im Detail beleuchten und ihm vermitteln, was zu *theoretisch* und *abgehoben* dargestellt und was eine gute Alternative wäre.
Das bedeutet natürlich Arbeit. Die Frage ist aber, welche andere Wahl haben Sie?
So platt es klingt: *Wer Zeit durch Mitarbeiter sparen möchte, muss Zeit in seine Mitarbeiter investieren.*

GF: Ja, da haben Sie Recht. Denn was er da macht, hält er für praktisch. Er setzt sich ja nicht bewusst hin und schreibt theoretische Abhandlungen. Also wird sich sein Stil nicht ändern.

Nachdem C und GF sich noch über die Zweckmäßigkeit von Metaphorik als Führungsinstrument verständigt haben, unternimmt GF einen ersten Übungsversuch. Als Leitthema wählt er die Metapher des Theaters.

Tonbandaufzeichnung Teil 5

GF: Herr XY, zum Abschluss möchte ich noch etwas Ungewöhnliches machen.
Ich möchte Ihnen in neuer, etwas unüblicher Form meine Einschätzungen Ihnen gegenüber deutlich machen. Nämlich anhand von Metaphern. Dazu benutze ich Bilder aus der Welt des Theaters. Ist das okay für Sie?

GF beginnt.

GF: Sie wirken auf mich wie ein junger Schauspieler, der voller Eifer auf die Bühne rast. Er möchte seine Rolle mit Emotionalität ausleben, kennt aber den Text noch nicht richtig. Die Grundmechanismen des Theaters sind ihm noch nicht vertraut, das Zusammenspiel mit seinen Kollegen noch nicht rund. Mit Charme und Raffinesse kriegt er seine Kollegen immer wieder beruhigt. Doch wie lange noch?
Er neigt zum Improvisieren. Das gelingt ihm sehr gut. Damit beeindruckt er den Großteil der Zuschauer. Die Kenner der Szene merken rasch, dass die Improvisation nicht auf solider Schauspielkunst basiert. Auf Dauer kann das sogar albern wirken …
Er spielt auf einer Nebenbühne, vermittelt dabei den Eindruck, als wenn er schon längst die Hauptrolle auf der großen Bühne habe. Er ist aber noch nicht so weit.
Ihm fehlt noch Basiswissen für gutes Schauspiel. Der Glaube, durch überzeugende Improvisation die Defizite überdecken zu können,

bringt tatsächlich bemerkenswerte Anfangserfolge. Hat aber zugleich auch etwas Naives.

Der Regisseur gibt von außen Anweisungen. Der Schauspieler nimmt ihn wahr und gleichzeitig spürt man, dass die Anmerkungen ihn nicht erreichen. Er hört sie, setzt sie aber nicht um. Er spricht weiter seinen Text, so wie er ihn selbst als passend zum Stück empfindet.

Das Problem ist, dass damit Wertvolles verloren geht. Ginge es so weiter, wäre Stillstand die logische Folge. Und damit das Aus auf der Bühne.

Auswertung

C: Kompliment. Von Schwammigkeit kann nun wirklich nicht mehr die Rede sein.

GF: Das gefällt mir richtig gut. Ich hätte vorher nicht für möglich gehalten, dass mir das gelingt. Als ich begonnen habe, hatte ich keinen blassen Schimmer, was da wohl rauskommt und plötzlich hatte ich die Bilder ganz klar vor Augen.
Das Gesagte trifft auch wirklich die wichtigen Punkte.

C: Zur Abrundung: Sie kennen ja meine Kritik an Führungskräften: Oft wird die ausgesprochene Kritik nicht konsequent und kreativ weiterverfolgt.
Was wäre denn in Ihrem Fall gut und auch zeitökonomisch, um die Wirkung Ihrer Kritik zu überprüfen?

GF: Ja, man sollte auf die Punkte wiederholt zu sprechen kommen.

C: Wie machen Sie das?

GF: Ich könnte mir das Theaterbild nehmen und ihm immer wieder alles sagen, was mir auffällt. Wo ich Entwicklungspotential sehe und wo noch Stillstand zu verzeichnen ist. Das könnte man schnell, jeweils in wenigen Minuten klären. Ich denke, dass die Metapher auch genügend Spielraum zum Verfeinern und Ausbauen ließe.

C: Prima. So schließen Sie mit ihm einen Zukunftskontrakt. Sinngemäß heißt das: „Ich werde Ihnen auf Basis dieses Theaterbildes in den nächsten Wochen bei jeder passenden Gelegenheit zwei Minuten meine Wahrnehmungen mitteilen. Mehr Zeit brauchen wir uns dafür nicht zu nehmen, sonst wird das Ganze zur Beschäftigungstherapie.

GF: Mir wird daran sehr deutlich, dass man mit maßgeschneiderten Bildern komplexe Sachverhalte prima auf den Punkt bringen kann.

Ver-Dicht-ung

- Je klarer Sie als Führungskraft/Mitarbeiter Ihre Kritik aussprechen, desto größer ist der Gewinn für alle Beteiligten. Die Feststellung *„Ich habe da ein wenig Bauchschmerzen"* ist ein misslungener Versuch, seinem Mitarbeiter Klarheit zu verschaffen. Besonders dann, wenn sich hinter *Bauchschmerzen* die Aussage verbirgt, dass jemand auf ganzer Linie die Erwartungen nicht erfüllt.
- Fazit: Präzisieren und gewichten Sie Ihre positive und negative Rückmeldung. In etwa so: „Das hat mir nicht gefallen, ist mir aber nicht wichtig" oder „Das hat mir nicht gefallen, es ist für das Gesamtgelingen ein entscheidender Punkt. In diesem Punkt erfüllen Sie nicht meine Mindesterwartungen." Letzteres wollte GF mit *Bauchschmerzen* ausdrücken. Das ist nett gemeint, weil es schonender und harmloser klingt als die eigentliche Botschaft. Streng genommen ist es aber unfair, weil es keine Klarheit schafft. Und damit dem Mitarbeiter die Chance auf Veränderung nimmt – weil er es dann auch als harmlos empfindet.
- Wenn Ihr Mitarbeiter (nicht selten sind es Hochschulabsolventen) zu theoretisch, zu akademisch ist, erreichen Sie mit einer Rückmeldung *„Sie sind zu praxisfern"* in der Regel nichts. Ein Sammel-Feedback zu einem 50-Seiten-Konzept, mit der Bemerkung, es sei zu theoretisch, bewirkt nichts. Vielleicht ist Ihr Mitarbeiter (noch) nicht der Richtige

für diesen Job. Anstatt das als zu akademisch bewertete Produkt Seite für Seite kurz durchzugehen (und damit doch oberflächlich zu bleiben), picken Sie regelmäßig ein beispielhaftes Fragment heraus, um daran mikroskopisch mit Ihrem Mitarbeiter zu arbeiten. So erfassen Sie am ehesten die relevante Vielschichtigkeit und Ihr Mitarbeiter lernt, Erkenntnisse auf ähnliche Situationen zu übertragen.

- Die Theatermetapher ist eine weitere Möglichkeit, Komplexes in kreativer Form sinnvoll zu verdichten (siehe auch Ladenmetapher) ohne dabei zu banalisieren. Sie können systematische und intuitive Gestaltungselemente verknüpfen. Die Reflexion schwieriger Situationen wird spielerisch, konkret und übersichtlich. Die Verhaltensweisen sind dynamisch darstellbar, Veränderungen können leichter eingeleitet werden. Gleichzeitig bietet die Metapher einen Rahmen, in dem jede Fragestellung ihre spezifische Ausgestaltung mit verschiedensten Rollen, Bühnenbildern, Szenenfolgen etc. finden kann. Die Beteiligten können eine Außenperspektive einnehmen, was helfen kann, die emotionale Gebundenheit einer Situation zu verlassen und dadurch neuen Handlungsspielraum zu schaffen. Ebenso gelingt es, in kurzer Zeit zukünftige Verläufe abzubilden und durch das Kontrastieren guter und unguter Szenarien rasch Erwartungen zu präzisieren.

An folgenden Leitthemen* können Sie sich im Umgang mit der Theatermetapher orientieren und üben. Überlegen Sie sich

- das Thema, die Überschrift, die Sie der Situation geben wollen,
- die Story, die Sie unter der Überschrift erzählen,
- die Bühnen, auf denen Ihr Stück spielt,
- die jeweiligen Rollen der Beteiligten,
- den Inszenierungsstil.

* Quelle: Theatermetapher

- Mit Metaphern alleine ist effektive Führungsarbeit natürlich nicht getan. Gelingt es Ihnen aber, tägliche Führungsarbeit mit sinnvollen

Bildern anzureichern und zu verdichten, versehen Sie Ihre Führungsrolle mit mehr Qualität und wirksamer Nachdrücklichkeit.

Ver-Wert-ung

- Bin ich mir der Kraft und Macht von Sprache bewusst? Was denke ich über die Macht von Sprache?

- Wie bewusst oder leichtfertig gehe ich mit Beschreibungen um wie *„Ich habe da ein wenig Bauchschmerzen"* oder *„Damit bin ich nicht so ganz zufrieden"*?

- Wie konsequent versehe ich als Feedbackgeber meine Zufriedenheit oder Unzufriedenheit mit einer Wertigkeit („nicht zufrieden, aber unwichtig" – „nicht zufrieden und wichtiger Nachteil")?

- Führe ich Mitarbeiter, deren Schwäche es ist, zu akademisch zu sein?

- Wie gehe ich damit um? Wie könnte ich eine fragmentarische Lernlogik fördern, die auf Beispielen basiert?

- Was ging mir beim Lesen der Theatermetapher durch den Kopf?

- Wo und mit wem könnte ich einmal spielerisch üben, damit zu arbeiten?

> „Perfektionisten neigen zur Euthanasie im Kleinen."
>
> *Dr. Bernd Schmid*

2 Nicht nur fordern, sondern fördern

> „Meinem Marketingleiter fehlt der Blick für das Wesentliche."
>
> *Unternehmer auf der Suche nach der Perfektion*

Leitfragen

- Wie achte ich konsequent und kreativ auf den Vollzug der von mir angestoßenen Führungsarbeit?
- Welche Frage- und Zuhörformen kann ich als Führungskraft zur Unterstützung meiner Mitarbeiter einsetzen?
- Schaffe ich den Sprung vom Anweisungengeber zum Mitarbeiterentwickler?

Einbettung

Einzelcoaching mit einem Unternehmer (U). Ein mittelständisches Handelsunternehmen. Es besteht die Vereinbarung, über zwölf Monate je zwei mal drei Stunden pro Monat an ausgewählten, anspruchsvollen Führungspraxisfällen zu arbeiten und dadurch möglichst vorbildliche Professionskultur zu entwickeln und vorzuleben. Aktuelle Situation: U ist unzufrieden mit seinem Marketingleiter, der offenbar nicht effektiv arbeitet. Ihm scheint es nicht zu gelingen, die richtigen Prioritäten zu setzen.

Der Fall

U hat C zehn Minuten lang sein Anliegen geschildert.

C: Es geht um Sie als Geschäftsführer, der den Marketingleiter führt, und um Themen, die sich zwischen Ihnen beiden offenbar wiederholen. Die Herausforderung ist: Der Marketingleiter macht seinen Job gut, aber offenbar mit einem Hang zur Akribie an den falschen Stellen. Aus Ihrer Sicht leidet darunter die Effektivität. Der Stundenlohn des Marketingleiters rechtfertigt bestimmte Aufgaben nicht.

U: Genau. Das ist der Punkt. Er ist wirklich fit. Gleichzeitig habe ich ein Unbehagen, dass sich jemand, der so hoch dotiert ist, so lange und so akribisch mit Aufgaben beschäftigt, die diesen Zeitaufwand nicht lohnen.

C: Wenn ich Sie richtig verstanden habe, wird die Situation durch eine, wie Sie sagen, Dünnhäutigkeit erschwert. Ihre Kritik wird von ihm nicht zurückgewiesen, sondern es passiert sogar das Gegenteil: Er nimmt sich Ihre Kritik so stark zu Herzen, dass er dazu neigt, die Zusammenarbeit generell anzuzweifeln.

U: Richtig. Eines ist ganz klar: Er ist so gut, dass ich ihn nicht verlieren mag. Gleichzeitig sehe ich – rein ökonomisch – riesige Verbesserungsmöglichkeiten. Im Grunde habe ich auch keine Lust auf eine besondere Zartfühligkeit. Ich mag nicht auf jedes Wort achten müssen, nur weil er so sensibel ist.

C: Das heißt, wenn Sie beispielsweise auftreten: *„Herr X, ich halte Sie noch nicht für 100-prozentig effektiv"*, missversteht das Ihr Marketingleiter das als Andeutung, im Sinne: *„Herr X, was machen Sie eigentlich hier den ganzen Tag in unserem Unternehmen?"*

U nickt.

U: Genau das ist der Punkt.

C: Sie haben ja bestätigt, dass Ihre berufliche Beziehung sehr tragfähig ist. Die Zusammenarbeit ist in keiner Weise gefährdet.

U nickt zustimmend.

C: Wie waren denn die letzten Kontakte diesbezüglich zwischen Ihnen?

U: Vor zwei Wochen habe ich ihm gesagt, dass ich ihn bei bestimmten Projekten und auf manchen Aufgabenfeldern für nicht sehr effektiv halte. Ja, so habe ich ihm das gesagt. Und da war dann auch die Dünnhäutigkeit zu bemerken. Ich hatte den Eindruck, dass ihm das ganz schön zu schaffen machte. Auch körperlich, denn er bekam richtige Stressflecken am Hals. Damit habe ich es dann auch belassen. Am darauffolgenden Montag schien alles wieder in Ordnung zu sein.

C: Es scheint so, als hätten Sie schon alles unternommen.

U: Ganz sicher nicht. Also ich denke, es kommt nun darauf an, dass in den nächsten Monaten etwas Entscheidendes passiert. Da bin ich als Führungskraft gefordert.

C: Mir kommen Ideen für zwei Ebenen: Einmal sollte man prüfen, wie konsequent und auch kreativ Sie in der Nachbehandlung sind, d.h., wie stellen Sie den Erfolg Ihrer Kritik im Alltag sicher? Insbesondere bei Mitarbeitern, die möglicherweise dünnhäutig sind.
Auf einer anderen Ebene möchte ich Sie noch befragen, ob es zu Ihrer bisherigen Form der Kritik, er solle effektiver werden, noch weitere Formen gibt, die eine Entwicklung bei ihm anstoßen könnten.

Lösungsansätze

Ebene 1: Kritikpunkte im Alltag sicherstellen

C: Sie haben ja angedeutet, dass er am Montag wieder in Ordnung zu sein schien. Wie sind Sie am Thema drangeblieben?

U: Hm, im Prinzip gar nicht. Ich habe es ruhen lassen. Ich denke, zu viel Reden ist auch nicht gut. Das würde auch nicht zu mir passen. Einerseits. *(U denkt nach.)* Aber klar ist auch, dass wenn ich ihm einfach die Brocken so hinwerfe und es dann auf sich bewenden lasse, die Gefahr groß ist, dass wir alle paar Wochen denselben Mist durchkauen.

C: Was wäre denn ein konsequentes Weiterverfolgen des Themas gerade auch im Hinblick auf seine (mögliche) Sensibilität?

U denkt eine Weile nach.

U: Mit Wiederholungen – auch wenn ich keine Lust dazu habe. Ich habe gerade wieder so ein Projekt, an dem ich ihm meine Kritik klar machen könnte.

C: Also durch Nachdruck, Wiederholungen und Beispiele. Haben Sie eine Idee, wie Sie das letzte Gespräch, bei dem er offenkundig betroffen war, gut nutzen könnten?

U schüttelt den Kopf, denkt nach.

U: Also, da wieder nachhaken? Ich weiß nicht.

C: Nachhaken ist eine Sache. Eine andere ist die, dort weiterzumachen, wo Sie schon angefangen haben.

U: Und wie würden Sie das machen?

C: Ich glaube, es wäre produktiv, sich noch einmal auf das letzte Gespräch zu beziehen. Und zwar nicht, indem Sie Ihre eigene Meinung noch einmal bekräftigen, sondern vielmehr durch kluges Nachfragen bezüglich der Wirkung. Ich halte es auch für gut, dass Sie zum Einstieg dieses Folgegesprächs Ihre Wahrnehmungen schildern. Also, dass Sie den Eindruck hatten, dass Ihre Kritik ihn schon betroffen machte. Entwicklungsfördernde Fragen könnten dann beispielsweise sein:

* Wie hat meine Kritik bei Ihnen gewirkt?
* Womit konnten Sie etwas anfangen?
* Was hat bei Ihnen Groll oder Unmut ausgelöst?
* Was war für Sie erkenntnisreich?
* Wie kann ich die Alltagsumsetzung Ihrer Erkenntnisse wahrnehmen?
* Wo bräuchten Sie Unterstützung? Von wem?
* Gibt es noch offene Fragen?

U denkt nach.

U: Stimmt. Das ist sehr gut. Ich glaube, da stoße ich oft die Dinge im Monolog an. Für reine Anweisungen ist das auch in Ordnung. Aber für Entwicklungsarbeit suche ich noch viel zu wenig den Dialog. Wenn ich auf die Schnelle nachfrage „Alles in Ordnung?", na ja, das ist auch kein Dialog.
Wenn er mit Verärgerung durch's Unternehmen läuft, ausgelöst durch eine vermeintlich grobe Bemerkung von mir oder eine Dünnhäutigkeit von ihm, dann ist auch keinem gedient.

U denkt nach.

U: Ja, das stimmt. Eigentlich ist das so selbstverständlich. „Was ist für Sie erkenntnisreich?", das gefällt mir. Zielt ja genau auf eine Form der Entwicklung ab. In Ihrem Beispiel, das wird mir jetzt klar, geht es nicht um nachhaken. Ich habe etwas angestoßen, und wenn ich da nicht weitermache, z. B. durch weiteres Nachfragen, dann entwickelt sich nichts. Und in drei Monaten versuche ich es von Neuem.

C: Gut. Gehen wir einen Schritt weiter. Er wird ja nun irgendwie reagieren? Was wäre dann eine gute innere Haltung von Ihnen?

U: Ich glaube schon zu wissen, was Sie meinen. Was Sie schon öfter an mir kritisiert haben. Ich sollte einfach zuhören. Mit möglichst wenigen vorgefertigten Gedanken meinerseits.

C: Genau. Es ist der gemeinsamen Sache dienlich, wenn Sie möglichst *unzensiert* zuhören. Da die wenigsten Menschen ihre Gedanken druckreif formulieren, ist es gut, nachzufragen, um ihn echt zu verstehen.

U lächelt.

U: Ja, mein altes Problem, das aufmerksame Zuhören.

C: Im Anschluss daran können Sie Frageformen nutzen, die sich auch in Coachings bewährt haben.
Beispielsweise:

* Angenommen, Sie würden auf das und das mehr achten, wie würde man das in Ihrem Verhalten beobachten können?
* Wie würden Sie es selbst merken? Wie würden es Kollegen merken? Wie würde ich das merken?
* Angenommen, Sie würden in Zukunft bei dem und dem Thema so reagieren, wie wäre das für Sie selbst?
* Wie könnten Sie Projekt Z schneller abwickeln, ohne Ihre Gründlichkeit durch Oberflächlichkeit zu ersetzen?

U denkt nach. Nickt.

U: Hm, ich verstehe. Es geht darum, mit Fragen den anderen auch ein Stück weit zur Lösung zu inspirieren.

C: Genau.

Perspektivenwechsel zur „Dünnhäutigkeit"

C: Noch ein Nebengedanke: Ich beziehe mich auf die von Ihnen beschriebene Dünnhäutigkeit. Wie empfinden Sie die? Welche Gefühle und Gedanken haben Sie in den Momenten, in denen Sie diese dünnhäutigen Reaktionen erleben?

U: Es nervt mich und es strengt mich auch sehr an, wenn ich das Gefühl habe, nun jedes Wort auf die Goldwaage legen zu müssen. In welcher Weichei-Kultur leben wir denn?

C: Können Sie sich vorstellen, dass in dieser Dünnhäutigkeit auch Positives steckt? Wenn jemand nach einer harmlosen Kritik betroffen nach Hause geht und vielleicht das ganze Wochenende gefrustet ist und darüber nachdenkt?

U: Ach so, jetzt fällt der Groschen. Sie meinen, jemand, der die Dinge so ernst nimmt, der wird sich vielleicht auch viel eher verändern als jemand, dem alles egal ist. Bei dem die Kritik zum einen Ohr rein und zum anderen Ohr wieder raus geht. Solche Kandidaten habe ich auch. Schlimm.
Ja, so gesehen, hat es auch was Gutes, aber...

C: *(Unterbricht)* Aber professionell ist es noch nicht. Daran gilt es zu arbeiten.

U: Ja, die Sache mit den Fragen. Das beschäftigt mich gerade. Ich habe den Eindruck, dass ich viel mehr Fragen stellen könnte – auch privat. Ich denke, dass ich häufig vorschnell reagiere. Ich frage eigentlich überhaupt nicht.

Ebene 2: Kreative und präzise Kritik

U und C prüfen die Qualität der bisherigen Kritik an den Marketingleiter. U wird zunehmend nachdenklich, ob er seine Erwartungen bezüglich Effektivität schon hinreichend präzise geäußert hat.

U: Durch die letzten Minuten wird mir klar, dass ich mich sehr ungenau äußere. Ich habe mich in meiner Kritik auf zu viele Projekte sehr allgemein bezogen. Und vermutlich reicht das nicht. Außerdem setzt er nicht extra die Prioritäten falsch. Ich denke, es ist nicht gut, mit ihm an allen Projekten gleichzeitig zu arbeiten. Vielleicht sollte ich wirklich mit einem anfangen und dieses mit ihm im Detail beleuchten, ihm so konkret wie möglich den Spiegel vorhalten und ihm sagen, wo er Zeit gut investiert und wo nicht.

Wenn er ein aufmerksamer Zuhörer ist, wird er die richtigen Schlüsse dann auf andere Projekte übertragen.

C: Wir können ja mal kurz an einem Beispiel überlegen, wie Ihr professionelles Feedback für diese Projektsituation lauten könnte.

U überlegt fünf Minuten lang für sich, wie es weitergehen soll.

U gibt seinem Marketingleiter ein Feedback.

U: „In das Projekt XY, das hervorragend gelaufen ist, haben Sie einige Tage investiert. Aus Kundensicht hatte dieses Projekt C-Priorität. Mein Eindruck ist, dass Sie Ihre Aufgaben alle mit der gleichen Intensität und Genauigkeit bearbeiten – unbehelligt von der Wichtigkeit oder Unwichtigkeit eines Projekts. Damit sage ich Ihnen ja nichts Neues. Wenn ich den Eindruck habe, jemand verdient kein Geld mit seinen Projekten, also – klar gesagt – kostet mehr als er bringt, macht mich das als Unternehmer ungeduldig. Keine Sorge, mir geht es nicht darum, auf Heller und Pfennig zu rechnen, aber jeder Aufwand muss sich am Ende lohnen.
Was machte ich bislang? Ich hielt Ihnen alle drei Monate die selben

Punkte unter die Nase – meistens mit einer unternehmerischen Begründung, nämlich, wenn die Zahlen nicht ganz stimmten. So bringt das Ihnen und auch mir nichts. Diesen Kreislauf möchte ich jetzt gerne durchbrechen.

Mein Anliegen ist nun, gemeinsam mit Ihnen anhand eines Beispielprojekts zu überlegen, wie Sie ein Maß an Genauigkeit entwickeln können, das uns beide zufriedenstellt. Worum es mir dabei nicht geht ist, dass Sie nun oberflächlicher arbeiten und mehr Fehler machen sollen.

U denkt noch einmal nach.

U: Ich denke, so passt es. So kann er auch damit umgehen.
Es hat Sinn, sich ein einziges Projekt vorzunehmen und ihn mit sehr detailliertem Feedback zu begleiten.

Ebene 3: Kritikgespräche mit Metaphern

U: Mir fällt gerade noch etwas ein: Ich würde gerne an diesem Beispiel die Arbeit mit Metaphern, also mit Bildern, noch einmal versuchen. Wir haben das ja bereits zweimal probiert. Am Anfang fand ich das sehr merkwürdig. Aber ich habe gemerkt, dass Bilder extrem gut Inhalte verdeutlichen können.

C: Sehr gerne. Machen wir es doch so, dass Sie es mal allein versuchen. Ohne meine Unterstützung. Sie schweigen ein, zwei Minuten und geben dann Ihrem Marketingleiter entsprechendes Feedback anhand von Bildern.
Sie können ja dafür die Ladenmetapher verwenden.

U nickt und schweigt.

U: Ich merke, es ist wieder gar nicht so einfach. Aber jetzt fange ich einfach mal an.

U übt die Ladenmetapher, und zwar bezogen auf den Marketingleiter.

U: Es ist ein schickes Geschäft, das nach außen eine beeindruckende und auch vielversprechende Fassade hat. Das Eintreten in den Laden löst jedoch eine leichte Irritation aus: Das Angebot ist sehr unterschiedlich, überladen, etwas durcheinander, hier und dort türmen sich einige Stapel. Dazwischen liegen echte Kostbarkeiten, die einem jedoch kaum ins Auge fallen. Man muss diese Exquisitäten suchen. Das richtige Produkt zum richtigen Zeitpunkt, das fehlt manchmal in der Präsentation. Der Umgang mit dem Inhaber wirkt sehr einladend. Er ist äußerst kultiviert und hochgebildet. Bei ihm hat man das Gefühl, auf gleicher Augenhöhe zu sein. Er ist nicht einfach irgendein Verkäufer. Ein Geschäft, in das man sehr gerne geht. Man ist als Kunde allerdings nicht ganz sicher, ob man seinen Bedarf auch tatsächlich decken kann, ob man also bekommt, was man wirklich braucht.

Insgesamt hat man als Kunde ein gutes Gefühl. Das täuscht nicht darüber hinweg, dass noch Mängel da sind.

U: Ja, das passt gut so. Es ist einfach eine andere Form. Das kann ich ihm gut anbieten. Natürlich ist diese Bilderarbeit nicht ganz ungefährlich. Ich muss meiner Intuition schon vertrauen können, sonst erfinde ich da irgendetwas, was gar nicht passt.

C gibt eine Rückmeldung zum Erzählstil von U, nachdem er der Ladenmetapher zugehört hat.

C: Mir hat gut gefallen, dass Sie sich Zeit und Ruhe genommen haben und darauf zu vertrauten, dass bei Ihnen Bilder entstehen. Ich habe Sie schon öfter anders erlebt. Da wirkte es, als wenn Sie vorgefertigte Checklisten abspulten. Eine zusätzliche Empfehlung von mir: Wenn Sie konkrete Anliegen haben, wie jetzt Ihre Sorge, ob die Prioritäten richtig gesetzt werden, dann halte ich es für gut, dies in Ihrer Metapherarbeit zu integrieren. Oder sogar den Kontrast deutlich zu machen, der zwischen Ist- und Sollbild existiert.

U: Das ist mir so jetzt noch nicht klar.

C: Versuchen wir es mal hier an Ihrem Beispiel. Ein Kernpunkt Ihrer Kritik war es ja, Prioritäten zu setzen und effektiv zu sein. Der Gedanke ist nun, auch dieses Thema in der Metapher aufzugreifen. Ich probiere es einfach mal und denke laut nach, artikuliere ich also gleich die Bilder, die in mir dabei entstehen

Zur Marketingleitung:

U: Ich sehe ein Geschäft mit einem wunderbar großen Tresen. Der Tresen hat auf seiner Rückseite viele verschiedene Schubladen. Und in diesen Schubladen arbeitet der Ladeninhaber mit einer großen Sorgfalt und Genauigkeit, teilweise gebückt, so dass man ihn gar nicht mehr sieht. Er verliert sich ein wenig in dieser Tätigkeit und damit gleichzeitig ein wenig den Kunden aus den Augen.
Die Frage ist, wie gelingt es dem Ladeninhaber, präsenter im Laden zu sein?

U ergänzt.

U: Oder noch mehr Ware einfach auf den Tresen zu legen.
Wenn ich in dieses Bild einsteige, finde ich das sehr treffend. Es ist einfach ein großer Unterschied, ob ich alles geordnet in meinen Schubladen habe oder auch manchmal die Produkte nicht ganz so perfekt, aber gut sichtbar feilbiete. Dann wird es ja für den Kunden erst interessant. Er kann ja nicht ahnen, was ich alles anzubieten habe. Das ist genau das Bild, was es auf den Punkt bringt. Alles, was so hübsch in den Schubladen liegt, hat zwar seinen eigenen Wert, schafft aber keinen Wert für den Laden, weil es nie verkauft wird. Das ist jetzt die Quintessenz aus dieser Ladenmetapher.

Ver-Dicht-ung

- Den Blick für das Wesentliche zu haben, die richtigen Prioritäten zu setzen, dazu gibt es häufig unterschiedliche Auffassungen. Der Umgang damit ist nicht ganz einfach. Keiner setzt ja bewusst falsche Prioritäten. Und wer maßt sich schon an, zu sagen, das sei die richtige oder falsche Priorität?
- Die „Wer-hat-Recht?"-Frage hilft auch nicht weiter. Der eine hat einen sorgsamen, detailgenauen Stil, der andere arbeitet zügiger und überblickender.
- Im Fall der Unzufriedenheit funktioniert es selten, Ihren Mitarbeitern gegenüber nur einmal die Kritik auszusprechen, in Form von: „Sie setzen nicht die richtigen Prioritäten" oder sie gar auf ein Zeitmanagementseminar zu schicken, in der Hoffnung, dass es sich dadurch bessert.
- Vermutlich erhalten Sie eine Annäherung Ihrer unterschiedlichen Arbeitsstile nur durch konsequentes und kontinuierliches Abgleichen und Rückmelden am konkreten Beispiel.
- Das konsequente, gemeinsame Bearbeiten der angestoßenen Kritik ist wichtig. Statt im üblichen Schema zu verbleiben „Wir setzen uns dann in vier Wochen noch einmal zusammen", ist die Erfolgsaussicht sicherlich am größten, wenn die getroffenen Zukunftsvereinbarungen regelmäßig reflektiert werden und wenn sie individuell und kreativ sind. Dazu kann lösungsorientiertes Fragen dienen. Sicherlich ist auch das keine Garantie, vermutlich aber wirksamer, als sich alle paar Monate im gleichen Stil über dieselben Fehler zu beschweren.
- Vordergründig mag diese Empfehlung im Sinne „Ich will doch mehr delegieren, jetzt muss ich ja sogar noch mehr vorkauen", eher erschrecken.
  Die Frage ist, was eine wirksame Lernlogik ist. Offenbar ist es – unterm Strich – für eine bestimmte Zeitdauer effektiver, nur an einem winzigen Ausschnitt zu arbeiten, statt an allem immer wieder mal ein bisschen.
- Oder anders ausgedrückt: Sein Sie lieber vielfältig mit Wenigem, statt

einfältig mit Vielem. Auf Dauer sparen Sie Zeit, wenn Sie Ihre Zeit sinnvoll in Ihre Mitarbeiter investieren.

Ver-Wert-ung

- Wie ist mein Führungsstil, wenn Mitarbeiter offenbar die falschen Prioritäten setzen?

- Wie bringe ich meine Kritik an?

- Welche Beispiele kann ich nutzen, um meine Kritik zu präzisieren?

- Wie konsequent und kreativ bleibe ich am Ball, damit die Dinge sich ändern?

- Wie intensiv nutze ich kreatives Nachfragen und Zuhören, um den Alltagsvollzug sicherzustellen und die Entwicklung meiner Mitarbeiter zu fördern?

- Was kann ich aus der Bilderarbeit lernen und in meine Alltagssituationen übernehmen?

„Mitleid ist oft eine freundliche Form von
Verachtung."

Dr. Bernd Schmid

3 Führungskraft – und trotzdem Mensch

„Wie meistere ich mitfühlend und professionell eine unvermeidbare Trennung?"

Führungskraft

Leitfragen

- Wie kündige ich einem Mitarbeiter mit Respekt und in Würde?
- Welche innere Haltung kann mich unterstützen?
- Haben Trennungen auch ethisch bedeutsame Aspekte?

Einbettung

Es geht um eine Führungskraft (F), sie ist 30 Jahre alt und leitet 20
Mitarbeiter. Sie hat Schwierigkeiten im Umgang mit unangenehmen Führungssituationen. O-Ton der Führungskraft: „Ich drücke
mich vor den heiklen Dingen, schiebe sie gerne auf oder sage mir
selbst als Entschuldigung, dass eine Intervention eh zwecklos ist
und nichts bringt."
Im Coachingprozess wird an dieser Schwierigkeit gearbeitet. Das
Professionalisierungsziel, das mit ihrem Vorgesetzten vereinbart
wurde, lautet, künftig auch in unangenehmen Situationen professionell und geradlinig aufzutreten.

Der Fall

Es geht um ein Kündigungsgespräch mit einer Mitarbeiterin, deren befristeter Arbeitsvertrag nicht verlängert wird.

Zu Beginn des Coachings:

C: Sie haben sich also entschieden, sich von dieser Mitarbeiterin zu trennen. Auf dieser Basis können wir im Hinblick auf unseren Kontrakt daran arbeiten, wie ein professioneller Umgang mit dieser Situation auszusehen hätte und wie eine angemessene emotionale Haltung dazu wäre. Stimmt das so?

F nickt zustimmend.

C: Für unseren Kontrakt ist mir Folgendes wichtig: Ich sehe mich nicht als Sanierungs- oder Entlassungsberater, sondern als Ihre professionelle Unterstützung für anspruchsvolle Praxissituationen. Eine anspruchsvolle Praxissituation im Leben einer Führungskraft ist sicherlich, sich von einem Mitarbeiter zu trennen. Ich sehe es also nicht als meine Aufgabe, Ihnen Tipps oder Empfehlungen zu geben, ob es richtig oder falsch ist, diese Mitarbeiterin zu entlassen. Die Entscheidung mit den Gründen, die dazu führten, haben Sie gefällt. Wenn Sie im Zweifel sind, sollten Sie sich darüber mit Ihrem Vorgesetzten beraten.
Was ich hier leisten kann, ist, mit Ihnen an Ihrem professionellen Stil zu arbeiten, so dass Sie präzise und klar die Trennung vollziehen und eventuell begründen können. Das ist ein wichtiger Unterschied für mich, und das sollten Sie wissen.

F nickt.

F: Obwohl, es wäre mir schon ganz recht, von Ihnen eine Einschätzung zu bekommen, ob ich damit eine richtige oder falsche Entscheidung treffe.

C: Das glaube ich Ihnen gerne. Ich kann das aber nicht leisten. Und vor allem möchte ich es nicht leisten. Vielleicht mit einer einzigen Ausnahme, die letztlich zugunsten des Mitarbeiters ausfiele: Wenn ich zur Einschätzung käme, dass Sie noch nicht das Bestmögliche unternommen hätten, um Ihrem Mitarbeiter Klarheit über die Missstände zu verschaffen, dann würde ich Ihnen Empfehlungen geben. Diese Erfahrung mache ich übrigens häufig. Dem Mitarbeiter wird zu wenig Rückmeldung zu seinen Beiträgen zum Misslingen der Projekte gegeben, und er wird auch über die Dramatik der Situation, nämlich über die bevorstehende Kündigung, nicht informiert.

F: Ja, das verstehe ich. Diese Fälle kenne ich auch.

C: Wie ist denn der Hintergrund in Ihrem Fall? Worum geht es genau?

F: Ja, also die Mitarbeiterin arbeitet seit knapp zwei Jahren bei uns. Sie hat damals einen befristeten, einjährigen Arbeitsvertrag bekommen. Vor einem guten Jahr wurde ich ihre Vorgesetzte und stand sofort in der Entscheidungssituation, ob ich sie fest einstelle oder nicht. Da ich sie aufgrund der Kürze unserer Zusammenarbeit noch nicht einschätzen konnte, habe ich diesen Vertrag noch einmal um ein Jahr verlängert. Dieses Jahr ist in sechs Wochen vorbei und ich denke, dass ich sie nicht fest einstellen werde. Ein weiterer, einjährig befristeter Vertrag ist rechtlich nicht möglich. Vor einem Jahr war sie schon sehr enttäuscht, dass ich sie nicht fest eingestellt habe. Ich habe ihr damals auch ganz klar gesagt, dass ich mir das erst einmal anschauen muss. Ja, und jetzt bin ich wieder an dem Punkt, mit ihr nicht arbeiten zu wollen. Das Ganze ist insofern kompliziert, weil sie das selbst überhaupt nicht so sieht. Sie hält sich für fit und betrachtet sich als unentbehrlich. Die Auflösung ihres Vertrags wird sie wie ein Schock treffen.

C: Zur Sicherheit unserer Arbeit hier: Besteht denn noch irgendein Zweifel über die Auflösung?

F: Nein, eigentlich nicht. Sie denkt zwar, sie wisse sehr viel und sei wichtig für uns, aber ich frage mich jedes Mal, wer sie eigentlich eingestellt hat.

C: *(Unterbricht.)* Wenn Sie im Zweifel sind, können wir gerne gemeinsam überlegen, ob Sie das Notwendige getan haben. Wenn nicht, brauche ich Ihre Gründe dafür nicht zu kennen. Es würde für unser Gespräch hier keinen Unterschied machen.

F: Ja, ich weiß. Ich glaube, mir würde es einfach mal gut tun, Ihnen die Gründe zu erzählen. Aber es stimmt schon, für unsere Arbeit bringt es nicht viel. *(Denkt nach.)*
Na ja, vielleicht könnte ich sie ja in einer Halbtagsstelle ertragen, so einen halben Tag könnte ich sie schon aushalten.

C: Die Frage ist, ob halbwegs ertragen das Ziel Ihres professionellen Handelns sein kann?

F: Nein, natürlich nicht. Wissen Sie, da war zum Beispiel so eine Situation, da . . .

C: *(Unterbricht.)* Ich merke, dass es Sie doch drängt, mir die Gründe zu schildern. Ich möchte Ihnen deshalb doch ein paar Minuten Gelegenheit dazu geben. Ich denke, das hilft Ihnen auch, sich selbst zu sortieren. Und wenn Sie sich von dieser Mitarbeiterin trennen wollen, bekommen wir vielleicht auch noch ein paar Hinweise dafür, wie Sie ihr gegenüber passend und professionell auftreten. Ich werde nur aus dieser Motivation heraus zuhören. Das heißt, Sie dürfen an mich keine Erwartungen haben, zu bewerten, ob das nun gute oder schlechte Gründe sind, um sich von jemandem zu trennen. Ist das okay für Sie?

F: Ja, damit bin ich einverstanden.
Ich weiß gar nicht richtig, wo ich eigentlich anfangen soll. Sie hat ja in der Bank, also in unserer Branche, gelernt und sie meint, wir könnten froh sein, dass wir sie haben, da sie es finanziell nicht nötig hat, zu arbeiten.

Dabei haben wir eine Ewigkeit gebraucht, um sie einzuarbeiten, das dauerte alles viel länger als bei anderen. Ich denke, sie ist – sorry, aber sie ist einfach begriffsstutzig! Und das Schlimme daran ist, dass sie von sich selber denkt, sie sei unersetzlich und superwichtig für uns. Dann kommt noch dazu, dass sie ständig zu viel redet. Wenn sie irgendein Anliegen hat, spricht sie ohne Punkt und Komma, findet kein Ende. Und ausgerechnet sie ist die Kontaktstelle für Reklamationen, wo es ja öfter mal knifflige Situationen gibt. Da kann sie sich reinsteigern, das ist unglaublich!

Sie beißt sich in Themen fest und diskutiert um des Rechthabens willen. Sie stört andere permanent in ihrer Konzentration, weil ihre Anliegen natürlich immer die wichtigsten sind. Wir sind ja alle gefordert, mehr zu arbeiten als normal und ab und zu ist es sogar nötig, dass meine Mitarbeiter und ich auch mal samstags reinkommen. Und was macht sie? Jeden Tag ist punkt 16 Uhr Feierabend und sie geht nach Hause. Damit macht sie sich natürlich nicht gerade beliebt im Team. Sie ist überhaupt nicht bereit, auch nur eine Überstunde zu machen. Einmal war sie auch samstags da und hat danach ein Aufhebens darum gemacht, als müsste ich ihr noch monatelang dafür die Füße küssen. Da sagen jetzt schon einige, aha, die kann sich alles erlauben und ich als Führungskraft tue nichts dagegen.

C: Was glauben Sie denn selbst, was ein guter Weg wäre? Und zwar immer im Hinblick auf den Wunsch, professionell und gradlinig aufzutreten.

F: In irgendeiner Form muss ein Gespräch stattfinden. Ich muss sie jetzt erst einmal mit einem Termin darauf vorbereiten, dass wir ein Gespräch führen werden.

Und dass es darum geht, dass ihr Vertrag ausläuft. Ich weiß nicht, ob ich es dann so machen soll, dass ich ihr zuerst sage, dass sie nicht fest eingestellt wird, und ihr dann die Begründungen dafür gebe oder ob ich ihr zuerst die Gründe nenne. Also, ich weiß nicht, was geschickter wäre. Ich will sie eigentlich auch gar nicht so lange zu Wort kommen lassen, sonst komme ich überhaupt nicht mehr zum Zug.

C: Ihre Frage ist also, in welcher inhaltlichen Reihenfolge Sie das Gespräch am besten führen?

F: Genau.

C: Dass Sie ihr Erklärungen geben möchten, finde ich gut und respektvoll. Das ist sicherlich auch Teil Ihrer Unternehmenskultur. In diesem speziellen Fall bin ich noch nicht überzeugt, ob es so der richtige Weg ist. Sie beschreiben Ihre Mitarbeiterin als kritikempfindlich, nicht aufnahmefähig und außergewöhnlich selbstbewusst. Zudem rechnet sie anscheinend gar nicht mit Ihrer Absage für eine weitere Zusammenarbeit. Glauben Sie, dass bei diesen Voraussetzungen Ihre Erklärungen auf fruchtbaren Boden fallen werden?

F: Hm, vermutlich nicht. Nein, sogar ganz sicher nicht. Ich würde erst gar nicht dazu kommen, etwas zu erklären, weil sie bereits nach den ersten Sätzen unterbricht und abblocken wird.

C: Das wäre denkbar. Fällt Ihnen ein anderer Weg ein?

F: Na ja. Ich gebe ihr keine Erklärungen, *(zögert)*, aber einfach so kündigen, ich weiß nicht.

C: Vielleicht gibt es noch einen anderen Weg. Ich glaube nicht, dass Sie sich dem Entscheidungszwang aussetzen müssen, ob Sie ihr nun eine Erklärung dazu vorher, nachher oder überhaupt liefern müssen. Fragen Sie doch einfach Ihre Mitarbeiterin, ob sie eine Begründung haben möchte oder nicht.

F: Das ist mir jetzt nicht ganz klar, wie Sie das meinen – und wie das konkret in der Situation laufen soll.

C: Angenommen, Sie haben ihr bereits gesagt, dass Sie sich von ihr trennen. Dann können Sie zum Beispiel so fortfahren:

> Frau XY, ich merke, dass Sie die Entscheidung enttäuscht. Ich nehme mir gerne Zeit, Ihnen die Gründe, die dazu führten, zu nennen. Und das tue ich nur, wenn Sie das möchten, ansonsten würde ich es so lassen.

F: Das gefällt mir gut. So kann sie für sich selbst entscheiden, ob sie es hören möchte oder nicht. Und ich würge ihr nichts rein, was sie vielleicht gar nicht will und was dann womöglich noch zur Folge hätte, dass wir ewig diskutieren, was keinem etwas bringt.

C: Gut. Ich möchte gerne noch einmal auf die eigentliche Aussage, nämlich die Trennung, kommen. Und zwar im Hinblick darauf, dass es bei unserer Arbeit ja auch darum geht, einen anderen Zugang zu Situationen zu bekommen, die bisher eher unbehaglich für Sie waren. Versuchen Sie mal hier, die Trennung so auszusprechen, wie Sie es tatsächlich auch tun würden.

F unternimmt einige Anläufe, bei denen sie sich immer wieder in Erklärungen und Verniedlichungen verliert. Sie benutzt sehr häufig Wörter wie eigentlich, ein bisschen, nicht so richtig etc., wodurch ihre Rede unsicher und schwammig wirkt.

C: Unabhängig von Ihren Worten, wie fühlen Sie sich dabei?

F: Nicht gut. Das ist mir schon sehr unangenehm und lästig.

C: Genau, das ist spürbar. Haben Sie ein Idee, wie Ihr Unbehagen mit den Erklärungen, die Sie liefern, zusammenhängen kann?

F: Weiß ich nicht ... doch, klar: Wer sich rechtfertigt, klagt sich an!

C: Genau. In diese Richtung geht es. Je schwammiger Sie auftreten, desto unsicherer wirken Sie. Es gibt eine seelische Gesetzmäßigkeit. Wenn Menschen etwas Wesentliches wegdrücken, also ausblenden wollen, dann geht Kraft verloren und Unbehagen kommt auf. Ihre Erklärungen verwässern die eigentliche, wesentliche Botschaft. Schauen Sie auf das Wesentliche, verliert das, was so tragisch wird, in diesem Fall die Trennung, das Unangenehme für Sie.

Ich mache jetzt mal einen Test mit Ihnen: Sehen Sie zu diesem Stuhl hinüber und stellen Sie sich vor, dass Frau XY, von der Sie sich trennen möchten, dort sitzt. Gelingt Ihnen das?

F nickt.

Lösungen

Die Kündigung aussprechen

C: Sagen Sie ihr: Frau XY, ich bin Ihnen noch die Antwort auf die Frage schuldig, ob Ihr Arbeitsvertrag in eine Festanstellung mündet oder nicht. Diese Antwort möchte ich Ihnen nun geben. Ich werde den Vertrag nicht verlängern. Unsere Zusammenarbeit endet zum nächstmöglichen Zeitpunkt.

F spricht die Sätze langsam und deutlich zur imaginären Mitarbeiterin. Danach ist F sehr nachdenklich und schweigt eine kurze Zeit.

F: *(Wirkt sehr ruhig und klar.)* Ja, das ist gut. Das ist genau der Punkt. Nicht mehr und nicht weniger. Alles andere ist einfach überflüssig.

C: Merken Sie, wieso Unbehagen entsteht?

F: Ja, ganz deutlich. Mit jeder Erklärung, die ich vorhin brachte, fühlte ich mich zunehmend unbehaglicher. Nett gemeint, aber es ist überflüssig. Der Kern ist die Trennung.

C: Das ist meines Erachtens auch oft das Missverständnis des Managements, wenn es heißt: „Führe partnerschaftlich und dialogorientiert".

Grundsätzlich teile ich das, aber häufig geht dadurch Format und Größe verloren.

Mit Respekt jemandem in die Augen zu schauen und ihn zu verabschieden im Sinne von „Danke für die Zusammenarbeit und jetzt trenne ich mich von Dir" – das hat Format und ist partnerschaftlich. Natürlich hintergründig – nicht vordergründig. Verstehen Sie, was ich meine?

F: Ich glaube, ich fühle es, aber ich kann es nicht klar benennen.

C: Wenn Sie sofort alle Gründe, die zum Scheitern der Zusammenarbeit führten, aufzählen, dann laufen Sie Gefahr, dass Sie vom Kern, vom Wesentlichen weg kommen.

F: Ja, das leuchtet mir ein.

C: Was macht Ihr Unbehagen?

F: Es löst sich auf. Ich habe ein ganz klares, stimmiges Gefühl in mir.

C: Gut. Wie geht es nun weiter in dieser Situation?

F: Na ja, ich habe keine Ahnung, wie sie reagieren wird und wie ich dann damit umgehen soll.

C: Was wäre denn das Richtige?

F: *(Denkt nach.)* Ich denke, erst einmal schweigen. Abwarten – egal, welche Reaktion kommt.

C: Wie fühlen Sie sich bei diesem Gedanken?

F: Erstaunlich gut. Es ist ein Verhalten, das eindeutig ist und nicht in Erklärungen endet.

C: Genau. Nichts mehr sagen, sondern gesammelt und ruhig abwarten.

Über die Reaktionen von ihr können wir natürlich nur spekulieren: Ärger, Rechtfertigung, Wut, Empörung, Resignation oder Schweigen, es ist alles denkbar. Eine Diskussion macht an dieser Stelle keinen Sinn. Ihre Mitarbeiterin möchte wahrscheinlich Erklärungen.

F: Ich werde Sie ja danach fragen, ob Sie die Gründe wissen möchte.

C: Und dann?

F: Dann erkläre ich sie ihr.

C: Direkt im Anschluss?

F: *(Zögert.)* Ja, ich denke schon.

C: Das ist eine Möglichkeit. Eine andere Möglichkeit wäre, dass Sie sich nach ein paar Tagen noch einmal eine halbe Stunde Zeit dafür nehmen. Das hat den Vorteil, dass der erste Schock bereits verarbeitet ist. Erst dann ist sie auch wieder aufnahmefähig für das, was Sie sagen. Außerdem hat sie sich in der Zwischenzeit bestimmt schon Gedanken darüber gemacht, was wohl zur Trennung führte.

F: Ja, das denke ich auch. Da sie ja gar nicht mit der Trennung rechnet, wird es in der Tat zunächst ein Schock für sie sein. Und dann kann ich hinterher noch so viel reden und erklären, wovon sie ja eigentlich für den nächsten Job nur profitieren könnte, das würde sie nicht erreichen.

C: Okay. Können wir es so lassen?

F: Nicht ganz, jetzt habe ich doch noch eine Frage. Ich kann mir gut vorstellen, dass sie nach meiner Mitteilung bezüglich der Auflösung sofort eine langatmige Diskussion anzetteln will. Wie gehe ich denn damit am besten um?

C: Ich halte es für legitim, wenn Sie diese Vermutung über ihr mögliches

Verhalten gleich zu Beginn offenbaren. Also sinngemäß: Ich bin recht sicher, dass Sie viele gute Erklärungen haben werden, weshalb Sie mit meiner Entscheidung nicht einverstanden sind. Die möchte ich nicht hören, da meine Entscheidung feststeht.

F: Finde ich gut. Ich denke, so werde ich es machen.
Ich gehe mal davon aus, dass sie ein Folgegespräch haben möchte. Haben Sie dazu noch eine Empfehlung für mich?

C: Worin sehen Sie denn mögliche Probleme?

F: Na ja, sie ist nicht sehr kritikfähig, sondern neigt dazu, sich schnell in Rechtfertigungen und Richtigstellungen zu flüchten und hört überhaupt nicht richtig zu. Und ich möchte ihr ja gerade deshalb sagen, was die Zusammenarbeit mit ihr so schwierig bzw. unmöglich macht, damit sie es vielleicht in ihrem nächsten Job besser machen kann.

C: Ich glaube, auch hier können Sie die gleiche Logik anwenden. Das heißt, Sie beugen bereits zu Beginn Ihres Gesprächs diesen Unstimmigkeiten vor.

F und C überlegen einige Minuten und kommen dann zu folgender Idee für das nachfolgende Gespräch.

Die Entscheidung begründen

Wie ich es Ihnen versprochen habe, möchte ich Ihnen die Gründe liefern, die dazu führten, dass ich nicht mehr mit Ihnen zusammenarbeiten möchte. Zum Stil des Gesprächs möchte ich noch etwas vorweg sagen. Vermutlich haben wir verschiedene Meinungen über die Dinge und deshalb möchte ich, dass Sie zunächst einfach nur zuhören. Sonst laufen wir Gefahr, dass das Gespräch durch viele Erklärungen zerstückelt wird, was uns beiden nichts bringt.

Weshalb führe ich überhaupt dieses Gespräch mit Ihnen? Für

mich stellt das schlichtweg einen Akt der Fairness dar. Das heißt deswegen nicht, dass meine Einschätzungen über Sie objektiv richtig sind. Es hätte allerdings wenig Sinn, wenn Sie aus einer zensierenden Haltung heraus zuhörten und diskutieren wollten, ob meine Gründe richtig oder falsch sind. Die Dinge sehe ich so, wie ich sie sehe, und darüber möchte ich nicht mehr diskutieren.

Meine Empfehlung für Sie ist, eher zuzuhören und zu überlegen, ob Sie daraus doch etwas mitnehmen könnten.

Ich würde diese Situation gerne mit einer Bewerbungssituation vergleichen. Viele Firmen sagen einem einfach formlos ab, ohne Angabe von Gründen. Somit weiß man beim nächsten Versuch nicht, was man besser machen könnte, wo also die Chance für den Erfolg liegen kann. Und genau das ist meine Motivation, Ihnen meine Gründe zu erklären. Selbst wenn Sie nur 5 Prozent meiner Kritikpunkte teilen würden, könnten Sie Ihren nächsten Job schon um diese 5 Prozent besser machen. Und ich hoffe, dass es Ihnen relativ egal ist, mir zu erklären, warum ich unrecht habe. Im Anschluss daran werde ich mir gerne Ihre Kritik anhören und diese auch aufmerksam entgegennehmen. Das heißt, ich werde keine Stellung dazu nehmen.

F: Ich glaube, dieses Vorgehen zeigt wirklich Format. Und es nimmt mir die Sorge, ob Sie mich wohl ausreden lässt oder meine Gründe versteht oder nicht. Darum geht es dann gar nicht mehr. Und das ist gut so.

C: Gut. Zum Abschluss – wie gehabt – lasse ich Sie noch einmal 15 Minuten alleine, damit Sie für sich überlegen können, was Sie aus diesem Fall für andere Situationen mitnehmen können. Okay?

Es stehen 15 Minuten Einzelarbeitszeit für F zur Verfügung.

C: Noch eine Empfehlung zum Schluss: Hören Sie sich noch einmal besonders den Tonbandausschnitt an, in dem Sie Ihre Mitarbeiterin beschreiben. Überlegen Sie dann, was davon Ihres Erachtens professionelle Beschreibungen sind und was nicht.

Ich habe dazu einige Gedanken, mit denen wir beim nächsten Coaching anfangen können.

F: Alles klar.

Ver-Dicht-ung

- Trennungen und Kündigen sind häufig von Schmerz, Wut, Fassungslosigkeit und Tragik begleitet. Gleichzeitig sind sie ein Teil der Spielregeln in der Arbeitswelt. Es gibt viele Führungskräfte, die ein hohes Maß an Feingefühl für Kündigungssituationen mitbringen und die sich nicht leichten Herzens von Mitarbeitern trennen.

- Genauso wie in anderen beruflichen Situationen gibt es auch bei Kündigungen professionelles und unprofessionelles Auftreten. Professionell bedeutet dabei jedoch nicht, gefühllos zu sein. In diesem Fall könnte Nichtprofessionalität das Mitgefühl überschatten und die Angelegenheit für beide Seiten zu einer unbefriedigenden Situation werden lassen.

- Viele Führungskräfte handeln aus einem Verständnis heraus, dem anderen nicht weh tun zu wollen, was bei einer Kündigung auch nahe liegt. Die negative Folgeerscheinung ist: Herumdrucksen und Drumherumreden.
  Offenbar bedarf es einiger Übung, einmal festgelegten Tatsachen auch ins Auge zu schauen und sich konsequent auszudrücken.

- Gelingt es, sich auf den Kern, nämlich die Kündigung selbst zu beschränken, verschwindet das Unbehagen. Es wird Platz frei für echtes Mitgefühl und lässt dem Mitarbeiter Raum für seine Gefühle und Gedanken.

- Wenn die Kündigung den Mitarbeiter wie aus heiterem Himmel trifft und ihn schockiert, dann ist jedes weitere Bemühen, zu helfen, zu erklären, zu entlasten und zu begründen vergeblich und fügt der eigentlichen Tragik sogar noch etwas Krampfhaftes hinzu. Ratschläge, wie z. B. „Mit Ihren Kompetenzen finden Sie schon was Neues", mögen Wochen später aufbauend sein, an dieser Stelle wirken Sie eher abwertend.

- Menschliche Größe hingegen ist, wenn man es schafft, schweigend dazusitzen und trotzdem anwesend zu sein. Mehr braucht es in dieser Situation auch nicht.
- Natürlich können gut gemachte Erklärungen dem Mitarbeiter für seinen weiteren beruflichen Weg nützlich sein. Finden Sie aber zunächst heraus, ob Ihr Mitarbeiter von Ihnen überhaupt noch Erklärungen hören möchte.
- Es kann für Sie persönlich sehr wertvoll sein, sich von Ihren Mitarbeitern abschließend beurteilen zu lassen. Verständlicherweise hat man darauf meist keine Lust mehr. Gleichzeitig sind es jedoch vertane Chancen, etwas Kritisches zu hören, was man von den eigenen Mitarbeitern in dieser Form sonst häufig nicht zu hören bekommt. Ihr Risiko: womöglich lädt Ihr Mitarbeiter all seine geballte Kritik und seinen Unmut bei Ihnen ab. Dann hat es Größe, wenn Sie nur zuhören. Unabhängig davon, ob er Recht hat oder nicht. Wem würden an dieser Stelle Erklärungen über Recht oder Unrecht etwas nützen?

Ver-Wert-ung

- Wie sind meine Erfahrungen mit Trennungen und Kündigungen?

- Wie habe ich meinen Mitarbeitern die Kündigung ausgesprochen?

- Welche innere Haltung hatte ich dabei?

- Kenne ich das Gefühl, helfen zu wollen, obwohl der Zeitpunkt nicht passt?

- Was möchte ich künftig anders machen?

- Welche Erfahrungen habe ich damit, *unspektakulär anwesend* zu sein?

- Was möchte ich aus dem Fall noch mitnehmen?

„Auch wenn man im Recht ist, kann man Unrecht tun."

Dr. Bernd Schmid

4 Alkohol am Arbeitsplatz

„Gibt es auch Gefahren in der Freund- und Helferrolle?"

Führungskraft

Leitfragen

- Wie gehe ich mit heiklen und tabuisierten Themen wie Alkohol am Arbeitsplatz um?
- Was bedeutet rollenklares Auftreten?
- Wie trete ich konkret auf, wenn ich Alkoholismus bei einem Mitarbeiter feststelle oder vermute?

Einbettung

Führungskraft (F) ist ratlos im Umgang mit einem Mitarbeiter, der offenbar Alkoholiker ist. Die Kollegen sprechen untereinander darüber, mit dem Betroffenen selbst wurde noch kein Gespräch geführt. Die Führungskraft weiß nicht, ob und falls ja, was sie unternehmen kann.

Der Fall

C: Bevor wir mit dem Fall beginnen, möchte ich eine Vorbemerkung machen: Ich bin kein Fachmann für Suchterkrankungen. Deshalb kann ich Ihnen auch keine Ratschläge für ein gutes therapeutisches Vorgehen in dieser Sache geben. Allerdings kann ich hier mit Ihnen gemeinsam überlegen, wie Sie in Ihrer Rolle als Führungskraft bei dieser heiklen Thematik vorgehen können. Das ist ein großer Unterschied in der Herangehensweise. Wäre das okay für Sie?

F: Einverstanden.

F berichtet von Beispielen, die für ihn Anhaltspunkte für das Alkoholproblem des Mitarbeiters darstellen.

F: Ich habe ihn kürzlich öfter aus Termingründen am Wochenende anrufen müssen, da war er schlichtweg blau. Ich habe ihn daraufhin sinngemäß so angesprochen: „Sie wirken ein bisschen merkwürdig am Telefon." Worauf eine Reaktion kam wie: „Ach, ich war gerade in der Sauna und habe noch etwas Kreislaufprobleme." Er hat auch öfter eine Fahne am Arbeitsplatz.
Das Problem ist nun, dass im Prinzip alle Bescheid wissen, was man über ihn sagt, nur er selbst ahnt noch nichts. Überall wird nun herumgetuschelt.

C: Also er weiß überhaupt nicht, welche Vermutungen seine Kollegen über ihn haben?

F: Genau. Ich habe schon überlegt, ob ich nicht einfach mal mit ihm sprechen soll, so von Mann zu Mann, verstehen Sie? Ich weiß auch, dass er private Probleme hat, Schwierigkeiten mit seiner Frau und ein Kind mit Schulschwierigkeiten. Vielleicht ist es gut, ihn da einfach auch menschlich ein bisschen zu unterstützen. Wir verstehen uns ja gut und er liegt mir sehr am Herzen. An sich ist er wirklich ein guter Mitarbeiter. Ich dachte daran, mit ihm einmal essen zu gehen, und vielleicht gelingt es mir dabei, das Thema anzusprechen?

C: Nun, die Beispiele, die Sie mir aufzählen, scheinen eine deutliche Sprache zu sprechen. Natürlich besteht immer noch die Möglichkeit einer Fehleinschätzung, das wissen Sie selbst. Aber nach dem, was Sie berichtet haben, scheint Ihr Verdacht berechtigt.

Zunächst möchte ich Ihnen ein Kompliment aussprechen: Es ehrt Sie, wie sehr Sie sich um Ihren Mitarbeiter bemühen. Ich nehme ein aufrichtiges Ringen mit der Situation bei Ihnen wahr. Das finde ich nicht selbstverständlich.

Gleichzeitig bin ich in Sorge, ob Sie nicht in unzulässiger Form Rollen vermischen. Ahnen Sie, was ich damit meine?

F schaut nachdenklich und fragend.

F: Offen gestanden, nein.

C: Meine Befürchtung ist, dass Sie sich ausschließlich an der möglichen Alkoholkrankheit Ihres Mitarbeiters orientieren und auf dieser Ebene eine Lösung suchen. Wenn Ihnen das gelingt, Kompliment. Ich sehe dabei jedoch die große Gefahr des Psychologisierens. Ich glaube, die Therapie liegt nicht in Ihrem Kompetenzbereich, es ist nicht Ihre Aufgabe, sich mit der Krankheit Ihres Mitarbeiters zu beschäftigen. Und Alkoholismus ist eine Krankheit. Das heißt jedoch nicht, dass Ihnen die Erkrankung egal sein soll.

F: Ich glaube, Sie haben Recht. Irgendwie habe ich das wohl schon selber geahnt, denn ich fühle mich überhaupt nicht wohl dabei.

C: Wir sollten hier weniger Ihre Gefühle beleuchten, die Sie wie gesagt ehren, sondern mehr die berufliche Beziehung in Betracht ziehen. Sie haben ja die Rolle als Führungskraft in Ihrem Unternehmen und als Vorgesetzter dieses Mitarbeiters inne. Und auf dieser Ebene ist die Frage zu stellen: Was sähe ein idealer, also professioneller Umgang mit Ihrem Mitarbeiter in dieser Situation vor? Merken Sie, worauf ich hinaus will?

F denkt nach.

F: Nicht so richtig.

C: Ich möchte Ihnen eine entscheidende Verständnisfrage stellen: Ist die Qualität der Leistung, die der Mitarbeiter zu bringen hat, in irgendeiner Form relevant beeinträchtigt bzw. besteht die Gefahr einer zukünftigen Beeinträchtigung?

F ist noch immer nachdenklich.

C: Für den Fall, dass seine Arbeitsqualität in keiner oder nicht relevanter Form beeinträchtigt ist, wenn seine Kollegen gut, das heißt professionell, mit ihm zusammenarbeiten, dann besteht aus meiner Sicht kein Handlungsbedarf für Sie.
Anders sieht es natürlich aus, wenn er selbst beispielsweise die Ursache einer höheren Fluktuationsrate der Mitarbeiter in dieser Abteilung sein sollte. Dann wird die Sache für Sie als Führungskraft steuerungsrelevant. Das bedeutet, dieser Zusammenhang beeinflusst Sie in Ihrem Führungsverhalten.

F: Na ja, ich möchte ihn auf keinen Fall als Mitarbeiter verlieren. Mit dem, was er mir und dem Unternehmen bringt, auch auf menschlicher Ebene, ist er sehr wertvoll für uns. Aber wenn ich ehrlich bin, stimmt es schon: Seine Qualität lässt nach. Er macht mehr Fehler als gewohnt, auch wenn das noch im Bereich des Vertretbaren ist. Und in der letzten Zeit ist er sehr launisch, das wirkt sich schon negativ auf die anderen und deren Stimmung aus. Wobei er das auch merkt und eine gute Art hat, sich für seine Fehler zu entschuldigen. Aber in letzter Zeit häufen sie sich und irgendwann nehmen meine Mitarbeiter ihn deshalb auch nicht mehr ernst. Ich befürchte, wir sind auf dem besten Weg dahin.

C: Wenn er launisch und unberechenbar ist, dann macht er Fehler, sodass die Energie und Motivation seiner Mitarbeiter sinkt und in der Folge auch die Arbeitsproduktivität und Effektivität. Das mag vielleicht jeden Tag nur in einem Bereich von fünf bis zehn Prozent der Fälle liegen, aber rechnen Sie das mal bei zehn Mitarbeitern hoch auf eine Woche, dann auf einen Monat, auf ein Jahr, dann wird sein Fehlverhalten schon zu einem relevanten Faktor, auch wirtschaftlich gesehen.

F: Ja, so habe ich diesen Kreislauf zwar noch nicht gesehen, aber ich kann das nachvollziehen. Seinetwegen sind inzwischen alle ein bisschen genervt und auf diese Weise arbeiten sie bestimmt nicht besser.

C: Genau, das ist rein ökonomisch messbar: Wer ein bisschen genervt ist, arbeitet ein bisschen schlechter. Wer schlechter arbeitet, hat weniger Ideen und weniger Ideen heißt weniger Umsatz. Natürlich ist dies sehr vereinfacht und bewusst ein wenig überzogen ausgedrückt, aber die Tendenz stimmt. Ich denke, dass uns diese Zusammenhänge bewusst sein müssen, wenn wir von Betriebsklima, Zwischenmenschlichkeit und Sozialkompetenz reden. Mitarbeiter einer Abteilung müssen zunächst einmal nur gut zusammen arbeiten können. Wenn sie sich dann darüber hinaus noch menschlich und privat sehr gut verstehen, dann ist das ein Zusatzgeschenk.
Es sollte also nicht so sein, dass man sich zuerst über Sympathie steuert und erst danach schaut, wie man professionell und ökonomisch zusammenarbeiten könnte.

F: Ja, das macht für mich doch sehr deutlich, wo die Prioritäten liegen müssen und worauf es in unserem Unternehmen ankommt. Schließlich sind wir ja keine große Familie und legen trotzdem Wert auf gute Zusammenarbeit und Verständnis füreinander.

C: Genau diese Ausgewogenheit ist wichtig. Es geht nicht um ein Entweder-Oder, sondern um ein Sowohl-als-Auch. Und nun sind Sie in Ihrer Rolle als Führungskraft gefordert und zwar in dem Sinne, dass Sie dafür zuständig sind, in Ihrem Verantwortungsbereich die Leistungsfähigkeit aufrechtzuerhalten. Wenn Sie die Gefahr einer – auch zukünftigen – Beeinträchtigung der Arbeitsleistung dieser Abteilung sehen, dann ist es Ihre Aufgabe, etwas zu unternehmen – im Gegensatz zum Unterlassen.

F: Ich glaube, so langsam verstehe ich das. Aber mir ist noch nicht richtig klar, wie ich es am besten angehe.

C: Sollen wir es mal ganz konkret an diesem praktischen Beispiel mit einem Rollenspiel versuchen? Sie übernehmen den Part dieses Mitarbeiters, der voraussichtlich die Vermutungen über sich verneint. Versuchen Sie sich nun, in diesen Mitarbeiter hineinzuversetzen und alles aufzugreifen, was in meinen Gedanken nicht passt oder auf Widerstand stoßen kann. Ich schlüpfe dafür in Ihre Rolle. Meine Steuerung als Führungskraft für das Gespräch ist folgende: Ich bin Führungskraft und trage dafür Sorge, dass auch in Zukunft mein Verantwortungsbereich gut läuft. Deshalb gehört es zu meinen Aufgaben, dass ich Störungen in der Zusammenarbeit erkenne und sie mit meinen Mitarbeitern bespreche.

Merken Sie den Unterschied in der inneren Haltung zu der Ihren und damit der Steuerung meines Verhalten?

F: Ja, ich glaube schon. Ich habe vorher die verschiedenen Rollen vermischt. Ich sah mich ein bisschen als anteilnehmende Privatperson, ein bisschen als Alkoholtherapeut und ein bisschen als Führungskraft. Jetzt ist es klar und eindeutig für mich, aus welcher Rolle heraus ich spreche und agiere.

Lösungen

F zieht sich nun eine Weile zurück und überlegt sich eine professionelle, rollengemäße Vorgehensweise.

F: Wie ich eingangs und auch bei der Terminvereinbarung schon angekündigt habe, gibt es eine Sache, die mir besonders am Herzen liegt und die mich – offen gestanden – auch bedrückt. Ich möchte Ihnen dazu vorweg sagen, dass ich in meiner Rolle als Ihr Abteilungsleiter mit Ihnen spreche und nicht als Privatperson oder Kollege.

Als Abteilungsleiter habe ich verschiedene Pflichten und Verantwortlichkeiten. Eine Verantwortlichkeit ist, dafür Sorge zu tragen, dass die Leistungsfähigkeit meiner Abteilung auch in den nächsten Monaten und darüber hinaus gewahrt bleibt.

Diese Leistungsfähigkeit besteht nun aus verschiedenen Komponenten. Eine Komponente sind die Mitarbeiter und Sie wiederum sind ein Teil der Mitarbeiter. Wenn ich nun bei einem meiner Mitarbeiter den Eindruck habe, dass die Leistungsfähigkeit momentan noch vorhanden ist, aber in Zukunft vermutlich beeinträchtigt sein wird, dann halte ich es für meine Pflicht, diesem Mitarbeiter meine Befürchtung mitzuteilen und mit ihm zu besprechen. Können Sie mir so weit folgen?"

Das ist aber nur ein Aspekt. Der andere liegt in der Rückmeldung selbst. Wenn ich Ihnen als Führungskraft ein Feedback gebe, können Sie von mir erwarten, dass ich mich ganz konkret und für Sie nachvollziehbar anhand von Beispielen zu den guten und schlechten Aspekten unserer Zusammenarbeit äußere.

Genauso erlaube ich mir als Führungskraft hin und wieder auch, meine persönlichen Wahrnehmungen und meine Intuition zu nutzen. Also nicht ausschließlich anhand von Belegen und Beweisen Rückmeldung zu geben. Es liegt in der Logik der Sache, dass ich hier eher daneben liegen kann, als bei konkret erlebten Verhaltensweisen. Dieses Risiko gehe ich ein. Ich halte es dennoch für ehrlich und fair, Ihnen auch meine nicht beweisbaren Gefühle und Eindrücke mitzuteilen. *(Kurze Pause.)*

Was hat das nun mit Ihnen zu tun? – Meine Befürchtung bezogen auf Sie ist, dass Ihre Leistungsfähigkeit in den nächsten Monaten sinken wird oder zumindest gefährdet ist."

C: Wie meinen Sie das?

F: Mein Eindruck ist, dass Sie Alkoholiker sind.

Es folgt eine Spekulation über weitere mögliche Reaktionen des Mitarbeiters und einen guten Umgang als Führungskraft damit.

Variante A: Mitarbeiter streitet Suchterkrankung ab

F: Was mache ich denn jetzt, wenn er das einfach abstreitet oder völlig überrascht reagiert?

C: Was fällt Ihnen ein?

F: Ich denke, ich werde ihm einige Belege und Beispiele nennen, woran ich das festmache. Ich werde ihm erklären, wie ich zu meinem Eindruck komme.

C: Eine denkbare Möglichkeit. Ich bin allerdings nicht sicher, ob Sie auf dem Weg zu einer wirklich fruchtbaren Diskussion kommen – obwohl Sie natürlich inhaltlich richtig liegen.

F: Ja, vermutlich werden wir uns dann in Details verlieren und darüber streiten, wer nun recht hat.

C: Genau, und das wird der Sache nicht dienlich sein.
Fällt Ihnen noch was anderes ein?

F überlegt und schüttelt den Kopf.

C: Vielleicht ist an dieser Stelle genau das richtig, was auch im Moment hier passiert. Sie sind gerade nachdenklich und betroffen. Ich denke, das ist gut und auch der Situation angemessen. Vielleicht gelingt es Ihnen, auch mit Ihrem Mitarbeiter an dieser Stelle einfach unspektakulär anwesend zu sein. Also keine Beweis- und Belegdiskussion zu führen, sondern zunächst nur das auszuhalten, was gerade ist – egal welche Reaktionen da kommen, sei es Empörung, Zorn, Verneinung oder Tränen. Seien Sie einfach bewusst anwesend. Dazu gehört Größe und Mut.

Und dann, nach einer Weile, werden Sie das stimmige Gefühl entwickeln, dass nun der rechte Zeitpunkt da ist, wieder in den Dialog zu gehen.

Variante B: Mitarbeiter bestätigt die Vermutung

C: Wenn ein schlichtes, vielleicht sogar für Sie überraschendes „Ja-so-ist-es" die Antwort war, dann können Sie als Führungskraft in einer fürsorglichen Haltung mit ihm gemeinsam überlegen, welche Schritte hilfreich wären. Das heißt nicht, mit ihm in eine Spekulation über mögliche Ursachen zu gehen. Dazu sind Sie meines Erachtens nicht befähigt und auch nicht berechtigt. Wenn er selbst über private, familiäre oder sonstige Probleme sprechen möchte, würde ich ihn darauf hinweisen, dass er das gerne tun kann, wenn es ihm ein Bedürfnis ist, aber dass er es nicht tun muss, um Ihre Unterstützung zu erhalten.
Fragen Sie ihn, was er sich selbst vorstellen kann, was er vielleicht auch schon versucht hat. Ich denke, es ist auch zulässig, dass Sie ihm den Vorschlag einer professionellen, also therapeutischen Unterstützung machen. Gibt es bei Ihnen einen Betriebsarzt oder Psychologen?

F schüttelt verneinend den Kopf.

C: Je nachdem wie er darauf reagiert, können Sie ganz pragmatisch überlegen, über welche Kontakte Sie beide in dieser Hinsicht verfügen. Es gibt eine Menge an regionalen Sozialeinrichtungen, die sehr gute Arbeit leisten. Ich denke, diese Überlegungen gehören gar nicht mehr zu Ihren Aufgaben, aber das sind sicherlich auch Beiträge zu einer respektvollen und gleichzeitig fürsorglichen Führungskultur.

F nickt, wirkt sehr konzentriert und in einen inneren Dialog vertieft.

F: Ja, das klingt gut. Ich meine sehr professionell. Und ich glaube, in diesem Stil gelingt es mir selbst auch, gut damit umzugehen.
C: Ich habe ein gutes Gefühl. Vielleicht ist es sinnvoll, sich besonders diesen Ausschnitt des Tonbands beim Autofahren noch ein- oder zweimal

anzuhören. Und zwar nicht mit dem Ziel, sich die Rhetorik anzueignen, sondern eher, um sich für diese schwierige berufliche Situation respektvoll und professionell vorzubereiten. Und um das Gefühl einer absichtslosen, wertschätzenden Haltung zu verinnerlichen. Denn letztlich machen Sie Ihrem Mitarbeiter damit ein Angebot, auf das er eingehen kann, aber nicht muss. Damit bleibt die Verantwortung für sein Handeln bei ihm und das halte ich für eine sehr wichtige Voraussetzung, wenn er seine Sucht wirklich bekämpfen möchte.

F nickt.

Variante C: Mitarbeiter ist empört

F: Was mache ich denn, wenn er Empörung, Verneinung oder Aggression zeigt?

C: Gerade Verneinen, Verschweigen und das Unter-den-Teppich Kehren, scheinen besondere Merkmale von Alkoholismus zu sein. In diesem Fall – und das wird nicht leicht sein – lassen Sie keinen Dialog darüber zu.

C und F entwickeln folgenden Weg

Ich merke, dass Sie meine Einschätzung trifft. Das kommt für mich auch nicht überraschend. Den Dialog darüber möchte ich aber jetzt nicht führen, weil eine Diskussion über Symptome, Belege und Beweise Ihnen und mir jetzt nicht hilft. Ich bin sicher, dass Sie gute Gründe haben, mir zu belegen, dass mein Eindruck falsch ist, und wenn ich mich irre, ist es mir umso lieber. Dann werde ich das in den nächsten Wochen und Monaten ja merken. Wie gesagt, meine Aufgabe sehe ich darin, Ihnen eine Rückmeldung zu geben. Falls ich die Gefahr sehe, dass Ihre Leistungsfähigkeit in den nächsten Monaten merklich nachlässt, muss ich das tun und das habe ich hiermit auch getan. Ich habe Ihnen, mit Ihrer Erlaubnis, meinen persönlichen

Eindruck geschildert und stelle damit keine falsche Behauptung auf. Okay?

Mein Vorschlag für unser weiteres Vorgehen ist, dass wir das Gespräch an dieser Stelle beenden, Sie schlafen ein paar Nächte darüber und dann machen wir einen Termin für ein nächstes Gespräch. Und darum gibt es aus meiner Sicht zwei Möglichkeiten: Entweder ich habe mich in meiner Einschätzung geirrt und Sie erbringen die Leistungsqualität wie bisher. In diesem Fall tut mir meine Vermutung Leid und ich werde mich bemühen, jetzt nicht besonders kritisch oder streng auf Sie zu schauen. Oder aber die andere Möglichkeit trifft zu, dass meine Einschätzungen stimmen. Dann steht mein Angebot, mit Ihnen gemeinsam zu überlegen, was kluge Schritte wären, aus diesem Problem herauszukommen. In diesem Fall erwarte ich dann Verbindlichkeit über getroffene Vereinbarungen und mögliche Maßnahmen, die Sie beginnen. Aufgrund Ihrer bislang außerordentlich guten Leistungen werde ich auch geduldig sein und keine unmöglichen Fristen setzen, das verspreche ich Ihnen.

C: *(An F gerichtet.)* Passt es so oder so ähnlich für Sie?

F: *(Nachdenklich und zuversichtlich.)* Ja, das ist ein guter Weg, auch wenn er sehr schwer wird. Ich denke, dass ich mich viel zu sehr in eine Helferrolle begeben habe, was Sie Psychologisieren genannt haben. Und das kann nicht gut gehen, das ist jetzt sehr klar geworden. Ich bin nun einmal seine Führungskraft und er mein Mitarbeiter. Gerade weil wir uns privat so gut verstehen, hatte ich keine Klarheit mehr zwischen Führungs- und Privatrolle.

C: Ja, das freut mich. Denn gerade in diesem Punkt erlebe ich Führungskräfte häufig als nicht sehr steuerungsklar. Auch in diesem Fall haben Sie gemerkt, dass menschlich zu sein, also in Ihrem Beispiel aus der Privatrolle zu agieren, sogar bedeuten kann, nicht professionell zu sein und damit auch letztlich nichts Gutes für den Betreffenden zu bewirken. Und das ist häufig fatal und frustrierend, da aus der besten Absicht heraus gehandelt wird.

Ver-Dicht-ung

• Zunehmende Komplexität und Dynamik sind nicht nur Modewörter. Sie zeigen sich auch in der steigenden Rollenvielfalt und den damit verbundenen Anforderungen.
Beispiel: Wenn Sie Unternehmer oder Manager sind, sind Sie gleichzeitig auch noch

beruflich	*privat*
Motivator	*Freund*
Führungskraft	*Ehemann, Vater*
Projektleiter, Verkäufer, Kollege	*Sohn, Vereinsmitglied*
Keyaccounter, interner Berater	*Verantwortlicher für Körper und Gesundheit*
Innovationsverantwortlicher	*Schwiegersohn,*
Moderator, interner Kunde,	*Onkel, Nachbar*
Stratege, Coach etc.	*etc.*

• Als wäre das noch nicht genug, kommt zu dieser Rollenvielfalt noch, dass Sie vielfach täglich zwischen diesen einzelnen Rollen hin- und herspringen müssen!
• Verfügen Sie in dieser Situation über ein professionelles Rollenverständnis, dann hilft Ihnen das, Ihre Haltung richtig anzupassen, Komplexität zu reduzieren und professionell aufzutreten.
• Je schneller Sie zu Beginn einer professionellen Begegnung Ihrem Partner Klarheit über Ihre Rolle verschaffen, desto effektiver wird seine Bereitschaft zu konstruktiver Beteiligung sein.
• Das häufig zu beobachtende Gegenteil ist Folgendes: Ihr Gegenüber tappt erst einmal eine Weile im Dunkeln und weiß nicht so recht, über welches Thema Sie sprechen und worauf Sie eigentlich hinauswollen.

- Was im vorliegenden Fall vermeintlich klar ist und nahe liegt, nämlich „Der Mensch hat Alkoholprobleme – also helfe ich ihm", ist nicht immer der richtige und professionelle Weg. Auch nicht unbedingt der hilfreichste – wenngleich emotional verständlich. Hüten Sie sich davor, in Ihrer Berufsrolle über Ursachen, wie z.B. die unglückliche Kindheit, zu spekulieren. Sie übersteigen damit Ihren Kompetenzbereich und Ihre Befugnisse als Führungskraft und lösen auch das Problem damit nicht. Beziehen Sie sich auf Ihr berufliches Verhältnis und sagen Sie ihm gegebenenfalls auf dieser Ebene Ihre Unterstützung zu.
- Wenn Sie mehrere Rollen gleichzeitig einnehmen, wird die Rollenklarheit um so wichtiger. Beispielsweise in Besprechungen. Klären Sie sauber die Rolle, aus der Sie sprechen: „Ich spreche nun als Geschäftsführer oder Moderator oder Projektleiter etc. . . ."
- Noch ein kleiner Exkurs in die Praxis: Ein immer wieder heiß diskutiertes Thema ist die Frage, ob man seine Mitarbeiter duzen oder siezen soll. Ich halte die Frage für überflüssig. Entscheidend ist auch hier eher ein situativ klares Rollenverständnis. Dann können Sie auch per Du führungsklar und konturiert auftreten. Beispiel: „Als deine Führungskraft sage ich dir, und als Privatmensch finde ich, . . ."
- „Der Mensch strahlt aus, was er denkt" Passt Ihre innere Haltung auch zu Ihrer Rolle? Entscheidend für eine saubere Führungsbeziehung zu Ihren Mitarbeitern sind nicht schöne Worte oder eine angelernte Rhetorik, sondern ein authentisches Handeln.
- Voraussetzung für beobachtbare Professionalität im Verhalten ist Ihre innere Haltung. Vergewissern Sie sich in einer ruhigen Minute, ob Ihnen auch klar ist, aus welcher Rolle Sie agieren. Ein Gespräch als Führungskraft mit einem Mitarbeiter wird erfolgreich für Sie verlaufen, wenn Sie sich bewusst sind über Ihre Vorgesetztenrolle. Selbst wenn Ihnen die eine oder andere Formulierung missglückt, ist das nicht weiter schlimm.
- Fühlen Sie sich tief im Innern als Kollege (oder Kumpel) und benutzen vermeintlich die richtigen Worte eines Vorgesetzten, finden Ihre Worte keine Wirkung. Vorsicht: Es geht hier nicht darum, dass Sie den großen Chef herauskehren und den Autoritären spielen, sondern schlichtweg darum, die Rolle auszuüben, für die Sie bezahlt werden.

Ver-Wert-ung

- In welchen Rollen bin ich tätig?

- Wie sehe ich selbst meine Rolle?

- Wie „rollenklar" bzw. rollengemäß trete ich im täglichen Verhalten auf (beruflich und privat)?

- An welche ähnlichen Situationen wie im akuten Fall erinnere ich mich?

- Was werde ich ab heute genau so bzw. anders machen?

„Ohne Intuition keine kompetente Professionalität.
Ohne Professionalität keine tragfähige Intuition."

Dr. Bernd Schmid

5 Nutzen Sie die Probezeit – Sie ist eine Chance für beide Seiten

„Wie stelle ich die Weichen für eine erfolgreiche langfristige Zusammenarbeit?"
Führungskraft mit Startschwierigkeiten

Leitfragen

- Wie kläre ich konsequent die Erwartungen mit neuen Mitarbeitern?
- Was kann ich tun, um herauszufinden, ob man tatsächlich zueinander passt?
- Wie gehe ich mit den ersten kritischen Situationen um?

Einbettung

Junge Führungskraft und Teammanager. Mittelständisches Unternehmen mit 1000 Mitarbeitern. Zwischen Geschäftsführer und Teammanager besteht Einigkeit über das Ziel des Coachings: Bis Ende des Jahres, d.h. in sieben Monaten, soll die Entwicklung vom besten Fachmann der Abteilung hin zur Führungskraft geschafft werden, die auch tatsächlich beobachtbar professionelle Führung wahrnimmt.

Ein besonderes Ziel: von einer kollegialen Grundhaltung wie „Ich bin einer von Euch" zu einem klaren Selbstverständnis in der Rolle der Führungskraft zu kommen. Beispiele für professionelle Führung, vor allem bei unangenehmen Themen, wurden vom Teammanager bisher als autoritär gedeutet und lösten entsprechend Unbehagen aus.

Der Fall

Aktuelle Situation: Im Verantwortungsbereich des Teammanagers wird demnächst ein neuer Mitarbeiter eingestellt. Im Verlaufe eines Coachings geht es um das Thema Probezeit.

C: Es ist der Beginn einer Zusammenarbeit. Halten Sie es für bedeutsam, daran zu arbeiten? Und zwar mit dem Ziel der professionellen Führung, das wir mit Ihrem Vorgesetzten vereinbart haben.

TM: Na ja, viel zu führen gibt es da noch nicht.

TM schweigt und denkt eine Weile nach.

TM: Auf der anderen Seite ist natürlich der Beginn einer Zusammenarbeit auch ein Stück Weichenstellung für die Zukunft.

C: Genau. Schildern Sie mir mal, wie Sie mit Ihrem Mitarbeiter nächste Woche starten werden.

TM klärt ausführlich seine Vorgehensweise mit dem neuen Mitarbeiter. Seine Schwerpunkte liegen dabei auf generellen Unternehmensbeschreibungen, Unternehmenszielen, Abteilungsspezifika und Abläufen.
C gibt ihm dazu positive Rückmeldungen. Heikle und unangenehme Themen der Zukunft werden jetzt noch ausgeblendet.

C: ... das hat mir gut gefallen.

Was meines Erachtens fehlt, sind Fragestellungen wie: Wie werden Sie mit möglichen Schwierigkeiten umgehen? Was heißt für Sie, dass Ihre Erwartungen erfüllt oder nicht erfüllt werden? Wie werden Sie generell mit Dingen, die heikel werden könnten, umgehen? Aus der Erfahrung wissen Sie ja, dass es immer wieder mal schwierige Situationen geben wird.

TM denkt nach.

TM: Meinen Sie, ich sollte da schon, quasi am ersten Arbeitstag, mit möglichen Schwierigkeiten und Unangenehmem kommen? Eigentlich möchte ich ihn ja motivieren. *(Pause.)* Realistischer wäre es natürlich, die Dinge anzusprechen, die vermutlich auch schief gehen können.

C: Ich mache Ihnen mal einen Vorschlag, wie es aus meiner Sicht im Ansatz lauten könnte. Sie testen dabei, ob das für Sie plausibel ist oder nicht. Okay?

TM nickt zustimmend.

C schafft eine Arbeitsgrundlage für weiteres Coaching.

Rollenspiel Führungskraft oder Teammanager neuer Mitarbeiter:

„Wir befinden uns hier in einem Dienstleistungsverhältnis. Mit unterschiedlichen Rollen. Rein rechtlich gesehen sind Sie in einer richtigen Probezeit. Ich auch, denn ich sehe das Ganze zweiseitig. Zum einen testen Sie uns und umgekehrt testen wir Sie bzw. ich Sie als Teammanager. Vermutlich werden Sie es ähnlich sehen. Jede Dienstleistung hat eine bestimmte Qualität. Sie kann ausgezeichnet, durchschnittlich oder aber unter den Mindesterwartungen liegen. Ich halte es für wichtig, bereits zu Beginn unserer Zusammenarbeit möglichst präzise festzulegen, was sehr gute Zusammenarbeit heißt bzw. was umgekehrt darunter zu verstehen ist, wenn die Zusammenarbeit nicht die Mindestbedingungen erfüllt. Dann wird sie nach dieser Phase aufgelöst werden. In diesem Fall ist die Probezeit genutzt worden, um festzustellen, dass man nicht zusammenarbeiten kann."

TM schmunzelt.

TM: Ja, schon. *(Er zögert.)* Also, das kann ich mir nicht vorstellen, dass ich das kann.

C nickt. Eine halbe Minute Pause.

TM: Das ist erst einmal mit der Faust auf den Tisch schlagen. Quasi am ersten Arbeitstag schon mit der Kündigung drohen, ich weiß nicht ...

C: Das ist eine Sichtweise. Ich bin nicht sicher, ob ich es so beschreiben würde ...

TM wirkt nachdenklich, fast eine Minute lang herrscht Schweigen.

TM: Auf der anderen Seite bringt das für den neuen Mitarbeiter sicherlich mehr Klarheit. Er weiß dann, wo ich stehe, und er weiß, was auf ihn zukommt, wenn ich es in dieser Form mache. Aber es wirkt dennoch sehr streng.

C: Ich würde es Führung mit Kontur nennen.

TM: Ja, das mit der Probezeit schon, aber über Trennung gleich am Anfang zu reden, also gleich knallhart vorzugehen ... *(Unterbricht sich selbst, denkt nach.)*

TM: Na ja, knallhart hilft vielleicht ... *(Pause.)* Forderungen stehen mir ja zu und ich muss ja klar und deutlich sein ... *(Pause)* ... und bei der Anzahl der Mitarbeiter habe ich fast keine andere Wahl ... *(Pause)*. Da wir weiter wachsen möchten und ich somit immer mehr Mitarbeiter führen werde, wird es sicher auch mal passieren, dass vielleicht ein faules Ei dabei ist ... *(Pause)* ... und so weiß er ja auch selbst direkt genau, woran er ist.

TM ist noch eine Weile im inneren Zwiegespräch, dann schaut er zuversichtlich auf.

C: Wie ist denn im Moment Ihre Haltung dazu? Finden Sie das Vorgehen zu streng, autoritär, knallhart und mit der Faust auf den Tisch geschlagen?

TM schmunzelt.

TM: Nein. Ich glaube, ich hab's kapiert. Mir leuchtet auch ein, dass diese Form des Auftretens Klarheit bedeutet und nicht Einschüchterung. Ich habe selbst schon so viele Beispiele erlebt, wo man so etwas gar nicht kommuniziert hat – und schon gar nicht streng, im Sinne von absoluter Klarheit schaffen. Und dann waren die Mitarbeiter völlig verwundert, wenn der befristete Arbeitsvertrag auch tatsächlich nur befristet war oder die Probezeit ohne Übernahme ausgelaufen ist. Ja, ich glaube, jetzt ist der Groschen gefallen. Und ich denke, dann wird es mir auch leichter fallen, so aufzutreten. Bei dem Beispiel, das Sie vorhin brachten, da dachte ich schon: Klasse, aber das wäre nicht mein Stil. Jetzt denke ich aber, eigentlich muss ich es sogar so machen, schon aus Fairness. Ja, eigentlich ist es nichts anderes als Fairness. Offengestanden, jetzt freue ich mich schon richtig auf das anstehende Gespräch.

C: Was ist jetzt der Unterschied für Sie zu vorher?

TM: Hm, früher habe ich immer selbst irgendwie geahnt, dass ich nicht streng genug bin, deshalb habe ich mir immer wieder vorgenommen, klarer zu werden – was nicht funktioniert hat. Die Versuche waren immer etwas unangenehm, ein bisschen zu krampfhaft. Ich habe mich auch dabei ertappt, dass ich mich vor schwierigen Gesprächen drücke – oder nicht die ganze Wahrheit sage.

Und was mir jetzt gut tut, ist die Tatsache, dass es ja überhaupt nicht darum geht, streng oder knallhart zu sein. Mein Job ist es, Klarheit zu schaffen. Das gefällt mir und es wird mich auch stolz machen, wenn ich so auftreten kann. Auch bei schweren Aufgaben, die mir bislang eher lästig waren. Ich denke, dass ich da sicher auch ganz schön unsicher war.

… Ich weiß gar nicht, ob Sie sich noch daran erinnern können. Als wir mit meinem Vorgesetzten eine Stunde lang zu dritt zusammen gesessen haben, um das Ziel unseres Coachings festzulegen, da haben Sie so etwas gesagt, dass es zwischen dem lieben, kumpelhaften Kollegen einerseits und der knallharten Führungskraft andererseits noch ein paar ganz attraktive Zwischentöne gebe. Es ist mir jetzt klar geworden, was das bedeutet.

Um von der richtigen inneren Haltung auch zur Praxiskompetenz zu kommen, arbeiten beide gut eine Stunde am konkreten Mitarbeitergespräch. TM übt sich immer wieder in dieser Rolle und bewertet anhand von Tonbandaufzeichnungen seine Leistungen. C gibt ein Feedback zur Zielgerichtetheit seiner Gedanken, zur Rhetorik und Körpersprache. Kurzum: er nimmt zu seiner Professionalität in dieser anspruchsvollen Führungssituation Stellung.

TM: Langsam wird alles besser. Der Teufel steckt wirklich im Detail.

C. Freut mich. Besonders, weil Sie durch das eigene Tun jetzt wesentlich aktivierter sind. Sie werden merken, dass Ihnen in den nächsten Tagen, z. B. beim Autofahren, noch viele Ideen dazukommen, wie Sie das eine oder andere noch besser machen können. Und diese Ideen kommen ohne Ihr aktives Zutun, also ohne Anstrengung und Mühe.

TM: Da bin ich ja mal gespannt.

C: Sie wissen, dass ich es für effektiv halte, jeweils eine Komplettlösung des Falls auf Tonband aufzunehmen. So können Sie das Band vor diesem Gespräch oder bei ähnlichen Fällen zur mentalen Vorbereitung noch einmal anhören. Sie wissen, dass es dabei ja nicht um papageienhaftes Nachplappern geht. Durch das Abhören des Tonbandes, kommen Sie schnell vom stressigen Arbeitsalltag zu einer konstruktiven, ideenreichen Grundstimmung.

TM: Na, klar. Gerne.

TM (Mit Unterstützung von C) erzeugt professionelle Varianten des anstehenden Gesprächs:

Lösungen

Herr X, wir kennen uns fachlich und menschlich noch sehr wenig. Es liegt in der Natur der Sache, dass der erste Eindruck voneinander gut gewesen sein muss, sonst würden wir ja hier nicht sitzen. Denn andernfalls hätten Sie uns nicht ausgewählt und wir Sie auch nicht. Und jetzt haben wir ein paar Monate vor uns, die offiziell ja auch Probezeit heißen. Aus meiner Sicht haben wir zwei Möglichkeiten, damit umzugehen:

Die erste Möglichkeit

Wir sehen zu, dass wir miteinander ganz nett und höflich umgehen. Da wir Sie nach der Probezeit möglichst übernehmen möchten, sage ich Ihnen stets nur die guten Dinge, um Sie für unser Unternehmen zu motivieren. Motivieren heißt ja loben. Ich werde Ihnen nicht zu nahe treten und Sie mir auch nicht. Dinge, die mir nicht gefallen, verschweige ich eher.

… Sie merken hier schon, dass ich sehr suggestiv auftrete. Das mache ich extra.

(Lächelnd.)

Oder die zweite Möglichkeit:

Wir akzeptieren beide, dass eine Probezeit dazu eingerichtet ist, sich gegenseitig zu prüfen. Für mich heißt das: Sie testen uns, ob wir ein gutes System werden bzw. ich eine Führungskraft bin, bei der Sie arbeiten möchten. Und umgekehrt testen wir Sie bzw. ich teste Sie, ob Sie für eine langfristige Zusammenarbeit in Frage kommen.

Wenn Sie mit diesem Gedanken mitgehen, stellt sich für mich die Frage, wie wir diese Probezeit bestmöglich bestehen? Dazu möchte ich Ihnen zunächst sagen, wie ich damit umgehen würde. Ich neige dazu, am Anfang sehr deutlich zu sein. Das heißt, in den ersten Tagen werde ich Ihnen recht präzise meine Erwartungen an Sie in Ihrer Rolle XY schildern. Ich werde versuchen, das mit vielen Beispielen zu verdeutlichen, damit Sie genau wissen, was auf Sie zukommt und wann meine Erwartungen an Sie erfüllt sind. Und ich werde auch differenzieren im Sinne von: Das ist sehr gut, das ist gut und das erfüllt nicht die Mindesterwartungen an unsere Zusammenarbeit. Schon nach zwei Wochen werde ich Ihnen ein erstes Feedback geben und mir dabei auch erlauben, meine Ahnungen, Vermutungen oder auch Befürchtungen zu schildern. Das heißt, ich werde mich nicht erst melden, wenn ich Beweise oder Belege für eine bestimmte Sache habe, sondern schon vorher. Dabei denke ich sowohl an Positives als auch an Negatives. Das klingt vielleicht etwas merkwürdig, aber ich glaube, es ist gut, wenn Sie auch meine Ahnungen und Gefühle kennen, denn Gefühle sind ja bei jedem von uns einfach da und wirken immer. Wenn Sie sie kennen, haben Sie gegebenenfalls noch viel Zeit, etwas zu ändern oder mir zu zeigen, dass meine Vermutungen bzw. Befürchtungen unbegründet waren.

Ich möchte Ihnen auch sagen, warum ich das für gut halte. Nebenbei gesagt: Früher bin ich nicht so aufgetreten.

Meine eigene Erfahrung und auch die Erfahrung von Kollegen zeigt, dass es wichtig ist, sowohl für gute als auch für weniger gute Leistungen die genauen Kriterien zu kennen. Sodass man, wenn es nicht zu einer langfristigen Zusammenarbeit kommen sollte, genau weiß, warum die Sache nicht funktioniert hat. Und man sollte vorher, also in den ersten Monaten, auch wirklich die Chance haben, alles zu versuchen, um die Kriterien zu erfüllen. Und das kann meines Erachtens nur über ein sehr präzises, klares Auftreten am Anfang gelingen.

Es gibt für mich noch einen anderen Aspekt. Ich selbst werde auch von meinem Vorgesetzten daran gemessen, ob ich mich bemühe und alles Nötige tue, damit die Probezeit bestmöglich für das Unternehmen genutzt wird. Sie kennen sicherlich auch die Situation, dass man Mitarbeiter übernommen hat und danach sehr bald feststellt, dass die Entscheidung falsch war. Und das, obwohl man bereits in der Probezeit leise Zweifel und dezente Hinweise hatte, dass man möglicherweise nicht zusammenpasst. Und sowas kostet richtig Geld.

TM hört sich auf Band seine Führungsleistung noch einmal an.

TM: Offen gestanden, ich finde das Vorgehen klasse. Das hätte ich vor zwei Stunden nicht für möglich gehalten. So klar bin ich selbst natürlich auch nicht eingeführt worden. Und mir wird hier sehr klar, dass es eigentlich nur gut ist, wenn ich auch in der Probezeit schon meine Vermutungen äußere – auch wenn ich mich irre. Wenn ich damit falsch liege, um so besser. Das wird man ja schnell herausfinden.

Wenn *ich* selbst einen solchen Kontrakt mit meinem Vorgesetzten hätte, dann würde er mir bereits nach einigen Wochen sagen, wo er mich sieht bzw. wo er mich zu sehen meint und wo er mich in einem halben Jahr sehen möchte. Und dann kann ich ihm auch sagen, wo ich sehr gut oder gut werden kann und was nicht gerade zu meinen Stärken gehört. *(Pause)* Das geht aber nur, wenn er mir klar sagt, wohin er mich haben will.

C: Bleiben wir mal bei der Perspektive. Wenn Ihr Vorgesetzter so vor Ihnen auftreten würde: Wäre das schlimm? Abschreckend?

TM: Im Gegenteil. Er hätte mich weder persönlich angegriffen noch verunsichert. Er hätte einfach ganz sachlich gesagt, was er genau von mir erwartet. Warum sollte ich das dann persönlich nehmen? Er würde mir ja nicht sagen, dass ich hier nicht hineinpasse, sondern erläutern, was er von mir erwartet und in welcher Zeit er es erwartet. Warum sollte ich das krumm nehmen? Ich könnte zu diesem Zeitpunkt anderer Ansicht sein, aber dann können wir auch in einen Dialog treten.

C: Ich möchte noch einmal auf unseren Coachingkontrakt kommen: Sind wir mit diesem Vorgehen auf dem Weg zu einer professionelleren Führungskraft?

TM: Hundertprozentig.

C: Noch eine Empfehlung für unsere nächsten beiden Coachings. Ich halte es für ratsam, mit diesem Thema weiterzumachen. Also zu üben, Ihre Erwartungen zu präzisieren. Meines Erachtens ist es nicht damit getan, die Imagebroschüre herunterzubeten, im Sinne von „Ich erwarte von Ihnen, dass Sie teamfähig, offen, kundenorientiert etc. sind". Es ist für alle viel aussagekräftiger, wenn Sie anhand von konkreten Erfolgs- und Misserfolgsbeispielen erläutern, was Sie zum Beispiel unter Teamfähigkeit verstehen, wie Sie das beobachten würden, woran auch andere Mitarbeiter das erkennen könnten. Sind Sie damit einverstanden?

TM: Ja, gerne. Vielen Dank.

Zum weiteren Verlauf: Der Teammanager hat in den darauf folgenden Monaten an dem Thema Wahrnehmen der Führungsrolle weiter gearbeitet. Er wurde darin unterstützt durch seinen Vorgesetzten, teilweise auch durch Einzelcoaching. Ein wesentliches Augenmerk lag darauf, den im Probezeitgespräch angekündigten Führungsstil auch tatsächlich umzusetzen. Dies wurde regelmäßig an ausgewählten Führungsfällen, teilweise sogar gleichzeitig mit TM und neuem Mitarbeiter geübt.

Ver-Dicht-ung

Ebene 1: Präzisieren Sie Ihre Erwartungen

- Viele Führungskräfte – nicht nur jüngere – haben ein Rollenverständnis, das die Überschrift tragen könnte: „Ich will doch nicht den Chef rauskehren." Hierarchien bringen nach ihrer Auffassung Trägheit und widersprechen der eigenen Moral. In der Praxis wird schnell deutlich, wie unmoralisch eine nicht gelebte Führung sein kann, wenn z. B. Teammitglieder, die nicht teamfähig sind, nicht in die Verantwortung genommen werden. Tauchen im Verlauf der Zusammenarbeit Probleme, Konflikte oder Missverständnisse auf – und die gibt es nun mal in jeder Zusammenarbeit –, dann wird rasch klar, dass es ohne Führung auch nicht geht.
- Es gibt viele Reaktionsmöglichkeiten. Lammfromme Chefs werden plötzlich autoritär oder Schwammigkeit und Luftblasen halten Einzug: „Na ja, so ganz war das eigentlich nicht das, was ich mir vorgestellt hatte."
- Es ist nun einmal so: Zusammenarbeit kann funktionieren oder scheitern. Die Möglichkeit des Scheiterns wird in der Probezeit meist ausgeblendet. Man will ja motivieren.
- Ein differenziertes Erklären, was ein Scheitern ausmachen würde, bringt Ihren Mitarbeitern Klarheit. Klarheit ist fair. Fairness motiviert, sogar ohne Motivationsfloskeln oder teure Incentives.
- Natürlich ist der Stil dabei von Bedeutung. Ein Auftreten mit einem Satz wie „So Freundchen, jetzt erklär ich Dir erst einmal, wann Du fliegst ..." ist zwar eindeutig, aber sicherlich nicht zur Zusammenarbeit einladend.
- Verzichten Sie auf nichtssagende Schlagwörter wie sie in Stellenausschreibungen auftauchen, z. B. Einsatzbereitschaft, Teamfähigkeit, Kundenorientierung etc. Selbst der größte Team- und Kundenmuffel wird Ihnen auf dieser Ebene zustimmen.
Ihre Herausforderung wird darin liegen, dass Sie Ihre Aussagen mit Beispielen belegen und äußern, was sich hinter diesen Schlagwörtern verbirgt.

- Je mehr Beispiele Sie aus Ihrer eigenen Vergangenheit und Erfahrung bringen – und zwar sowohl erfolgreiche als auch misslungene, desto klarer wird Ihrem neuen Mitarbeiter, was Sie erwarten. Also: Was heißt für Sie kompromisslose Kundenorientierung? Was sind für Sie Beispiele von überdurchschnittlichem Einsatz? Was heißt Hilfsbereitschaft? Kritikfähigkeit etc.

- Was dabei viele unterschätzen, ist Folgendes: Telepathie, im Sinne von „Der weiß schon, wie ich das meine", was ich unter Teamfähigkeit, Loyalität und Kostenbewusstsein verstehe, das funktioniert nicht. Vergessen Sie so etwas schon allein aus Fairness. Sie kennen sicherlich folgende Situation. Im Nachhinein stellt man immer fest: „Ach *so* haben Sie das gemeint." Und dabei waren Sie fest davon überzeugt, dass Sie klar und unmissverständlich aufgetreten sind.

- Treten Sie in dieser Frühphase einer Zusammenarbeit klar und präzise auf, ergibt sich für Sie ein weiterer Vorteil: Sie testen die Kritikfähigkeit Ihres Mitarbeiters. Das ist eine nicht zu unterschätzende Sozialkompetenz, möglicherweise sogar die wichtigste von allen.

Ebene 2: Überprüfen Sie Ihre Vereinbarungen

- Wenn Sie nun Ihre Erwartungen in dieser Form geklärt haben und dann beruhigt den guten Start abwarten, wird das allerdings kaum den gewünschten Erfolg für Sie bringen.

- Entscheidend für das Gelingen sind regelmäßige Check-up-Termine, in denen Sie Ihre Anfangsvereinbarungen überprüfen. Je präziser und klarer, desto erfolgreicher.

- Aber keine Sorge: Es geht nicht um eine Beschäftigungstherapie und darum, stundenlang in Besprechungen zu sitzen. Regelmäßig fünf bis zehn Minuten reichen vollkommen aus.

- Sie haben nach ein oder zwei Wochen Zusammenarbeit noch längst keine Beweise und Belege? Macht nichts. Informieren Sie Ihre Mitarbeiter trotzdem. Schlimmstenfalls liegen Sie mit Ihrer Einschätzung daneben. Das sollte eine halbwegs stabile Arbeitsbeziehung aushalten können.

- Die Frage ist natürlich, ab welchem Zeitpunkt und in welcher Tiefe

Sie kritische Rückmeldungen geben. Das bleibt Ihnen und Ihrem Gefühl überlassen. Meine Empfehlung ist: So offen, detailliert und mutig wie möglich.

- Neigt Ihr neuer Mitarbeiter beispielsweise dazu, unangemessen ausschweifend zu reden, so ist es dienlich, ihm nach den ersten Besprechungen bereits ein kurzes, prägnantes Feedback zu geben. Beispielsweise: „Ihre Gedanken sind zwar angekommen, aber in dieser Ausführlichkeit brauche ich das nicht. Wenn Sie mir an dieser Stelle das und das erklären, wird es mir zu langatmig. Um Sie zu verstehen, würde es mir so und so auch schon genügen."
Das klingt zwar selbstverständlich, aber trotzdem: Gerade dieser Fall von unguter Kommunikation und fehlendem Feedback ist überfall anzutreffen, ganz egal ob untere Führungsebene oder Topmanagement.

- Je mehr es Ihnen gelingt, zu Beginn einer Zusammenarbeit einen distanzierten Überblick zu bekommen, d.h. in Metabetrachtungen überzugehen, desto produktiver und wirksamer wird Ihre Zusammenarbeit.

- In dieser Phase stellen Sie die Weichen für eine langfristige und erfolgreiche Zusammenarbeit. Je mehr Sie es am Anfang versäumen, Klarheit zu verschaffen, desto schwieriger wird das Ausgleichen nachher. Das gilt für berufliche wie auch für private Beziehungen. Und dann fängt der bekannte Eiertanz an. Teilweise mit dem bösen Erwachen nach zwanzig Jahren Ehe.

Ebene 3: Wirklich nur etwas für die Probezeit?

- Nein. Was können Sie nun tun, wenn Sie nach zehn Jahren feststellen, dass Sie einiges versäumt haben? Inzwischen hat sich eine gewisse Übersättigung breit gemacht. Eine offene Kritik- und Ideenkultur fehlt. In Ihrem Unternehmen gibt es Führungskräfte, die sich in Besprechungen zurücklehnen und selbstgefällig auf einen neuen Gedanken mit „So-ein-Quatsch" reagieren, selbst aber vor zehn Jahren das letzte Mal Kritik wahrgenommen haben. Die Probezeit ist dann natürlich längst verjährt. Und doch kann man alles, auch Jahr-

zehnte später, nachholen, solange die Einwände professionell eingebettet sind.

- Es hat sich bewährt, nicht gleich mit erhobenem Zeigefinger aufzutreten, sondern sich durchaus selbstkritisch zu präsentieren.
Das Beispiel eines Geschäftsführers im Gespräch mit dem Verkaufsleiter:

„Ich habe es als Geschäftsführer fast zehn Jahre lang versäumt, Sie als
Verkaufsleiter zu führen. Ich habe Ihnen zwar Anweisungen gegeben, aber Ihnen nichts zu Ihrer Person oder Ihrer Führungsrolle gesagt. Das hat für mich und uns folgende negativen Konsequenzen ...
Nun möchte ich einiges nachholen. Im Wissen, dass diese Vorgehensweise neu und – und auch für mich – ungewöhnlich ist, fange ich mit
dem an, was ich versäumt habe. Meine Beiträge zum Misslingen waren folgende: ...

- Es versteht sich von selbst, dass nach dieser Einführung gute und
dauerhafte Führungsqualität folgen muss. Sonst hat das Ganze nur
Eintagsfliegencharakter oder sogar die Wirkung eines derartigen Statements: „Na ja, der Chef scheint auf einem Führungsseminar gewesen zu sein. Warten wir mal eine Woche ab, dann ist er wieder normal".

Ver-Wert-ung

- Wie ist mein Stil, wenn es darum geht, den Beginn einer Zusammenarbeit, z. B. die Probezeit, mit neuen Mitarbeitern zu nutzen?

- Welche Beispiele fallen mir aus meiner Vergangenheit ein, bei denen
ich die Probezeit erfolgreich bzw. nicht erfolgreich genutzt habe?

- Was zeichnete die erfolgreichen Beispiele aus?

- Was waren die Ursachen für nicht erfolgreiche Probezeiten? Was habe ich daraus gelernt?

- Wie mutig bin ich, auch schon nach kürzester Zeit anhand von Intuition und Ahnungen erste Kritik auszusprechen?

- Wie klar und präzise verdeutliche ich meine Erwartungen?

- Welche meiner Mitarbeiter leisten Überdurchschnittliches?

- Woran messe ich das?

- Wie kann ich diese Beispiele auch für neue Mitarbeiter nutzen?

- Welche Beispiele von unprofessionellen Mitarbeitern kann ich heranziehen, um ein mögliches Scheitern einer Zusammenarbeit besser zu erklären ohne deren Namen zu nennen?

- Was fällt mir in diesem Zusammenhang zu meinen Freundschaften oder meiner Beziehung ein?

- An welcher Stelle wäre für mich eine – auch nachträgliche – Klärungsarbeit von Vorteil?

„Die Seele rechnet nicht in Mengen,
sondern in Qualitäten."

Dr. Bernd Schmid

6 Vorbilder – hilfreich oder überholt?

„Was kann ich von Karl May und Winnetou
in die praktische Führungsarbeit übertragen?"

Teammanager

Leitfragen

- Wie entwickle ich ein klares Führungs-Rollenverständnis?
- Wie entwickle ich mich vom kumpelhaften Chef zu einer Führungskraft mit Kontur?
- Wie kann ich kraftvoll besetzte Kindheitserinnerungen nutzen?

Einbettung

Kontraktcoaching zwischen Vorgesetztem (V), Teammanager (TM) und Coach (C), um die Qualifizierungsziele einer Zusammenarbeit zu fixieren.
Ein wesentliches Ziel: Geradlinig und konsequent zu führen, ohne dabei autoritär zu werden.

Der Fall

V: Mein Eindruck ist, dass Sie Führung noch nicht wirklich wahrnehmen. Sie sind zwar fachlich sehr fit, aber unter professioneller Führung stelle ich mir noch etwas anderes vor.

TM: Ja, ich weiß schon. Ich müsste viel mehr loslassen. Ich kümmere mich noch viel zu sehr um die Details. Eine richtige Führungskraft bin ich noch nicht.

C: Und Vorsicht vor naivem Schwarzweiß-Denken. Wenn Sie sich in den Details besser auskennen, dann werden die Mitarbeiter zwangsläufig zu Ihnen kommen. Im Moment stehen noch Fachthemen im Vordergrund. Die Frage ist, wie Sie da zunehmend rauskommen. Allein mit dem Vorsatz „So, ab heute bin ich Führungskraft" wird das nicht gelingen. Die Empfehlungen vieler Chefs und Führungsseminare wie „Sie müssen mehr loslassen" klingen gut und sind richtig, wirken – auf so einer Ebene ausgesprochen – aber eher selten.

Beide nicken. In der ersten Sitzung sind Themen und Ziele gesammelt worden.

C: *An TM gerichtet:* Für unsere Arbeit hier ist schon mal wichtig: Sie haben offenbar erheblichen Ergänzungsbedarf bezogen auf die Ausübung Ihrer Führungsrolle. Darüber sind sich beide einig (*beide nicken*). Das ist eine gute Startbasis.

Weichenstellung für den Professionalisierungsprozess:
Arbeit auf der Identitätsebene und Passamtsarbeit

C: Bezogen auf den möglichen Kontrakt für unsere Zusammenarbeit schlage ich Ihnen vor, dass wir jetzt hier gemeinsam auf der Rollenidentitätsebene arbeiten.
Im Verlauf der nächsten Monate können wir dann an konkreten Situationen üben und prüfen, ob es Ihnen gelingt, diese neue Rolle auszu-

füllen, *(an V gerichtet)* und wie Sie diesen Prozess im Alltag unterstützen können.

V: Identität? Mir ist noch unklar, was Sie damit meinen.

C: Es geht ja um Führungsverhalten. Dazu ist es dienlich, sich zunächst klar zu machen, wie die eigene innere Haltung oder Einstellung zu Ihrer Aufgabe ist. Denn: Verhalten entspringt der Haltung.

Beide wirken recht neugierig.

C: Am besten gehen wir direkt zum konkreten Beispiel über. Ich weiß nicht, ob Sie sich noch an die alten deutschen Pässe erinnern können. Da gab es eine Eintragung „unverwechselbare Kennzeichen".

V: Ja, ich erinnere mich. Dort standen dann so Dinge wie Narbe auf der Stirn oder es war etwas anderes vermerkt, was auffällig war.

C: Genau. Für unsere Arbeit hier möchte ich das folgendermaßen nutzen. *(An TM gerichtet)* Halten Sie einfach mal ein paar Sekunden inne und überlegen Sie, welche Identität Sie derzeit als Führungskraft haben. Was macht Ihre derzeitige Unverwechselbarkeit in Ihrer Führungsrolle aus? Im zweiten Schritt können Sie – oder wir gemeinsam – überlegen, was eine gute neue unverwechselbare Rollen für Sie wäre.

Nach einigen Minuten Nachdenken und Ideensammeln.

V schmunzelt.

V: Ich will Sie ja nicht verletzen, aber bislang nehme ich Sie als die „Mutter der Kompanie", vielleicht sogar als die „Glucke der Kompanie" wahr.

TM lacht.

TM: Na ja, ich weiß nicht, ob es so krass ist, aber es ist schon etwas Wahres dran. Das können wir schon nehmen. *(Schmunzelt).* Ich werde diese Rolle ja vermutlich ablegen, dann darf sie ruhig ein wenig überzogen formuliert sein.

TM schreibt „Mutter der Kompanie" in einen vorgemalten Pass auf die Flip-chart-Seite.

C: Gut.

C: Gut. Und jetzt gilt es, ein neues, unverwechselbares Kennzeichen zu finden, das die neue Identität in Ihrer Führungsrolle ausdrückt.

Es wird einige Minuten lang überlegt, das Rechte will nicht einfallen.

Lösungen

Erster Lösungsschritt: Führung und Karl May

C: Keine Sorge. Es ist eher die Regel, dass einem nicht spontan etwas Neues einfällt.
Vielleicht kommen wir auf kleinen Umwegen zur Lösung.
(An TM gerichtet) Gab es in Ihrer Kindheit so etwas wie Traumberufe oder Vorbilder?

TM denkt nach. Eine knappe Minute Schweigen.

TM: Nein, im Moment fällt mir nichts ein. Ich wollte nie Pilot oder Zirkus-direktor werden. Zumindest erinnere ich mich nicht mehr.

C: Gab es für Sie als kleines oder heranwachsendes Mädchen Lieblings-beschäftigungen oder Bücher, die Sie besonders gern gelesen haben?

TM denkt nach und schüttelt den Kopf.

TM: Nein, ich erinnere mich an nichts Konkretes.

TM denkt nach.

TM: Ja, natürlich. Es gab eine Phase, da habe ich alle Karl-May-Bücher verschlungen.

C: Und vermutlich ganz tief in dieser Welt gelebt.

TM mit Glanz in den Augen.

TM: Ja, ich war tief darin versunken. Ich habe tatsächlich mit der Taschenlampe unter der Bettdecke gelegen und gelesen, damit mein Bruder nicht wach würde.

C: Wir haben sehr viel Verschiedenes an Wissen und Erfahrung in uns. Es ist gut, dieses Reservoir zu nutzen, um Neues zu gestalten. In Ihrem Fall: Je größer der seelische Bezug zu den Figuren der Bilder ist, je größer also die eigene Identifikation mit ihnen, desto lernkräftiger können sie wirken. Es handelt sich um Wissen, das ungenutzt in uns steckt. Dieses können wir in vielen, neuen Situationen nutzen, in denen wir zunächst eine Verwertbarkeit gar nicht vermuten würden.
Ja, zu Karl May und Winnetou. Was war an den Geschichten für Sie bedeutsam? Was hat Sie angesprochen? Welche Bilder, welche Gefühle, welche Klänge kommen da in Ihnen hoch?

TM geht in sich, denkt nach.

TM: Ach, das sind schon eine Menge.

TM zählt Hauptfiguren, Landschaften, Spannung und Personen auf.

C: Gut. Haben Sie eine Idee, wie wir das hier für die Passamtsarbeit und Ihr Führungsthema nutzen können? Unser Job kann ja nicht sein, alte Winnetougeschichten zu erzählen.

Beide denken nach.

V: Ich vermute, dass die Führungsstärken dieser Romanfiguren aus den Karl-May-Büchern genutzt werden können, um Klarheit über die eigene Rolle zutage zu fördern.

C: Genau das ist es.

TM: Meine Vorbilder – wie sollte es als Kind auch anders sein – waren immer die Gerechten, die auch Verantwortung übernommen haben.

C: Genau. Das Wort Vor-Bild hat ja etwas mit Bild zu tun. Jedes Bild in diesem Zusammenhang kann somit Gedanken und Gefühle verdichten. Daher hat es wesentlich mehr Kraft als angelerntes Theoriewissen.

TM denkt nach.

TM: Meine Vor-Bilder waren immer wieder die Häuptlinge.

C: Was zeichnete die Häuptlinge für Sie aus?

TM schildert spontan alles, was ihr einfällt.

TM: Ja, das sind Werte wie Bedachtsamkeit, Ruhe, Souveränität, Autorität, ohne sie heraushängen zu lassen – ja, so etwas wie natürliche Autorität.

Ihre Augen bekommen zunehmend ein Leuchten. Sie ist tief in diese Gedanken versunken.

TM: Diese Leute waren geradlinig, auch in unangenehmen Situationen, berechenbar, auch streng in dem Sinne, dass sie konsequent waren. Sie hatten Mut und Ausdauer, versteckten sich nicht hinter den Dingen, packten die heißen Eisen an, waren gerecht und fair, hatten es nicht nötig, ihre Untergebenen runterzuputzen.

C: Das klingt sehr gut.

TM: Logisch: Eine Mutter der Kompanie ist eher das Gegenteil davon.

C: *(An V gerichtet.)* Sie merken, in dieser Form des Arbeitens geht es nicht darum, auf intellektueller Ebene Führungslehrbuchwissen abzufragen oder zu vermitteln, sondern Vorerfahrungen mit neuer Kraft zu erfüllen.

C: *(An TM gerichtet.)* Haben Sie eine Idee, wie Sie diese Beschreibungen, die ja offenbar noch sehr präsent bei Ihnen sind, auf Ihre Führungsrolle übertragen können?

TM: Ich glaube, das lässt sich alles übertragen. Ich sehe keinen Punkt, der nicht auch für mich als Teammanager gelten könnte.

C: Angenommen, in den letzten drei Wochen wäre während Ihrer Arbeit eine Videokamera auf Sie gerichtet gewesen: Was glauben Sie, wie stark Sie diese Identität bereits ausfüllen?

TM schmunzelt.

TM: Also, ich bemühe mich. Und ich mache auch keinen Hehl daraus, dass ich vom Optimum noch weit entfernt bin.

TM sehr nachdenklich.

TM: Zumindest wird es mir im Moment viel klarer, wie die Rolle aussehen könnte.

C: Ist sie auch attraktiv als Ziel?

TM: Ja, sehr sogar.

Passamtsarbeit: Neuer Eintrag als „Häuptling mit Kontur"

C: Kommen wir noch einmal auf die Passamtsarbeit zurück. Finden Sie nun eine neue Identität, die all diese Tugenden gut verdichten würde!

TM nickt und denkt nach. Nach einer Weile Schweigen spricht sie.

TM: Also, sicher ist schon mal: meine Position als Häuptling.

C: Prima, was fehlt Ihnen da noch?

TM: Eine individuelle Beschreibung dieses Häuptlings, eben ein besonderes Kennzeichen.

V: *(An TM gerichtet.)* Sie haben ja vorhin häufiger das Wort Kontur gebraucht. Und zwar als das stimmige Maß zwischen den zwei Polen autoritär und kumpelhaft. Vielleicht kann man dem noch etwas Entscheidendes hinzufügen.

TM: Ja, genau, das wäre das Richtige für mich: „Häuptling mit Kontur".

V: Prima, das gefällt mir.

C: Also nehmen wir folgende amtliche Prozedur vor: Sie streichen mit einem Rotstift die „Mutter der Kompanie" durch. Bis auf weiteres ernennen wir Sie zum „Häuptling mit Kontur". Ich bitte Sie, das jetzt in den vorgemalten Pass auf der Flipchart einzutragen.

TM schreibt ihre neue Identität ein. Kurzes Schweigen.

C: Ich möchte mit Ihnen eine Fantasiereise machen und dabei die Ergebnisse verdichten. Setzen Sie ich bequem auf Ihren Stuhl und schließen Sie die Augen. In einer geführten Meditation werde ich die Merkmale des „Häuptlings mit Kontur" noch einmal an Ihnen vorbeiziehen lassen.

C macht eine Fantasiereise. Dauer zirka zehn Minuten. Die von TM er-
wähnten Attribute werden in dieser Reise nochmals benannt und qualitativ
angereichert, sodass sich TM mit allen Sinnen angesprochen fühlen kann.

Zehn Minuten Pause.

C: Mögen Sie sagen, wie Sie die Passamtsarbeit und die Fantasiereise empfanden?

TM: Ich fand sie sehr gut. Natürlich war mir schon klar, was ich als Führungskraft können sollte, wie ich mich verhalten sollte und daß ich auch mal streng sein müsste mit den Mitarbeitern und so. Aber in dieser Form habe ich das Gefühl, dass es jetzt tiefer in mir verwurzelt ist. So seltsam das auch klingt: Die Karl-May-Häuptlinge helfen mir dabei.

C: Mein Eindruck von Ihnen als Teammanager ist, dass es Ihnen noch Unbehagen bereitet, kritische Punkte bei Ihren Mitarbeitern anzusprechen.

TM nickt.

TM: Kann mal wohl sagen, das löst bei mir echte Probleme aus.

C: Ich denke, wir werden da noch an Praxisfällen arbeiten.
Zunächst einmal für heute: Welche Grundhaltung hat ein „Häuptling mit Kontur", wenn er solche Situationen zu managen hat?

TM nachdenklich.

TM: Ich weiß nicht so recht.

C: Glauben Sie, dass er innerlich verkrampft ist, Angst davor hat, leidet und fällige Entscheidungen auf die lange Bank schiebt?

TM lacht.

TM: Nein, vermutlich nicht. Ich denke, er wird innerlich gelassen und souverän bleiben selbst bei ganz heißen Eisen und heiklen Themen. Ich glaube, mir wird jetzt schon einiges klarer. Natürlich gibt es noch eine Menge zu lernen.

C: Genau. Das wird der Weg sein. Sie haben jetzt Ihr Ziel vor Augen. In den nächsten Monaten wird es darum gehen, dass Sie Ihrem neuen Rollenbewusstsein auch entsprechendes Verhalten folgen lassen. Dazu sollten wir immer wieder an konkreten Alltagssituationen üben, wie sich ein „Häuptling mit Kontur" verhält.
(An V gerichtet) Wie könnten Sie diesen Prozess unterstützen?

V: Ich glaube, indem ich immer wieder spiegele, wann ich die „Glucke" sehe und wann den „Häuptling".

C: Das wird der Weg sein. Meine Unterstützung wird sein, dass wir unter der Maßgabe der neuen Identität „Häuptling mit Kontur" an möglichst vielen Situationen entsprechendes Führungsverhalten üben. Je konfliktträchtiger und komplexer diese Situationen, desto besser.

Wie ging es weiter? TM ist über sechs Monate von C gecoacht worden. Das Ausüben der neuen Rolle wurde regelmäßig an Praxisfällen im Alltagsvollzug trainiert. Alle vier Wochen gab es ein einstündiges Dreier-Check-up-Gespräch mit V über den Stand der Entwicklungen.

Ver-Dicht-ung*

- So ungewöhnlich, möglicherweise auch befremdlich, Ihnen die Passamtsarbeit auch erscheinen mag: Der Grundgedanke ist, individuelle, verborgene Wissens- und Erfahrungsschätze zu reaktivieren. Karl May und Winnetou dienen nur als Transportmittel.

---

* Quelle: Geistige Herkunft, „Passamtsarbeit", Dr. Bernd Schmid, Institut für systemische Beratung, Wiesloch.

- Beseeltes Wissen, wie in diesem Fall die Eigenschaften der Häuptlinge von Karl May, hat mehr Lernkraft als intellektuell angehäuftes Lehrbuchwissen aus Büchern, Schulen und Hochschulen.
- Vorbilder, egal ob Romanfiguren oder tatsächlich existierende Personen, können Komplexität verdichten und reduzieren. Visualisiere ich als Führungskraft in einer schwierigen Situation mein Vorbild, erhalte ich in Sekundenschnelle plausible, praktische Lösungsideen. Mit gelerntem Lehrbuch-, Hoch- und Schulwissen finden Sie sicherlich ebenso gute Lösungen, nur nicht so schnell.
- Jeder verfügt über seinen persönlichen Vorrat an kraftvollen Bildern. Die Kunst liegt darin, sie zu nutzen. Am Glanz in den Augen des Erzählenden können Sie sehr schnell ablesen, welche Kraft diesen Bildern innewohnt. Diese Kraft gilt es zu nutzen. Sie steht kostenlos zur Verfügung. Und der Abruf bedarf auch keiner Anstrengung, keinem mühevollen Lernen.

Ver-Wert-ung

- Im Sinne der Passamtsarbeit: Was sind meine unverwechselbaren Kennzeichen?

- Was wären mir und meinem Unternehmen dienliche Ergänzungen?

- Welche Bilder habe ich in meinem Bilderspeicher wiederentdeckt (Vorbilder, Romanfiguren, Lehrer, Großeltern, Verwandte etc.)?

- Was hat diese Vorbilder ausgezeichnet?

- Was kann ich davon für mich und mein Beruf- bzw. mein Privatleben nutzen?

7 Ältere Kollegen respektvoll leiten

„Wie führe ich meinen Exchef, bei dem ich
vor Jahren sogar meine Ausbildung gemacht habe?"
Führungskraft ist unsicher in der Führung
von älterem Mitarbeiter

Leitfragen

- Wie entwickle ich eine tragfähige Beziehung zu Mitarbeitern, die älter sind oder sogar mal meine Chefs waren?
- Was kann ich unternehmen, wenn ich Akzeptanzprobleme bei meinen Mitarbeitern habe?
- Wie kann ich versäumte Führungsarbeit nachholen?

Einbettung

Drittes Coaching mit einer Führungskraft (F) im Rahmen eines vier-
monatigen Professionalisierungsprozesses. Die bisherige (und kriti-
sierte) Grundhaltung dieser Führungskraft kennzeichnet seine Aussage: „Ich versuche, einer von Euch zu sein und will nicht den großen
Chef rauskehren. Das Team ist für mich Mittelpunkt. Ich bin einer aus
dem Team. Natürlich sage ich auch schon mal die Meinung".

Das aktuelle Anliegen ist der Umgang mit einem Mitarbeiter, der vor Jahren der Meister dieser Führungskraft war. Nach der Ausbildung wechselte die Führungskraft die Abteilung und ist seit einem Jahr – nach mehreren beruflichen Stationen – wieder in derselben Abteilung, diesmal aber als direkter Vorgesetzter des Meisters. Die Führungskraft scheut sich, ihm gegenüber Führung wahrzunehmen.

Der Fall

F: Es ist schon ein schmaler Grad.

C: Wie meinen Sie das?

F: Na ja, er ist über zwanzig Jahre älter als ich und macht seinen Job ganz gut. Ich denke, er könnte ihn noch wesentlich besser machen, aber ich glaube ...

F zögert.

C: Und Sie glauben, dass er Sie vielleicht nicht ganz ernst nimmt?

F nickt.

F: Ich befürchte, ja.

C: Für unsere Arbeit hier ist die Frage: Wenn er tatsächlich mehr Qualität und Einsatz für Ihr Unternehmen bringen würde, würde sich das auch bemerkbar machen und letztlich auszahlen?

F: Ja, auf jeden Fall.
C: Dann legitimiert uns das, dass wir daran arbeiten. Einverstanden?

F: Ja.

C: Gut. Was waren denn Ihre bisherigen Gedanken und Versuche, in diesem Fall Führung wahrzunehmen?

F berichtet. Es wird offenkundig, dass er bislang seine Führung auf alltägliche Anweisungen beschränkt hat. Kritische Themen und die Hauptschwierigkeiten wurden nicht erwähnt. Ebenso hat F zu Beginn versäumt, für beide professionelle Klarheit zu schaffen. Nach diesen Ausführungen wird F sehr deutlich, dass ein Gespräch mit dem Meister ansteht.

F: Ich denke, es ist wohl an der Zeit, mit ihm zu sprechen. Das ist schon ein komischer Gedanke, ich meine, immerhin war er früher mein Chef.

C: Wir können ja erst einmal überlegen, ob uns dazu etwas Gutes einfällt. Danach ist immer noch Zeit sich zu entscheiden.
Mein Vorschlag: Nehmen Sie sich mal ein paar Minuten Zeit, um selbst nachzudenken. Machen Sie sich ruhig ein paar Notizen dazu. Danach setzen wir uns wieder zusammen und überlegen, wie es mit dieser möglichen Arbeitsgrundlage weitergehen könnte.

Lösungsansätze

Ebene 1: Respekt vor gewachsenen Strukturen und älteren Mitarbeitern

F hat sich nach zwanzig Minuten verschiedene Gesprächsinhalte überlegt und präsentiert seine Gedanken mutig in wörtlicher Rede – so möchte er sie auch seinem Exmeister schildern. Aus der Einladung zum Gespräch ist folgender Satz herausgegriffen, der für den weiteren Verlauf von Bedeutung ist. (F duzt seinen Ex-Meister.)

Auszug aus Originalführungsgespräch:

F: „... danach möchte ich Dir sagen, was mir an Deiner Arbeit nicht gefällt, wo ich Entwicklungschancen bei Dir sehe und ich möchte den einen oder anderen Punkt ansprechen, der mich einfach ärgert."

C: Ihre Gedanken sind gut und professionell für ein „normales" Führungsgespräch.

In diesem Fall bin ich in Sorge, ob es so funktioniert. Von der Art, wie Sie denken und sprechen, ist mein Eindruck, dass Sie von einem Extrem ins andere fallen. Sie wechseln nun von einem einjährigen Schweigen zu einem fast väterlich und gönnerhaft wirkenden Auftreten.

Das Wort „Entwicklungschancen" können Sie gut bei gleichaltrigen oder jüngeren Mitarbeitern benutzen. In diesem Fall aber ist Ihr Mitarbeiter 20 Jahre älter als Sie und darüber hinaus sogar noch Ihr Exmeister. Da halte ich es für anmaßend, von „Entwicklungschancen" zu sprechen.

F nickt.

F: Stimmt. Das klingt schon sehr hochnäsig, wenn ich so auftrete.

C: Ja, es kann sogar, wenn es schlecht läuft, in diesem Moment die Wende zum Unguten im Gespräch und in Ihrer Führungsbeziehung bedeuten.

F nachdenklich, wirkt betroffen.

C: So klingt es tatsächlich hochnäsig – und das entspricht nicht dem Eindruck, den ich bisher von Ihnen habe. Da schwingt nichts Arrogantes mit.

Es wirkt eher so, als wenn Sie gelernte Führungsprinzipien anwendeten und damit alle Mitarbeiter über einen Kamm scherten.

F: Na ja, in dem Fall ist es sicherlich so. Ihm gegenüber von „Entwicklungschance" zu reden, ist unangebracht.

C: Was wären denn relevante, also der Situation angemessene Ideen?

F und C beleuchten gemeinsam das Thema im Hinblick auf „Generationsunterschiede". Im Verlauf kommt es zu folgendem Dialog.

C: Meine Befürchtung ist, dass Sie so nur eine kleine Chance haben, ihn zu erreichen.

F wirkt nachdenklich.

F: Ich glaube, Sie haben damit Recht, leider. Egal, wie gut ich das Gespräch führen werde *(F zögert.)*, er wird sich denken, was will der denn schon von mir? Vielleicht bleibt er noch höflich, aber ernst nehmen wird er mich nicht. Was bringt es dann eigentlich?

C: Was wäre, wenn Sie es so weiterlaufen ließen?

F: Das schmeckt mir gar nicht.

C: Dann halten wir schon mal eines fest: Die Hoffnung „Wir führen jetzt mal ein tolles Gespräch und dann wird's schon werden" wird sich so nicht erfüllen. Gleichzeitig ist eine Intervention von Ihrer Seite aus Unternehmenssicht nötig.

F bejaht.

C: Ich glaube, eine mögliche Grundhaltung für Ihre Arbeitsbeziehung, die Sie ja klären wollen, wäre die:
Sie sind zwei Geschäftspartner, die beide eine Dienstleistung zu erbringen haben. Das Zustandekommen dieser Geschäftsbeziehung ist merkwürdig. Sie waren damals Lehrling bei Ihrem Geschäftspartner, heute sind Sie sein Vorgesetzter. Auf dieser Basis kann man schauen, wie man handelseinig wird.

F: Ich denke, das beschreibt unsere delikate Situation sehr gut.
C: Ich habe einige Erfahrungen mit Meistern, denen plötzlich junge Leute vorgesetzt werden. Wissen Sie, was da passiert? Die nehmen diese jungen, eifrigen Führungskräfte überhaupt nicht ernst, ja sie belächeln sie eher. Zum großen Teil wahrscheinlich auch zu Recht.
Ich denke, dass junge Manager, übrigens auch junge Berater, gut daran

täten, mit Respekt an historisch gewachsene Unternehmen zu gehen. Viele Junge treten sehr selbstbewusst, mit großem Elan und Aktionismus auf, getreu dem Motto „Neue Besen kehren gut" – und merken nicht, dass sie damit auch viel Gutes wegfegen. Da fehlt das Augenmaß, zu unterscheiden zwischen „Auf-Altbewährtem-Aufbauen" und „Veraltetes-in-Frage-stellen".

Das hat für mich auch mit einer seelischen Haltung zu tun, die man schlicht mit den Worten „Demut und Bescheidenheit" beschreiben kann.

Klinge ich Ihnen damit zu moralisch?

F: Nein, keineswegs. Ich erlebe es ja an mir und auch an anderen jungen Führungskräften. Wir werden ja auch dafür eingestellt, etwas zu bewegen. Und dann merke ich schnell, ich stoße überall an Grenzen. Kann nichts tun. Und wenn ich ganz ehrlich bin, schiebe ich es dann so ein bisschen auf die anderen, die sich halt auch nicht bewegen.

C: Sie merken, dass es vermutlich mehr darum geht, erst einmal eine solide Basis zu schaffen, bevor Sie überhaupt mit konkreten Führungs- und Kritikpunkten anfangen.

Ebene 2: Eine solide Basis schaffen

F lächelt und bejaht. F und C entwickeln Ideen, um ein realistisches Fundament für eine gute Zusammenarbeit zu schaffen. Als Beispiel ein Vorschlag zur Gesprächsgestaltung von F:

- *Lösungsweg von F*

> Weißt Du, es ist schon eine merkwürdige Situation für mich. Du bist mein ehemaliger Vorgesetzter, zwanzig Jahre älter als ich, und nun soll ich mit Dir ein Feedbackgespräch führen, also über Deine Stärken und Schwächen reden. Da muss ich eigentlich schon selbst lachen. Ich bin nicht naiv genug zu glauben, dass ich Dich jetzt plötz-

lich führen kann. Einerseits. Und andererseits werde auch ich daran gemessen, wie gut ich über alle meine Mitarbeiter, also auch über Dich, Führung wahrnehme.

Die Frage ist also, was wir tun können, um eine gute Arbeitsbeziehung zwischen uns herzustellen. Ich rede jetzt nicht von einem angeordneten Feedbackgespräch, sondern eher davon, wie es uns gelingt, die Arbeitsbeziehung sinnvoll zu gestalten. Ich sehe für uns zwei grundsätzliche Möglichkeiten:

Die erste Möglichkeit: Ich bin der Junior. Du bist mein früherer Chef. Nun können wir eine Art Stillstandsabkommen beschließen. Du nimmst mich nicht wirklich ernst und ich tue zumindest nach außen so, als ob ich Führung wahrnähme.

Die zweite Möglichkeit: Wir erkennen beide die Vergangenheit an. Auf dieser Basis überlegen wir gemeinsam, was ein guter Umgangsstil wäre. Das heißt, wir suchen eine Form, mit der Du gut leben kannst, bei der Du Dich ernst genommen fühlst und bei der auch ich entsprechend meinen Teil der Führung wahrnehmen kann. Wozu natürlich auch gehört, Kritik im Guten und im Unguten zu äußern. *(Pause)* Du merkst, ich versuche einfach ganz offen und frei die Sachlage zu erläutern. Der einzige Ausweg, der mir dazu einfällt, ist, genau das mit Dir zu besprechen. Im besten Fall überlegen wir gemeinsam, wie wir handelseinig werden. Es kann natürlich auch sein, dass Du schon jetzt über meine Gedanken lachst. Damit muss ich dann auch leben.

F: Ja, das ist der Weg. Ich denke, selbst wenn meine Geschäftsleitung und die Firmenphilosophie diese klassischen Feedback- und Beurteilungsgespräche vorsehen: In diesem Fall hat es einfach keinen Sinn. Und ich bin recht sicher, dass wir auf dieser Basis einen gemeinsamen Weg finden werden. Im Grunde ist er schon ein konstruktiv denkender Typ. Und ich denke, er fühlt sich damit auch verstanden.

C: Ja, verstanden und gewürdigt. Und hier geht es vermutlich um Respekt und Würde.

Nachdenkliches Schweigen.

C: Ebenso, um Sie zu beruhigen: In einem Teil Ihrer schriftlichen Unternehmensphilosophie findet man ja die Worte „über den Tellerrand blicken" und „unternehmerisch denken" – Ich glaube, dass Sie auf diesem Wege die Unternehmensziele sogar besser erreichen. So gesehen heiligt der Zweck die Mittel, auch wenn ich von dieser Volksweisheit meistens nichts halte.

Ebene 3: Eigene Fehler und Beiträge zum Misslingen eingestehen

F und C arbeiten weiter an den Inhalten. F stellt im Verlauf fest, dass er zu Beginn seiner Führungstätigkeit kaum einen Beitrag geleistet hat, um professionelle Klarheit zu erzeugen – auch nicht bei den übrigen Mitarbeitern seines Teams. Dadurch sind auch geldwerte Fehler und Missverständnisse aufgetreten. Im Coaching kommt er zum Schluss, dass es vernünftig ist – auch bezogen auf das bevorstehende Gespräch mit dem Ex-Meister – zu den eigenen Fehlern zu stehen.

F: Stimmt schon. Wenn ich nach einem Jahr der Zusammenarbeit so plötzlich mit Kritik komme und dabei selbst schon einiges verbockt habe, dann passt das einfach nicht. Das wirkt ja total überheblich und signalisiert, ich sei unfehlbar.

C: Genau. Man muss verantworten, was man tut, und auch, was man unterlässt.

F möchte dem Exmeister auch seine eigenen Versäumnisse und Fehler berichten und tut es im Coaching so, wie er es auch im anstehenden Gespräch tun möchte. C gibt dazu seine Einschätzungen ab.

C: Prima. Mir gefällt es, wenn Sie auch Ihre Beiträge zum Misslingen benennen, denn er denkt ganz sicher daran. So zeigen Sie offen und spielerisch, dass Sie nicht über den Dingen stehen und auch Fehler machen. Und ein Nebeneffekt ist dabei nicht zu unterschätzen: Sie zeigen vorbildlich, wie ein guter Umgang mit Fehlern und eigenem Verschulden sein kann. Im Idealfall entsteht so Stück für Stück eine Kultur, in der man hilfreich und gut mit Fehlern umgehen kann. Und dabei lässt sich gemeinsam überlegen, was man daraus lernen kann. Das Gegenteil davon ist eine Kultur, bei der man Fehler unter den Teppich kehrt und den Schuldigen an den Pranger stellt. So zeigen Sie Größe.

F: Hm, freut mich.

C: Was mir nicht gefallen hat, ist die Stelle, an der Sie Ihre Eigentore beschrieben haben. Sie liefern dazu detaillierte Begründungen. Das würde ich lassen. Denn damit fördern Sie wiederum eine Kultur der Erklärung und Rechtfertigung.

Im Idealfall sagen Sie: „Das war ein Fehler, das habe ich nicht gut gemacht und ich übernehme die Verantwortung dafür." – Pause – Ende.

Das ist natürlich schwer, weil wir es schon fast verautomatisiert haben, für jeden Fehler – wenn wir ihn schon zugeben – auch sofort eine Erklärung zu liefern. Und diese Erklärungen weisen dann meistens auf andere hin. Ich glaube, es wirkt viel souveräner, dazu einfach nichts zu sagen. Damit reagieren Sie vorbildlich.

Gerade auch gegenüber Mitarbeitern, die sich selbst sehr schnell und fantasievoll in Erklärungen und Rechtfertigungen flüchten, halte ich es für besonders empfehlenswert.

F: Ja, das stimmt. Schon während ich sprach, dachte ich, dass es überflüssig sei, auch noch Erklärungen zu liefern – als wäre ich in der Erklärungsnot. Einfach zum Fehler zu stehen, das ist viel vernünftiger.

C: Auch beim zweiten Eigentor: Statt in die Richtung zu argumentieren: „Na ja, man hat mich ja auch einfach so ins kalte Wasser geschmissen", was vielleicht ja auch stimmt, würde ich eher so auftreten: „Meine ersten Monate sind vorbei. Im Nachhinein stelle ich fest, dass ich meine Führungsrolle nicht klar und präzise kommuniziert und ausgefüllt habe. Ich habe versäumt, meine Erwartungen deutlich zu äußern und mir auch Eure Erwartungen anzuhören. So gesehen bin ich bezogen auf meine Führungsrolle recht unbestimmt aufgetreten. Das kann nicht funktionieren und das tut mir Leid. Ab jetzt möchte ich es besser machen."

F: Ja, das stimmt. Ich habe einige Erklärungen geliefert. Wenn ich das jetzt höre, klingt es einfach und dennoch vollständig. Und ich habe auch nicht das Gefühl, dass ich mir damit meine Autorität als Führungskraft untergrabe.

C: Schön. Was mir sehr gut gefallen hat, ist der Teil, in dem Sie über Ihrer beider Versäumnisse in der Vergangenheit gesprochen haben. Und zwar besonders Ihre Hinführung „Mein Anliegen ist nicht, in der Vergangenheit rumzubohren, sondern eher den Teil davon zu nutzen, der uns hilft, auch in der Zukunft besser zu werden." – Ich denke, in einer sich entwickelnden Lernkultur ist es hilfreich, immer wieder darauf hinzuweisen, warum es Sinn hat, Fehler zu beleuchten – und aus welchem Blickwinkel man sie betrachten soll. In der Regel wird viel Kreativität investiert, Schuldige und Erklärungen zu finden. Und doch: Auch optimal analysierte Irrwege bleiben Irrwege.

F: Stimmt. Wenn ich so an manche Besprechungen denke, auch an private, dann kann ich ein Lied von singen.

C: Ein vorbildlicher, professioneller Umgang mit Fehlern ist auch eine Riesenchance, für Ihr Unternehmen viel Geld zu sparen.

Pause des Nachdenkens.

C: Sind Sie zufrieden mit dem Ergebnis unserer Arbeit für diesen Fall?

F: Ja. Ich fühle mich nun sicher und gut vorbereitet, meine Führungsaufgabe mit Herrn XY wahrzunehmen und auch aktiv zu gestalten.

C: Okay. Ich halte es am Schluss gerne so, dass ich noch gemeinsam mit meinem Klienten überlege, ob wir auch entsprechend der Unternehmensphilosophie gearbeitet haben. Sollen wir das hier auch tun?

F: Ja, gerne. In unseren Leitlinien stehen z. B. Begriffe wie „Unternehmerisch denken und handeln – dialogorientierte Führung – innovative
Mitarbeiter" *(Pause)*. Ich denke, dass wir ganz im Sinne unseres Leitbil-
des gearbeitet haben. Das ist schon interessant. Ehrlich gesagt, denke
ich sonst eigentlich gar nicht darüber nach, ob meine Arbeit auch zu
unserer Philosophie passt.

C: *(Lächelnd)* Ich glaube, damit sind Sie keine Ausnahme.

F: Die Arbeit heute zeigt mir aber auch, dass man am meisten etwas lernen kann, wenn man an schwierigen Fällen in die Tiefe geht und diese –
beispielhaft für andere ähnliche Situationen – dann mit aller Sorgfalt
bearbeitet. Wenn wir nur an der Oberfläche geblieben wären, hätten wir
die Unternehmensgrundsätze wohl kaum erfüllt.

*F und C überlegen noch zehn Minuten, wie die Erkenntnisse aus diesem Fall
für andere Führungssituationen genutzt werden können.*

Ver-Dicht-ung

* Für besonders anspruchsvolle, vertrackte Führungssituationen, wie
  in diesem Fall, gibt es sicherlich keine Patentlösung. Als junge Führungskraft seinen ehemaligen Chef zu führen, ist sicherlich eine besondere Herausforderung, wenngleich kein Einzelfall.
* In diesem Fall empfindet die junge Führungskraft vermutlich zu
  Recht, dass sie bei ihrem Exchef nicht akzeptiert ist, zumindest nicht
  in ihrer neuen Führungsrolle. Und damit als Vorgesetzter von ihm.
  Der Sache schweigend aus dem Weg zu gehen und sie auszusitzen,
  ist sicherlich nicht die Lösung für das Unternehmen. Ebenso wenig
  für die eigene Karriere.
* Viele Führungskräfte geben sich in solchen Situationen dann große
  Mühe, sind besonders höflich, zeigen sich von ihrer besten Seite. Und
  gleichzeitig spüren Sie, dass sie trotzdem nicht wirklich akzeptiert
  werden. Diese Versuche sind häufig Fehlversuche im Muster „mehr
  desselben".

- In solchen Fällen empfiehlt es sich, die Nichtakzeptanz in den Vordergrund zu rücken und sie ganz klar auszusprechen. Dazu gehört Mut. Es liegt in der Logik der Sache, dass es besser ist, den Störungshintergrund offen darzulegen und mit dem anderen gemeinsam zu überlegen, was gute Lösungen wären. Statt sofort eigene Lösungsvorschläge vorzuschlagen und dem Partner überzustülpen.
- Es gibt plausible Erkenntnisse aus Bereichen der Familientherapie, die darauf hindeuten, dass das Alter und die Würdigung des Alters eine wichtige Rolle spielen. Es geht dabei nicht um schlichte Höflichkeit, sondern darum, dass Mitarbeiter, die schon länger in einem System arbeiten, einen besonderen Platz und spezielle Achtung verdienen. Womit nicht dumpfes Hinnehmen von Fehlern gemeint ist.
- Mit den eigenen Fehlern zu beginnen, das klingt selbstverständlich. In der Praxis hat dieses Vorgehen nach wie vor Seltenheitswert. Vor allem, wenn es darum geht, eigene Fehler so einzugestehen, dass man auch echte Verantwortung dafür übernimmt und nichts beschönigt. Meist wird erklärt und sich gerechtfertigt.

Ver-Wert-ung

- Kenne ich ähnliche Situationen oder Fälle in meinem Berufsalltag?

- Wie gehe ich damit um?

- Gibt es Mitarbeiter und Kollegen, von denen ich mich nicht akzeptiert fühle?

- Was könnten die Gründe dafür sein?

- Wie könnte ich die Situation klären? Wie könnte ich vorgehen, ohne damit jemanden zu überrumpeln?

- Was könnten meine Beiträge zum Misslingen gewesen sein, „meine Eigentore"?

- Wie könnte ich diese ansprechen, ohne mich zu erklären oder zu rechtfertigen?

- Wenn mein Vorgesetzter es versäumt hat, mich professionell als Führungskraft einzuführen, was könnte ich von ihm nachträglich noch einfordern?

- Wie könnte ich ihn noch in guter Art und Weise, eben positiv in die Pflicht nehmen?

- Wie könnte ich schon möglichst viel vorbereiten?

- In welchen Lebensbereichen steht es an, eine solide Basis zu schaffen?

„Im Recht verharren, führt zu Unrecht."

Dr. Bernd Schmid

8 Störungen haben Vorrang

„Wie gehe ich mit Gefühlsausbrüchen eines Mitarbeiters um?"

Direktor

Leitfragen

- Wie gehe ich in achtsamer und authentischer Form mit Gefühlen eines Mitarbeiters um?
- Wie achte ich als neue Führungskraft die Vergangenheit der Mitarbeiter und motiviere sie zu Veränderungsprozessen?
- Wie gehe ich als Geführter mit Verletzung und Ungerechtigkeit um?

Einbettung

Vertikales Coaching mit einem Direktor (D) und einer Hauptabteilungsleiterin (H), 1500 Mitarbeiter hat das Unternehmen.
Der Direktor ist relativ neu im Unternehmen. In seiner eigenen Einschätzung gelingt es ihm nicht hinreichend, tragfähige professionelle Beziehungen zu seiner nächsten Führungsebene (Hauptabteilungsleiter) aufzubauen. Sinn, Zweck, Funktionsweise, Inhalte von Vertikalem Coaching sind in der Einleitung beschrieben.

Es ist die zweite Sitzung. Beim ersten Mal ging es einige Wochen zuvor darum, die bisher versäumte Klärung gegenseitiger Erwartungen nachzuholen. Nun ist „Sand im Getriebe". Die Themen dieses Coachingauszugs ergeben sich ungeplant aus dem Verlauf.

Der Fall

D: Ich habe noch einen Aspekt, der mir zum Punkt „Zusammenarbeit" einfällt. Das ist das Thema ... *(zögert)* ... Kompetenz. Wir haben darüber auch schon mal geredet. Es ist so, dass sie seit sieben, acht Jahren keine einzige Führungskräfteweiterbildung besucht hat. Sie hat also nicht eine Fortbildungsveranstaltung genossen, bei der es um Führungsthemen ging ... *(Er wird zunehmend erregter.)* Anscheinend hat es mein Vorgänger nicht für nötig gehalten ...

C *(Er unterbricht.)* Wir haben ja vorher vereinbart, dass ich mich sofort melde, wenn mir an Ihrem professionellen Stil etwas auffällt ...
Sie sind gerade dabei, die Vergangenheit zu bewerten und zynisch zu werden. Das ist der Sache hier nicht dienlich. Vielleicht können wir es dabei belassen, dass Führungskräfteentwicklung in klassischer Weiterbildungsform offenbar nicht stattgefunden hat, aus welchen Gründen auch immer. Das haben Sie als neuer Direktor auch gar nicht zu vertreten.

D: *(Er wirkt wieder klar und ruhig.)* Ja, stimmt ... Und das ist genau das Problem, dass ihr nun im Prinzip sieben Jahre fehlen ... für mich fehlen sieben Jahre Entwicklung!

C: *(Er unterbricht wieder.)* Ich will Ihnen nicht die Rede verbieten. Und bleibe konsequent ...

D: *(Er unterbricht.)* ... Das sind sieben Jahre Entwicklung, die ich gemacht habe! Ich war auf etlichen Fortbildungsveranstaltungen und habe mich insgesamt viel mit Führungsfragen beschäftigt. Damit trennen uns meines Erachtens Welten und meine Frage ist, wie wir uns in diesen wichtigen Bereichen annähern können?

C: *(An H gerichtet.)* Wie geht es Ihnen damit, wenn Sie das so hören?

H: Sicherlich ist es eine harte Feststellung, und was die Fortbildungen angeht, ist sie auch zutreffend.

C: *(an den Direktor gerichtet.)* Wie Sie ja selbst bereits gesagt haben, sollten wir uns hier eher der Frage zuwenden, wie Ihre zukünftige Führungsbeziehung gewinnbringend gestaltet werden kann, und zwar gewinnbringend für beide. Und dafür scheint mir ein schuldsuchender, anklagender Blick in die Vergangenheit wenig zweckdienlich zu sein.

Er wirkt nachdenklich und nickt.

C: *(D zu H)* Momentan sehe ich die Gefahr, dass Sie als erfahrene Führungskraft für völlig neue Bereiche ins kalte Wasser geworfen werden, was vielleicht für manche Lernprozesse auch ganz dienlich ist. Geschieht dies aber ohne Schwimmhilfen, dann werden Sie untergehen. Sie bringen ja bereits einiges an praktischer Führungserfahrung mit. Ich denke, hier wird es darum gehen, zu überlegen, wie Sie schnell an leistungsfähige Schwimmhilfen kommen. Das heißt, wie eine gesunde Balance an Unterstützung und Freiräumen geschaffen werden kann. Stimmen Sie mir soweit zu?

D: *(Er übersieht in diesem Prozess körpersprachliche Signale von H und nickt eifrig.)* Ja, genau das müssen wir hier klären! So kann's nicht weitergehen.

H kämpft mit den Tränen, beginnt dann zu weinen. Der Direktor bemerkt dies, wirkt überrascht, dann betroffen und unbehaglich. Er schaut hilfesuchend zum Coach. Der Coach erwidert schweigend seinen Blick. Zirka eine Minute herrscht Schweigen.

C: *(Zu H, nachdem sie sich wieder etwas gefasst hat.)* Möchten oder können Sie sagen, was bei Ihnen hochgekommen ist?

H: *(Jetzt wieder mit den Tränen kämpfend.)* Es ärgert mich einfach. Wenn es jetzt so dargestellt wird, als könne ich überhaupt nicht führen ... Das war doch im Grunde genommen die Aussage. Zumindest habe ich es so empfunden.

C: Und das verletzt Sie auch ...

H: *(Die Tränen werden wieder stärker.)* Ja, natürlich! *(sehr erregt)* Ich bin schon sehr lange in der Führung, ich war in vielen Leitungsfunktionen und habe auch sehr große Teams geführt. Deshalb kann ich das nicht einfach so stehen lassen. Das ärgert mich jetzt maßlos! *(ringt nach Worten)*
Wenn ich die Erwartungen, die an eine moderne Führungskraft gestellt werden, vielleicht nicht ganz erfülle, weil ich es versäumt habe, mich weiterzuqualifizieren, dann kann man mir das im Nachhinein nicht zum Vorwurf machen.

Schweigen. Im Raum herrscht eine Atmosphäre von Enttäuschung. Wut und Betroffenheit kommen auf. Nach einer kleinen Pause:

C: Wie gehen wir denn jetzt mit dieser Situation um? *(Schweigen, D und H blicken zu Boden – zu D, der betroffen und nachdenklich wirkt sagt C:)* Sie wirken nachdenklich. Ich werde Sie noch einige Minuten lassen.

D schaut kurz auf, nickt und senkt dann wieder den Blick zu Boden, ist also im inneren Dialog.

C: Sie beide wissen ja, dass ich im Hinblick auf die Qualifizierung von Führungsbeziehungen gerne an konkreten Beispielen arbeite, also an Fragmenten. Ich denke, hier bietet sich uns eine gute Chance zu analysieren, wie man mit einer schwierigen Situation und auch Belastung in der Führungsbeziehung umgehen kann. In meiner Rolle als

Moderator frage ich Sie deshalb, ob wir diese Gelegenheit gemeinsam nutzen, auch wenn wir das eigentliche Thema dafür eine Weile verlassen?

Beide schauen auf und nicken. Die Aufmerksamkeit richtet sich wieder auf das gemeinsame Tun.

C: Ich fasse somit die bisherigen Punkte zusammen: Stimmen wir alle darin überein, dass es wenig Sinn hat, in einer schuldsuchenden, vorwurfsvollen Form die Vergangenheit zu analysieren?

D und H nicken bejahend.

C: Noch einmal zum Kontext: Vor ein paar Wochen hatten wir ja schon eine Sitzung, bei der Sie beide intensiv und im Detail Ihre gegenseitigen Erwartungen geklärt haben. Ebenso waren Sie beide realistisch in Ihrer Einschätzung, dass noch einiges an Hürden und Schwierigkeiten auf Sie zukommen wird.
(Weiter zu H.) Sie sind heute hier in der Rolle einer Führungskraft und leiten einen Bereich, den Sie vorher noch nicht geführt haben. Zu diesem neuen Bereich kommen nun auch noch diverse Veränderungsmaßnahmen, mit deren Inhalt und Umsetzung Sie noch keinerlei Erfahrung haben.

H nickt und kommt auch langsam wieder in die Konzentration zurück.

C: Und nun, ganz nüchtern betrachtet, treten die ersten Hürden auf. So gesehen läuft alles nach Plan. An unserem ersten Rollenklärungstag haben Sie beide vereinbart, bei auftretenden Schwierigkeiten möglichst klar, offen und direkt miteinander zu kommunizieren. Das haben Sie gerade getan. Und jetzt gilt es, zunehmend einen Kommunikationsstil zu entwickeln, der professionell, zeitökonomisch und für beide Seiten annehmbar ist und sich vor allem nicht durch zu große Weichheit und Schwammigkeit auszeichnet. Sehe ich das so richtig?

Beide nicken, die Atmosphäre ist wieder gelöster und konzentriert. Alle drei überlegen fünf Minuten, wie es weitergehen kann.

C: Ich denke, es bieten sich drei verschiedene Ebenen an, auf denen wir diese Situation beleuchten können. *(Zu D gewandt.)* Zu Ihnen: die erste Ebene betrifft das Thema „Führung und Kommunikation" und die zweite das Thema „Professioneller Umgang mit Emotionen". Mit professionell ist dabei jedoch nicht hartherzig gemeint.
(Zu H gewandt.) Bei Ihnen fällt mir die Ebene ein: „Umgang mit Verletzung und Ungerechtigkeit".

Beide wirken neugierig.

Lösungen

Ebene 1: Führung und Kommunikation

C: Beginnen wir mit dem Thema Führung und Kommunikation?

D ist einverstanden.

C: Haben Sie eine Idee, was Ihr Beitrag gewesen sein könnte, der zu der momentanen Schwere in unserem Arbeiten geführt hat?

D: Ja, ich denke schon. Mir gelingt es nicht, meine Kritik gut zu verpacken ...

C: Wenn wir uns jetzt mal vom Stichwort Verpackung lösen und überlegen, was könnte weniger gute Kommunikation sein, was fällt Ihnen dann ein?

D: Offenbar führten meine Feststellung, dass in der Vergangenheit nichts an Schulungen gelaufen ist, und das Eingangswort „Kompetenz" bei Frau XY dazu, dass sie sich und ihre Person komplett in Frage gestellt fühlte.

(An H gerichtet.) Ich merke, was ich da angerichtet habe. Mich bedrückt das und ich hab's wirklich auch nicht so gemeint.

C: Auch wenn jetzt eine Schwere hinzugekommen ist – die Entstehung ist typisch für viele misslungene Kommunikationsszenen. Sie kennen sicherlich die alte Kommunikationsregel: Es zählt nicht das, was A sagt, sondern was B versteht.
Trotz Ihrer Absicht, in angemessener Form kritische Rückmeldung zu geben, war die Wirkung für Frau XY, ihre jahrelange Arbeits- und Führungserfahrung komplett in Frage gestellt zu sehen. Mit dieser Form von Kommunikation fühlen sich Ihre Führungskräfte mit ihren Kenntnissen und Erfahrungen nicht genügend geachtet, so dass diese Kritik nicht bereichernd, sondern verletzend wirkt. Zumal, wenn Sie sich selbst als bestes Beispiel präsentieren, wie sinnvoll berufliche Weiterentwicklung ist. Das lädt Ihre Mitarbeiter nicht ein, sondern aus. Verstehen Sie, wie ich das meine?

D: Ja, ich bekomme ein Gefühl dafür, was schief gelaufen ist. Noch habe ich aber keine schlüssige Vorstellung davon, wie ich es denn hätte besser machen können. Ich wollte sie nicht verletzen, geschweige denn hinabsetzen.

C: Bezogen auf Ihre Kommunikation möchte ich Ihnen folgende Empfehlung geben: Würdigen Sie bei Ihrem Feedback stets das Vergangene, das Gewesene. Das heißt nicht, dass Sie alles toll finden müssen. Es gibt immer Bereiche und Vorgänge, die man positiv betrachten kann, das Ungute lassen Sie weg. Denn an der Vergangenheit können Sie nichts mehr ändern. Die Zukunft ist der Raum Ihrer Möglichkeiten, deshalb ergänzen Sie das, wo Sie in Frage sind, was Ihnen missfällt oder was Sie nicht überzeugt, mit dem Blick nach vorne. Das bedeutet sinngemäß Folgendes: *„Frau XY, Sie haben bereits einige Jahre Führungserfahrung. Ich halte Sie für die richtige Besetzung, was die neue Aufgabe angeht. In einigen Punkten, im Hinblick auf die neue Rolle, zweifle ich. Und um bestimmte Fragen zu klären, sitzen wir hier."*
Gelingt es Ihnen, in dieser Form oder ähnlich aufzutreten und Ihrer

Führungskraft den hinreichenden Respekt zu zollen, dann fühlt sie sich geachtet und ist bereit für Veränderungen. Denn wenn das Alte nicht hinreichend und auch nicht glaubhaft gewürdigt wird, entsteht eine Kultur der Verweigerung, in der Ihre Mitarbeiter es gar nicht für nötig halten, mit Ihnen an einem Strang zu ziehen, weil sie wissen, dass sie gut arbeiten und das auch für die Vergangenheit so sehen. Das hat im Übrigen auch nichts mit guter Verpackung zu tun.

D wirkt nachdenklich, nickt dann zustimmend.

C: Meine Befürchtung ist, dass mein Tipp, den ich Ihnen gerade auf der Kommunikationsebene gegeben habe, zu einer reinen Floskel verkümmern könnte, wenn Sie ihn als rhetorisches Mittel betrachten. In dem Fall würden Ihre Mitarbeiter das auch relativ rasch merken und Ihre Glaubwürdigkeit in Frage stellen. Je besser es Ihnen gelingt, auch mit der inneren Grundhaltung „Ich bin okay – Du bist okay" mit Ihren Mitarbeitern im Kontakt zu sein, desto wirksamer wird Ihr Feedback – und jedes andere Gespräch.

D: Ja, das kann ich gut nachvollziehen. *(Lächelt.)* Da habe ich noch einiges zu üben ...

C: Darf ich noch etwas Kritisches hinzufügen, auch wenn Frau XY dabei ist?

D nickt ermunternd.

C: Unabhängig von Ihrer Rhetorik wissen Sie sicherlich selbst, dass Sie in Ihrem Auftreten eine sehr selbstbewusste und kraftvolle Wirkung auf andere haben. Dies ist sicherlich eine wichtige und hilfreiche Voraussetzung für die erfolgreiche Ausübung Ihrer Direktorenrolle. Wenn dieses kraftvolle Auftreten jedoch mit unglücklichen Kommunikationsfiguren gepaart ist, entmutigen Sie Ihre Mitarbeiter eher, an den anstehenden Veränderungen mitzuwirken.
(An H gerichtet.) Angenommen Herr D würde seine Rolle konsequent

ausüben und gleichzeitig gewinnend auftreten, was wäre dann eine gute Haltung?

H: *(Nach kurzem Nachdenken.)* Er kann ja so kritisch sein, wie er mag. Darum geht es gar nicht.

Nur: Er vermittelt mir den Eindruck, unfähig zu sein und ich vermute, ich stehe mit dieser Meinung nicht allein. Und vor allem wirkt das dann so, als wenn wir jahrelang wirklich überhaupt nichts auf die Reihe bekommen hätten.

C: Wie wäre es mit dieser Haltung?

„Ich würdige und achte das, was vor mir war und fühle mich frei, dazu einzuladen, gemeinsam nach Möglichkeiten zu suchen, etwas zu verändern und auch besser zu machen. Auf dieser Basis erlaube ich mir, Anweisungen zu geben. Und werde sie auch geben.“

H: Das ist völlig in Ordnung. Einen überall nach Demokratie strebenden Chef hatte ich mal. Das war unerträglich. Darum geht es mir also gar nicht.

D ist aufmerksam, betroffen und nachdenklich.

D: Die Sache ist schon verdammt komplex. Einerseits habe ich gar keine Lust, jetzt auf jedes Wort genau zu achten. Andererseits merke ich, dass ich oft gegen die Wand renne.

C und H nicken. Nach einer kurzen Pause geht die Sitzung weiter.

Ebene 2: Professioneller Umgang mit Emotionen

C: Gut. Kommen wir zur nächsten Ebene, dem professionellen Umgang mit Emotionen.

D: Ehrlich gesagt, bin ich ganz froh, dass Sie diesen Bereich ansprechen. Denn – offen gestanden – bin ich bei dem Thema völlig ratlos. Ich habe öfter die Situation, dass Mitarbeiter vor mir sitzen und plötzlich in Tränen ausbrechen. Teilweise, weil ich möglicherweise verletzend kommuniziert habe, teilweise, weil sie sich überlastet fühlen oder private Sorgen haben, die ich gar nicht zu verantworten habe. Aber auch dann weiß ich häufig nicht weiter.

C: *(zu H)* Ist es für Sie in Ordnung, wenn ich die Situation von eben nutze, damit wir das hier besprechen können?

H: Ja, das passt mir.

C: Prima. *(An D gerichtet.)* Was ist denn Ihr erster Impuls in einer solchen Situation?

D: Ich fühle mich sofort eingeengt, regelrecht hilflos – bin fast ohnmächtig. Eigentlich möchte ich irgendwas tun, möchte, dass es dem anderen besser geht. Meistens lenke ich dann ab, springe zum nächsten Thema und bin froh, wenn der andere da gleich mitziehen kann. Oft ist ihm die Situation ja auch unangenehm. Aber irgendwie bleibt trotzdem ein sehr schaler Nachgeschmack.

C: Genau. Wichtig für einen professionellen Umgang damit ist sicher zunächst einmal die Frage: Habe ich etwas selbst zu verantworten? Im Sinne von: war ich verletzend? Ungerecht? Zu impulsiv? Zu persönlich? Wenn die Verantwortung dafür nicht bei Ihnen liegt, dann ist es gut, die Gefühle beim anderen zu lassen und sich nicht von der Schwere des Problems anstecken zu lassen. Damit lassen Sie ihm auch seine Würde.
Das Problem ist natürlich, dass man mit seinem Bauchgefühl daneben liegen kann. Je unsensibler jemand ist, desto leichter passiert ihm ein Fehltritt. Leider wird er es vermutlich auch anschließend kaum merken. *(An H gerichtet.)* Wie haben Sie es denn selbst empfunden, als wir alle drei einfach nur geschwiegen haben?

H: Zunächst einmal war es mir unangenehm, dass ich mich nicht mehr beherrschen konnte und zu weinen anfing. Allerdings war mir das Schweigen dann eher recht. Wenn Sie sofort das Thema gewechselt hätten, hätte ich Ihnen ja noch gar nicht folgen können. Außerdem verstärkt es den Druck, jetzt sofort mit dem Heulen aufhören zu müssen, weil das als unprofessionell gilt – zumal bei Frauen!

C: Hätte es Ihnen gut getan, wenn Herr XY sich sofort entschuldigt hätte? Oder wenn Äußerungen gefallen wären wie z.B. „So war es doch gar nicht gemeint!" – „Na, na, so schlimm war es doch auch nicht!" – „Wer wird denn gleich so empfindlich sein?" Oder Ähnliches?

H: Um Gottes Willen! Da würde ich mich richtig auf den Arm genommen fühlen! Das sind ja solche inhaltsleeren Floskeln, die mir das Gefühl geben würden, dass man mich überhaupt nicht versteht. Dann lieber gar nichts sagen, als solche Sprüche loslassen.

C: Damit sind wir schon beim Kern der Sache. Was ist denn nun ein angemessener Umgang mit so einer Situation?

D: Gar nichts sagen? So tun, als ob nichts wäre?

C: Es gibt noch etwas dazwischen. Das ist schlichtweg das absichtsloses, unspektakuläres Anwesendsein.

Fast eine halbe Minute Schweigen und Nachdenklichkeit.

D: So recht kapiere ich das nicht.

C: Mit unspektakulärem Anwesendsein meine ich, dass Sie innerlich eine bejahende Haltung haben, das heißt, es ist für Sie in Ordnung, wenn Ihrem Gesprächspartner die Tränen kommen, das ist ja nur menschlich – und Sie halten das aus. Ohne Druck. Absichtslos meint, dass Sie gar nicht erst in einen Aktionismus geraten und schnell diese Situation beenden wollen. Versuchen Sie einfach Anteil zu nehmen. Bleiben Sie ruhig, starren Sie Ihren Gegenüber nicht an, sondern seien

Sie taktvoll und unzensierend anwesend, das heißt, mit Ihrem Wesen dabei.

Sie können darauf vertrauen, dass es nach wenigen Minuten wieder weitergehen kann. Die Atmosphäre wird dann verändert sein, klar – in der Regel ist sie sogar dichter und wesentlich klarer als vorher.

D: Hm, ich glaub, das fällt mir total schwer. Irgendwie meine ich immer, was machen zu müssen.

C: *(Zu H.)* Wie ist das für Sie?

H: Ja, ich denke, so wäre es gut. Das nimmt mir auch die Peinlichkeit dieses Moments, wenn ich das Gefühl habe, es ist jetzt nicht schlimm, dass mir die Tränen kommen.

D: Dazu fällt mir gerade auch etwas Privates ein: Mit meinen Kindern mache ich das auch oft so. Zum Beispiel: Die haben ein Problem mit Freunden oder in der Schule, erzählen mir davon manchmal sehr aufgewühlt und dann lasse ich die Gefühle gar nicht richtig zu, sondern bin sofort dabei, in irgendeiner Form was zu kommentieren und Lösungen anzubieten. Und wundere mich dann, wenn sie gar nicht darauf eingehen. Vielleicht sollte ich es wirklich einmal lassen und nur schweigend dabei sein.

D versinkt in eigenen Gedanken und Bildern, ihm scheinen noch mehr Situationen dazu einzufallen.

C: Ich denke, wir lassen es mal dabei.

Kurzes, gesammeltes Schweigen.

Ebene 3: Umgang mit Verletzung und Ungerechtigkeit

C: *(Zu H)* Können wir Ihre Ebene ansprechen, bei der es um den Umgang mit Verletzung und Ungerechtigkeit geht?

H bejaht.

C: Ich schildere Ihnen mal als strenger, nüchterner Berater einen möglichen Blickwinkel: Zu einer professionellen Führungsbeziehung gehört
auch eine professionelle Feedback-Kultur. Und Feedback beinhaltet sowohl Geben als auch Empfangen von Feedback. Sie haben vorhin ein
sehr kritisches Feedback erhalten, das Sie zudem noch verletzt und ge-
ärgert hat. Deshalb kamen Ihnen die Tränen. Welche Möglichkeiten des
Umgangs könnten Sie sich noch vorstellen? Jetzt haben Sie ja schon etwas Abstand dazu gewonnen.

H: Ich glaube, ich sehe da noch einen Punkt, der die Reaktion entscheidend
beeinflusst. Wenn ich das Gefühl gehabt hätte, ja, es stimmt absolut, was
er mir rückmeldet, dann hätte es mich vielleicht auch in die Krise ge-
stürzt, weil es mir vielleicht selbst erst in diesem Moment klar geworden
wäre. Nun hatte ich aber das Gefühl, es stimmt überhaupt nicht, was er
da sagt. Ich habe seit vielen Jahren Führungserfahrung und da kann
nicht alles schlecht und falsch gelaufen sein, sonst wäre ich nie in die Position einer Hauptabteilungsleiterin gekommen. Insofern habe ich es als
unfair und sehr ungerecht empfunden. Wenn ich jetzt darüber nach-
denke, hätte ich natürlich auch etwas gelassener reagieren können.

C: Wie könnte das aussehen?

*H und C (D zuschauend) überlegen zusammen, was ein guter Umgang mit
ungerechter Kritik sein könnte.*

H: So wäre es schon gut:
„Ich nehme Ihre Kritik wahr und teile auch Ihre Einschätzung, dass ich
noch einiges verbessern und dazulernen kann. Der Stil, wie Sie es mir
gesagt haben, gefällt mir nicht. Ihre Art der Beschreibung empfand ich
als verletzend und sehr unfair. Es wirkte so, als wenn ich in den ganzen
Jahren nur schlechte Leistung erbracht hätte – was Sie im Übrigen gar
nicht rückwirkend beurteilen können. Ich würde mich daher freuen,
wenn Sie meine Vergangenheit ruhen ließen und sich auf unsere

zukünftige Zusammenarbeit bezögen. Und da können Sie mir gerne so präzise und streng wie nötig Feedback geben, wie ich mich weiter zu qualifizieren habe."

D schaut erstaunt.

D: Darf ich was dazu sagen? Ich bin fast sprachlos. Wirklich überrascht und fast ein wenig beschämt.

H: Mir ist das auch eigentlich erst eben bewusst geworden, als ich ihrem Dialog mit dem Coach gefolgt bin. Da konnte ich etwas mehr Abstand und Klarheit gewinnen. In der Situation selbst konnte ich nicht spontan so souverän reagieren. Da kam plötzlich so vieles hinzu, was sich in den letzten Wochen an Ärger bei mir angestaut hatte.
Zudem, das kenne ich auch aus meinem Privatleben, kann ich auch oft sehr dünnhäutig reagieren. Da sehe ich noch Bedarf, dazuzulernen, vielleicht ein wenig dickhäutiger zu werden.

C: Genau. Und doch: Streichen Sie ganz schnell das Wort dickhäutig. Ich halte das nicht für ein attraktives Ziel und unattraktive Ziele sollte man nicht anstreben. Ich empfehle Ihnen einfach, in den nächsten Monaten zu üben, angemessen professionell und durchaus mutig und selbstbewusst mit kritischem Feedback umzugehen. Okay?

H nickt, schaut dann schmunzelnd D an. Beide lächeln.

C: Vielleicht schließen Sie sogar über das, was jetzt gewesen ist, einen Kontrakt. In folgendem Sinne: Sie *(D)* steuern sich bei kritischem Feedback in Zukunft an Wertschätzung und Achtung des Vergangenen, verbunden mit durchaus kritischem und direktem Feedback für die Gegenwart und Zukunft.
(An H gerichtet) Sie nehmen das Feedback Ihres Vorgesetzten an. Passt Ihnen der Stil nicht, dann geben Sie eine Rückmeldung darüber, im besten Falle in zehn Sekunden, also ohne lange nachzudenken oder zu schmollen.

D und H einigen sich auf einen solchen Kontrakt. Die Atmosphäre empfinden beide – auf Nachfragen des Coachs – als wieder arbeits- und zukunftsfähig.

Ver-Dicht-ung

* Störungen haben immer Vorrang. Wenn die (Arbeits-/Kommunikations-)Beziehung durch eine Irritation, Ärger, Missverständnisse oder – wie in diesem Fall – durch einen Gefühlsausbruch gestört wird, hat es wenig Sinn, den geplanten Ablauf einhalten zu wollen. Mindestens einer der Beteiligten ist dann nicht mehr dabei, sondern innerlich ausgestiegen. Wenn die Störung wahrgenommen wurde, ist es ratsam, sie ins Blickfeld zu holen und anzusprechen. Dazu ist es nicht erforderlich, dass Sie selbst schon genau wissen, was genau die Ursache ist. Es reicht, wenn Sie Ihre Wahrnehmung aussprechen: „Irgendwie hat sich gerade die Atmosphäre verändert. Ich weiß selbst nicht, wodurch oder was es ist, vielleicht können Sie mir das sagen?" Damit übernehmen Sie nicht allein die Verantwortung für einen gelingenden Prozess, sondern laden Ihre Partner zur konstruktiven Mitarbeit ein, machen ihnen also auch ihren Teil der Verantwortung bewusst.
* „Ich bin okay – Du bist okay" ist eine Grundhaltung, wie sie in der Transaktionsanalyse (TA) beschrieben wird. Sie beschreibt einen Zustand, der besagt, dass ich mich selbst in Ordnung fühle, so wie ich denke, was ich tue, ich bin okay und zweifele mich nicht an. Dieselbe Grundhaltung gestehe ich auch meinem Partner zu. Das heißt, ich akzeptiere ihn auf derselben Stufe, auf der ich mich selbst sehe. Ich fühle mich ihm weder unterlegen, noch überlegen, sondern begegne ihm mit einer ebenbürtigen Haltung. Also partnerschaftlich, konstruktiv und wertschätzend, auch wenn wir unterschiedlicher Meinung sind.
* Bei Geschäftsübernahmen, tiefgreifenden Veränderungsprozessen oder auch „nur" dem Wechsel des unmittelbaren Vorgesetzten, treten häufig Schwierigkeiten auf. Der oder die Neue kommt mit frischem Elan, vielen Ideen und Vorstellungen und hofft, schnell die anderen dafür begeistern zu können. Die sehen jedoch erst einmal nur, was

alles verändert werden soll, was künftig nicht mehr so sein wird, wie es war – unabhängig davon, ob diese Maßnahmen gut oder schlecht sind. Jede Veränderung des Gewohnten bedeutet einen gewissen Verlust an Sicherheit und schützendem, Halt gebendem Rahmen, innerhalb dessen man sich bisher bewegen konnte. Das löst ein Gefühl der Unsicherheit aus, gepaart mit dem Wunsch, das Alte bewahren zu wollen. Für die Anfangsphase ist es wichtig, sensibel und wertschätzend aufzutreten. Das heißt, den Blick nicht nur nach vorne zu richten – auf die Visionen und Verheißungen der Zukunft –, sondern zunächst einmal den Raum dafür zu schaffen, das Altbewährte wahrzunehmen, zu würdigen und dann, gemeinsam mit den Beteiligten, zu überlegen:

– Was davon wollen wir mit in die Zukunft nehmen?
– Welche Rituale wollen wir beibehalten (z. B. bestimmte Besprechungen oder Feierlichkeiten, die vielleicht aus betriebswirtschaftlicher Sicht nicht notwendig sind, aber für die sozialen Strukturen eine große Bedeutung haben)?
– Wovon können wir uns verabschieden? Wie werden wir das tun?

Versuchen Sie, diesem Loslassen, das durchaus einem Trauerprozess vergleichbar ist, einen gebührenden Rahmen zu geben. Das kann zum Beispiel eine Abschiedsfeier in den alten Geschäftsräumen sein, eine Erinnerungstafel mit Fotos, Namen und Zahlen im Eingangsbereich oder Ähnliches. Erst wenn gemeinsam in der Gruppe der Abschied der Vergangenheit vollzogen ist, bleibt keine „Wunde" oder Enttäuschung zurück, die zukünftige Entwicklungen behindert, im schlimmsten Fall sogar verhindert.

Ver-Wert-ung

- Welche Gedanken und Ideen hatte ich beim Lesen des Falls?

- Wie ist mein bisheriger Umgang mit Gefühls- und Tränenausbrüchen von Mitarbeitern zu beschreiben?

- Was kann ich aus dem Fall für ähnliche Situationen mitnehmen?

- Mit welcher Haltung gehe ich als neue Führungskraft an gewachsene Strukturen und deren Mitarbeiter heran?

- Wie kann ich Traditionen würdigen und anerkennen und gleichzeitig Innovationen vorantreiben?

- Welche Gefahren liegen im Nicht-Beachten von gewachsenen Strukturen?

- Fühle ich mich leicht angegriffen? Was kann ich dem Fall entnehmen?

- Was kann ich zukünftig unternehmen, um nicht in eine Opferrolle zu rutschen?

- Was kann ich an Erkenntnissen und Überlegungen aus diesem Fall in andere Lebensbereiche übertragen? (Beziehung, Familie, Freunde, Sport, etc.)?

„Sich gegenseitig dienlich sein, ist eine solide Grundlage für Beziehungen."

Dr. Bernd Schmid

9 Missverständnissen keine Chance lassen

„Wie mache ich meinem Chef meine Wünsche unmissverständlich klar?"

Manager

Leitfragen

- Wie beuge ich zu Beginn einer Zusammenarbeit zahlreichen Missverständnissen vor?
- Wie hole ich mir Rückendeckung von meinem Chef?
- Wie entwickle ich eine – auf Dauer angelegte – Professionsbeziehung mit meinem Chef?

Einbettung

Vertikales Coaching mit Bereichsleiter (BL) und zukünftigem Teammanager (TM). BL leitet 70 Mitarbeiter, davon fünf Teammanager. BL ist seit einigen Monaten neu in dieser Rolle. Der Teammanager tritt seine neue Stelle in einigen Tagen an. Es geht darum, die gegenseitigen Erwartungen zu klären und eine verbindliche Vereinbarung über eine professionelle Zusammenarbeit

zu treffen. Der BL hat den Vorschlag zu diesem Dreiergespräch gemacht. Seine Hoffnung: die Zusammenarbeit mit TM von Anfang
an vernünftig einbetten zu können.
C ist dafür engagiert worden, die gegenseitigen Erwartungen zwischen BL und TM zu präzisieren und gegebenenfalls eigene
Führungsideen und Vorschläge zu unterbreiten.
Die Hauptaufgaben – im Sinne einer Stellenbeschreibung – sind
geklärt. Es geht um den Stil des Miteinanderarbeitens.

Der Fall

Führen und geführt werden heißt, sich gegenseitig Dienst leisten.

C: (*An TM gerichtet.*) Noch einige Vorgedanken zu unserer Vorgehens-
    weise: Ich glaube, es ist wichtig, dass wir bei dieser Form des Arbeitens
    die Philosophie Ihres Unternehmens berücksichtigen. In einem streng
    autoritär geführten Unternehmen wäre es völlig undenkbar, seine
    Mitarbeiter nach ihren Erwartungen zu befragen. Geschweige denn,
    sich eigens dafür einen externen Berater dazuzuholen. Da Ihre Philo-
    sophie vorsieht, *dialogorientiert* zu führen, ist es selbstverständlich, die
    Wünsche der Mitarbeiter zu berücksichtigen. Dies hat auch nichts mit
    einem Wunschkonzert zu tun. Sie als Bereichsleiter haben verschie-
    dene Anforderungen zu erfüllen. Eine davon ist sicherlich, auch
    Dienstleister für ihre untergeordneten Führungskräfte zu sein. In die-
    sem Verständnis sind Ihre Mitarbeiter Ihre Kunden. Und der einfachste
    Weg, Marktforschung zu betreiben, ist Ihre Mitarbeiter zu befragen,
    was für sie wünschenswert wäre.
    (*An BL gerichtet.*) Natürlich heißt das für Sie noch lange nicht, dass Sie
    dann jeden Wunsch Ihres Teammanagers erfüllen sollen. Der erste
    Schritt ist einfach, seine Wünsche anzuhören, zu überlegen, was Sie
    davon erfüllen möchten und damit dann verbindlich umzugehen.

BL und TM nicken beide.

C: Der andere Vorgedanke ist an Sie als Teammanager gerichtet: Sie haben ja bereits einige Jahre Führungserfahrung mit Ihren Vorgesetzten sammeln können, in der Rolle des Geführten ...

TM nickt.

C: ... dabei werden Sie sicherlich gute Führungskräfte und schlechte Führungskräfte kennen gelernt haben.

TM: *(grinst).* Kann man wohl sagen.

C: Es ist zweckdienlich, sich diese Führungskräfte genau vorzustellen und für Ihre zukünftigen Erwartungen zu nutzen. Im Guten wie im Schlechten. Und sich an möglichst viele Beispiele zu erinnern. Meines Erachtens scheitert gute Zusammenarbeit fast nie am guten Willen, sondern eher daran, dass nicht genau festgelegt wird, was man voneinander erwartet.

Willenserklärungen, wie z. B. *„Wir sollten offen und fair miteinander umgehen, uns gut informieren",* klingen gut, reichen offenbar für einen beobachtbaren Vollzug im Alltag aber nicht aus. Oft genug erlebe ich Geschäftsführer, die ihre Führungskräfte dann anweisen mit Aussagen wie *„Ja, Sie müssen sich mal durchsetzen"* oder *„Da müssen Sie mal mit der Faust auf den Tisch schlagen"* bzw. *„Da müssen Sie mehr dazwischengehen"* oder *„Sie müssen näher an den Leuten sein"* oder *„Sie sollten mehr los lassen"* oder *„Sie müssen Ihre Leute mehr gewinnen"* etc. Vermutlich sind diese Aussagen im Kern sogar richtig. Ich bin nur skeptisch, dass damit etwas bewirkt wird.

Beide nicken und lächeln wissend.

C: Wenn Sie einverstanden sind, werde ich mich bei der Themensammlung nicht über *Vollständigkeit* steuern, sondern eher darüber, an wenigen Punkten exemplarisch und sorgsam zu arbeiten.

Erwartungshaltungen

1. Direkter und offener Umgang mit Fehlern

TM: Ja, ich wünsche mir einen direkten und offenen Umgang mit Fehlern, dann wünsche ich mir ...

C: *(unterbricht)* Bei allem Respekt, dass Sie Ihre Punkte schnell darlegen wollen, ich glaube, es ist wichtig, bei den einzelnen Punkten noch ein wenig präziser zu werden. Einverstanden?

TM nickt.

C: Was meinen Sie denn mit offen und direkt?

TM: Na ja, alles muss halt offen gesagt werden und trotzdem sachlich sein. Ich kenne viele schlechte Beispiele, was das angeht. Ein autoritärer Stil erinnert mich an die Schule. Ich war dadurch völlig demotiviert. Manche Lehrer haben ihre Launen nur so rausgelassen. Klar, meinen Job habe ich dann schon gemacht.

C: Job nach Vorschrift?

TM: *(grinst)*. Wenn Sie so wollen, ja. Job nach Vorschrift.

TM lässt sich über schlechten Führungsstil aus. BL hört aufmerksam zu.

C: Ich möchte kurz einen oft unterschätzten ökonomischen Aspekt von autoritärer, verachtender Führung ansprechen.
Trotz der angespannten Arbeitsmarktsituation wird in allen Unternehmen, die ich kenne, ein Mangel an guten Leuten beklagt. Ein guter Mitarbeiter akzeptiert sicherlich eine professionell geäußerte Kritik, aber autoritäres Abfertigen führt sicher dazu, die wirklichen Profis zu verlieren. Wer gut ist, lässt sich bestimmte Dinge nicht bieten und

wechselt lieber das Unternehmen. So gesehen wirkt sich dieser Führungsstil ökonomisch auf das Unternehmen und auf die zurückbleibenden Mitarbeiter aus.

TM: *(grinst).* Jetzt kann ich es ja offen zugeben: Meine Kündigung hatte ich damals schon verfasst – und zwar nur aus diesem Grund.

C: Sie wissen, es geht nicht darum, eine Kultur des Sich-gegenseitig-Liebhabens aufzubauen, aber ein autoritärer und unberechenbarer Führungsstil wirkt demotivierend.

BL und TM nicken beide.

C: Ja, zurück zum Thema Stil. Was wäre für Sie denn eine gute Art des Umgangs mit Kritik und Fehlern?
(An BL gerichtet.) Ich spiele verschiedene Stile durch und zeige Ihnen, wie Sie führen könnten. Dann frage ich gleichzeitig Ihren Kunden, also Sie als TM, was okay ist.
(Ein wenig suggestiv an TM gerichtet?) Was würden Sie sich von Ihrem Vorgesetzten wünschen? Etwa ein lieb gemeintes und etwas schwammiges Führen?

Beispiel:

Eigentlich könnten Sie die Sache doch ein bisschen besser machen, im Grunde genommen ..., vielleicht wäre es doch denkbar ..., dass Sie etc., etc.

TM schüttelt energisch den Kopf.

TM: Nein. Eine so schwammige Ausdrucksweise bringt gar nichts. Das habe ich schon erlebt. Das gefällt mir überhaupt nicht. Lieber dann ganz konkret sagen: das ist mir aufgefallen, das ist daran für mich nicht in Ordnung und das sind die Gründe dafür ... Also, mir ist das *Warum* und *Weshalb* sehr wichtig. In der Vergangenheit habe ich oft erlebt, dass man mir gar keine Gründe geliefert oder nichts über die Auswirkungen gesagt hat.

C: Heißt das, Sie tragen Entscheidungen nur mit oder nehmen Kritik, wenn Sie haargenau derselben Meinung sind wie Ihr Bereichsleiter?

TM: Na ja, schön wär's schon, aber das kann ich natürlich nicht erwarten. Ich glaube, selbst wenn ich anderer Meinung wäre, mir aber die Argumentation plausibel erschiene, dann würde ich eine Sache auch mittragen.

BL: Ja, das ist mir auch wichtig. Ich werde mich also zukünftig bemühen, Ihnen die Dinge zu erklären, aber es wird garantiert immer wieder Situationen geben, da gehen wir nicht mit einer Meinung auseinander. Und dann erwarte ich trotzdem, dass Sie meinen Anweisungen folgen und sich mir gegenüber loyal verhalten.

TM nickt zustimmend.

C: Häufig kommt die Frage, was konkret unter „hinreichenden Erklärungen" zu verstehen ist, erst im Tagesgeschäft auf. Das heißt, neben den Vereinbarungen heute sollten Sie in den ersten Wochen einige Zeit investieren, um sich immer wieder Feedback über den Stil Ihrer Kommunikation zu geben. So wird Ihre berufliche Beziehung zunehmend tragfähiger.

Beide nicken.

C: Also zurück zum Ausgangspunkt. Angenommen die Dinge laufen schief, dann wollen Sie klare, direkte Rückmeldungen mit aussagekräftigen Erklärungen.

TM nickt.

C: Ich gehe noch einen Schritt weiter: *(An TM gerichtet)* Angenommen,

Sie bringen in bestimmten Bereichen eine Leistung, die nicht in der Grauzone des Akzeptablen liegt, sondern sogar unterhalb der an Sie gestellten Mindestbedingungen. Was wäre Ihnen dann als Reaktion Ihres Vorgesetzten lieber: Ein Kopfnicken und Tolerieren oder sachlich berechtigte Kritik?

TM unterbricht C, schüttelt heftig den Kopf.

TM: Nein, also dann möchte ich den Fehler auch nicht rosarot verpackt wissen, sondern ganz klar und deutlich erklärt bekommen. Konsequent, aber ohne mich zu verletzen!

C: Konsequent, aber mich nicht verletzend! Könnte die Aussage im Extremfall so lauten?
Herr XY, in dem und dem Punkt erfüllen Sie nicht meine Erwartungen. Ihre Leistung enttäuscht mich. Auf Dauer gefährdet das unsere Zusammenarbeit.

TM: Mir wäre es lieber so. So weiß ich ja genau, woran ich bin, worauf ich noch zu achten habe. Vorausgesetzt, die Punkte werden mir wirklich gut erläutert. Wenn dann der Fall eintritt, dass man mir kündigen muss, dann habe ich wenigstens vorher eine Warnung bekommen, was mir die Möglichkeit gab, etwas zu ändern. Formuliert man die Kritik in der Grauzone, so nach dem Motto: „Achten Sie mal ein bisschen mehr da und da drauf", dann weiß keiner, welche Tragweite ein Versäumnis hat.

BL hört gespannt und interessiert zu.

BL: Obwohl ich eigentlich von mir behauptet hätte, ich sei immer sehr direkt und gerade heraus, merke ich an diesem Beispiel sehr deutlich, dass auch ich oft die Fakten nicht klar auf den Tisch bringe. Verpacken hilft dem anderen gar nicht.

C: Genau. Entscheidend dabei ist Ihre innere Haltung, die sich auch körpersprachlich auswirken wird. Mit Wertschätzung klar in die Augen schauen, deutlich und konsequent sagen, was nicht gut läuft, so sieht anspruchsvolle Führungskompetenz aus.

BL: Das Gespräch gefällt mir. *(An TM gerichtet.)* Jetzt, haben Sie geäußert, welchen Stil Sie bevorzugen. Ich glaube, ich muss ihn noch üben: Aber grundsätzlich: Es ist mir viel lieber, klar und deutlich zu sagen, was nicht in Ordnung ist, als Schönfärberei zu betreiben.

C: *(An BL gerichtet.)* Jetzt nehme ich Sie beim Wort. Wenn Sie sagen: „Das soll mein Führungsstil sein", dann ist es nur konsequent, dass Sie sich an diesem Ideal auch messen lassen. Oder?

BL lacht.

BL: Ja, ich merke schon, jetzt sitze ich in der Falle. Nein, im Ernst, es ist gut so. *(An TM gerichtet.)* Also, wenn ich dagegen verstoßen sollte, möchte ich Ihre Meinung dazu hören.

TM und BL tauschen sich anhand von Beispielen noch ein paar Minuten über die Begriffe „Klarheit", „Weichheit" und „Kritik" aus.

2. Strategische Informationen

C: Okay, machen wir weiter. Was wäre Ihnen im Sinne einer professionellen Führungsbeziehung noch wichtig?

TM: Ich möchte informiert werden über das, was abgeht.

C: Was meinen Sie damit genau?

TM: Ich hatte mal einen Vorgesetzten, der hat mich völlig isoliert von allem, was in der Firma vor sich ging. Mir ist es sehr wichtig, alle relevanten Informationen zu meinem Job zu erhalten und auch darüber hinaus, z. B. über strategische Ziele des Unternehmens, einzelne Vorhaben und

Trends informiert zu werden. Von mir wird ja auch so etwas wie Mitunternehmerschaft gefordert, dann würde ich auch gerne entsprechend behandelt werden.

C: Wenn Ihr Chef – falls es im Tagesgeschäft nicht ohnehin passiert – ein- bis zweimal jährlich vor Ihnen und Ihren Kollegen einen Trendvortrag über die wichtigsten Marktentwicklungen, strategische Vorhaben oder die Wettbewerbssituation hielte, würden Sie die *Führungsdienstleistung* im Punkt *strategische Informationen* dann als erfüllt ansehen?

TM: Ja, das wäre klasse. So hat mich bislang noch kein Chef geführt. Es muss ja nicht gleich ein Vortrag sein, detaillierte, kontinuierliche Information tut es auch. Mir wird übrigens auch zunehmend klar, was ein guter Führungsstil für mich wäre *(seufzt)*, da ist noch eine Menge zu tun.

3. Vernünftige Besprechungen

TM: In Sachen Information wünsche ich mir vernünftige Besprechungen.

C: Was wäre für Sie *vernünftig*?

TM: Ich finde, wir haben inzwischen so eine Art Zerredekultur. Wir gehen aus Besprechungen raus und fragen uns, was sie gebracht hat. Sie kennen ja den alten Spruch: „In der Kürze liegt die Würze." Ja, also bei Besprechungen sollte kurz und prägnant das Thema vorgegeben. Man sollte wegkommen von zehn Sekunden Inhalt und 30 Minuten Drumherum. Ich denke, die Besprechungen sollten gut vorbereitet sein, die Punkte sollten klar auf dem Tisch liegen, Unterlagen müssen zur Hand sein. Es klingt selbstverständlich, läuft bei uns aber nicht.

BL und C nicken.

BL: Ja, ich glaube, da haben wir Verbesserungspotenzial.

C: Falls es Sie tröstet, ich kenne noch kein Unternehmen, wo dies wirklich professionell und gut läuft. Das ist ja so eine Sache mit den Vorsätzen: Glauben Sie, das Neue wird so auf Anhieb funktionieren?

BL: Na ja, ich denke, dass wir in den ersten Wochen mehr über alles sprechen sollten und dabei jede Kleinigkeit, die man sonst einfach übergehen würde, direkt ansprechen sollten.

TM: Genau. Wir sollten in den ersten Wochen nach jeder Sitzung oder Besprechung zum Schluss kurz thematisieren, ob wir das, was wir uns jetzt hier vornehmen, auch wirklich einhalten.

TM: Ja, ich glaube, mir wird deutlich: Wenn wir beide in einer Absichtserklärung festlegen, dass wir uns gut informieren wollen, reicht das nicht. Das habe ich die letzten Jahre gemerkt. Auf dieser Ebene erreicht man sich nicht.

C: Die klare, regelmäßige Reflexion über die Fortschritte wird über den Erfolg entscheiden. Wir sollten immer nur wenige Punkte klären, diese aber ausführlich und konkret. Und dann konsequent auf die Umsetzung im Alltag achten.

Alle nicken zustimmend.

4. Zeitmanagement: Sporadisch oder gebündelt?

C: Ich fahre fort mit dem Punkt *Information* – und möchte noch einen *arbeitsmethodischen* Aspekt ansprechen.

C: *(An TM gerichtet.)* Ist es Ihnen lieber, wenn Ihr Vorgesetzter, sobald ihm irgend etwas zu Ihnen einfällt, den Hörer hochhebt und Sie anruft oder direkt zu Ihnen kommt und Sie dadurch x-mal am Tag Kontakt zu ihm haben oder ...

TM unterbricht.

TM: Bei aller Liebe! So einen Chef hatte ich mal, der kam bei jeder Gelegenheit, war ja eigentlich auch nett, weil wir dadurch viel Kontakt hatten, aber unter dem Strich war die Zusammenarbeit höchst uneffektiv.

C: Sie meinen uneffektiv in dem Sinne, dass man in der gleichen Zeit wesentlich mehr hätte schaffen und bewirken können?

TM: Genau. Natürlich hängt das von der Wichtigkeit des Anliegens ab. Wenn es irgendwo brennt, dann ist ja klar – die Sache muss sofort geklärt werden. Wenn nicht, wäre es mir lieber, wenn eine geplante systematische Besprechung stattfinden würde.

C: Also simples Zeitmanagement ist gefragt: Ihr Chef soll die Themen, die Sie betreffen, einfach schriftlich bündeln und dann in ein, zwei Gesprächen mit Ihnen abarbeiten.

TM: Ja, genau.

C: *(An TM gerichtet.)* Okay, das wäre für Sie wünschenswert. Was ist mit den BL? Passt das für Sie?

BL nickt.

BL: Grundsätzlich schon. Wobei ich schon so ein Typ bin, der mal gerne schnell spontan vorbeischaut. Ich halte nicht viel von aufgesetzten Besprechungen.

C: Ja, wie Sie's sagen. Ich glaube, es hat keinen Sinn, sich zum Sklaven von *striktem Zeitmanagement* zu machen. So verlören Sie Ihre Spontanität. Vermutlich war es Ihre bisherige Art, eine Besprechung eher sporadisch anzuberaumen?

BL nickt.

C: Eventuell sollten Sie in der Praxis eine Mischform testen. Sie brauchen am Anfang neuer Strategien immer möglichst viel Aus-

tausch, um herauszufinden, was für Sie angemessene Informations-
qualität und -quantität ist. Also reflektieren Sie kritisch, welche Besprechung man sich hätte sparen, welche kürzer fassen bzw. zu einem
späteren Zeitpunkt hätte stattfinden lassen können.

BL und TM nicken.

5. Der Chef als kluger Ratschlaggeber oder als Berater?

C: *(An TM gerichtet.)* Testen Sie mal, ob Folgendes ebenso Ihren Wünschen entspricht.

TM nickt. BL lacht.

BL: Bringen Sie niemanden auf dumme Gedanken! Die Messlatte liegt sowieso schon sehr hoch.

C: *(Lächelnd.)* Ich würde mir von meinem Chef „Zeit für anspruchsvolle
Situationen" wünschen.

TM: Was meinen Sie damit?

C: Ich glaube, eine gute Führungskraft sollte auch Beratungskompetenz
für ihre Mitarbeiter entwickeln, sodass ich als Teammanager mit verschiedenen Situationen, die für mich schwierig sind, zu meinem Chef
gehen und mit ihm gemeinsam nach Lösungen suchen kann, z. B. im
Umgang mit schwierigen Kunden, besonderen Teamkonflikten,
Schwierigkeiten mit einzelnen Mitarbeitern sowie Herausforderungen
bei bestimmten Projekten. Mein Chef wäre in solchen Situationen also
nicht nur Manager, der Anweisungen gibt, sondern auch Berater, der
mir Zeit zur Verfügung stellt. Die Führungskraft als Problemlöser, sozusagen.
Das Gegenteil wäre eine Führungskraft, die solche Ratschläge gibt, die
mir als Teammanager nichts Neues bringen. Es geht nun darum, erst
einmal zu verstehen, wo genau das Problem liegt, was die Schwierig-

keiten ausmacht, welche Lösungsversuche schon überlegt wurden, wer in welcher Rolle an welchen Schwierigkeiten beteiligt ist etc. Auf dieser Basis sind dann gemeinsam Lösungen zu überlegen. Vielleicht heißt das für Sie als Chef, zehn Minuten lang einfach nur zuzuhören. Auch das kann intelligente Zeitnutzung sein.

TM lacht.

TM: Ja, eigentlich eine gute Idee. Angenommen. Wünsche ich mir.

BL lacht.

BL: Das ist ein abgekartetes Spiel hier. Aber im Ernst. Ja ich glaube, dass ich in schwierigen Situationen wirklich sehr vorschnell agiere. Oft den einen oder anderen Rat gebe, ohne zu wissen, ob der andere nicht selbst schon darauf gekommen ist. Wahrscheinlich wäre es gut, dass ich mir dafür mehr Zeit nähme.

C: Um letztlich dann auch Zeit zu sparen!

BL: Genau.

C: Legen Sie sich beide die Messlatte nicht zu hoch. Eine Führungskraft ist ja kein ausgebildeter Berater. Und doch kann alleine durch genaues Zuhören, Sammeln der relevanten Faktoren etc., die Qualität eines Gesprächs zur Problemlösung drastisch erhöht werden.

BL und TM nicken beide.

6. Informationswege

C: Ich wage eine Hypothese zum Thema „Informationswege". Sie sind ein neuer TM. Ihre Mitarbeiter werden aus Gewohnheit und weil Sie noch über wenig Insiderwissen verfügen, an Ihnen vorbei informieren. Also gleich zum BL gehen. Was wäre für Sie wünschenswert?

TM und BL tauschen sich drei Minuten lang darüber aus. C verdichtet beispielhaft)

Herr BL, ich bin eine neue Führungskraft und werde mich in den nächsten Wochen einarbeiten. Ich könnte mir vorstellen, dass die Mitarbeiter bei Fragen und Informationen direkt zu Ihnen kommen werden. Das ist sicherlich in dem einen oder anderen Fall nicht zu verhindern, aber findet das generell statt, wird das den Aufbau einer Führungskultur in meinem Bereich stark behindern. Die Herausforderung liegt darin: Die Mitarbeiter, die es gewohnt sind, direkt zu Ihnen zu kommen, würden mich auslachen, wenn ich ihnen sagen würde, dass Sie sich ab sofort an mich wenden sollen. Deshalb wünsche ich mir, dass Sie klare Signale setzen, wie die Kommunikations- und Informationspolitik zu laufen hat. Um meine Führungsrolle auch ausfüllen zu können, wird das gerade zu Beginn wichtig sein. Eine positive Wirkung für Sie: Wir beide treten gemeinsam auf und vertreten eine Linie.

BL nickt.

BL: Stimmt, ich habe das selbst schon oft erlebt. Da bestand absolute Unklarheit über die Kommunikationswege. Der Chef hat überall reingeredet und auf dem Gang mal schnell ein paar Anweisungen erteilt. Da wurden dann Dinge doppelt erledigt u.s.w.

Alle nicken.

TM: Das wäre mir wirklich wichtig, ich hab's in der Praxis auch oft genug erlebt: Wenn nicht sauber geklärt wird, wer wen informiert, wer für was zuständig ist, dann funktioniert es nicht. Ich denke, das ist sehr wichtig.

BL nickt.

C: Gut. Wir sollten das Thema „Erwartungen" an dieser Stelle nicht mehr weiterdiskutieren.

Sie merken ohnehin: Wir könnten hier noch etliche Punkte ergänzen.

(An TM gerichtet.) Sie haben sicherlich gemerkt: Ihr Anfangswunsch, offen und direkt miteinander umzugehen, ist berechtigt. Und gleichzeitig ist eine bestimmte Präzision und Tiefe nötig, um wirklich klar zu machen, was man vom anderen erwartet.

TM nickt.

BL macht nun dem TM seine Erwartungen klar.
Die Themen

* *Loyalität,*
* *über den Tellerrand schauen,*
* *gelebtes und vorgelebtes Kostenbewusstsein,*
* *Beiträge des TM, um die Teamkultur zu fördern,*
* *Informationspolitik bei Fehlern im Verantwortungsbereich des TM*

werden erörtert.
Der Arbeitsstil war ähnlich: Wenige Punkte wurden sorgfältig abgearbeitet und immer wieder mit Beispielen belegt. Zentrale Frage war jeweils: Woran kann ich im Verhalten beobachten und messen, dass Punkte XY eingehalten wurden oder nicht?

Wie ging es weiter?

TM und BL, unterstützt durch C, haben in den ersten Wochen einige ‚Professions-Check-Termine' gemacht, bei denen es ausschließlich um die Reflexion der vereinbarten Punkte ging. Erwartungsgemäß wurden einige Vereinbarungen nicht eingehalten. Der Austausch darüber war klar und professionell. Flankierend wurden Kritikgespräche geübt. Zunehmend wurden weitere Erwartungspunkte mit aufgenommen. Der Stil, wie man generell an neue Punkte und Erwartungen herangehen kann, hat sich bei beiden automatisiert.

Ver-Dicht-ung

- Betrachten wir einmal das typische deutsche Management: In Deutschland herrscht – etwas zynisch formuliert – das Managerparadigma: „Ein Manager soll nicht lange fackeln, sondern etwas tun. Fürs Reden wird er nicht bezahlt." Also stürzt man sich möglichst rasch in immer neue Aufgaben. Die Größenordnung dieser Aufgaben spielt erst mal keine Rolle: Ob es nun um die Erschließung neuer Märkte, die Einführung eines neuen EDV-Systems oder wie in diesem Fall, der Beginn einer Zusammenarbeit zwischen zwei Managern geht, es wird gehandelt.
Wettbewerbsdruck und Dynamik der Märkte leisten natürlich ein Übriges und erzeugen wachsenden Druck, sich auf noch mehr Aufgaben zu stürzen.
- Die Abbildung unten bildet einen negativen Verlauf ab. Der Schwerpunkt der zeitlichen und inhaltlichen Aktivitäten zu Beginn einer Unternehmung, einer Zusammenarbeit, am Start eines Projektes, liegt zu 80 Prozent auf der Aufgabenorientierung, also dem „Machen". Für das Wie, also der Schaffung einer Professionskultur mit Fragestellungen (z. B. „Wie wollen wir die Aufgabe lösen?") bleiben nur 20 Prozent übrig.

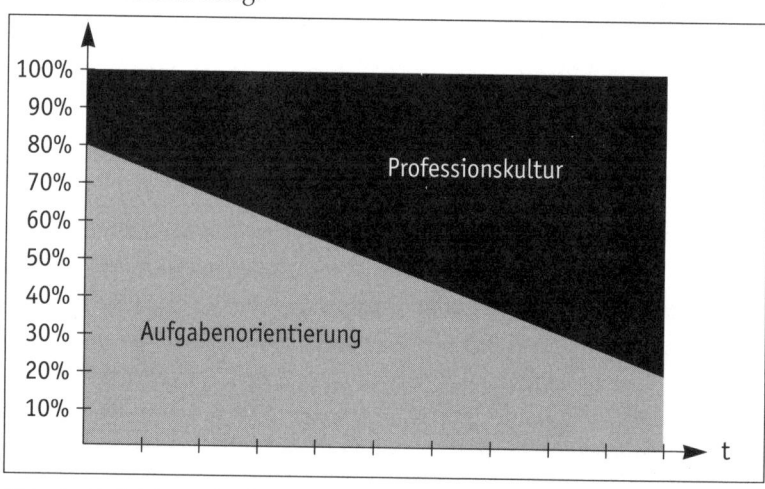

Abb. 1: Aktivitätsverlauf – negative Entwicklung

- Was passiert? Man merkt rasch, dass die Zusammenarbeit oder das Projekt nun doch nicht so einfach funktionieren. Missverständnisse treten auf, Sand kommt ins Getriebe, die ersten Fehler passieren. Die Folge: Man kann sich jetzt nicht mehr zu 100 Prozent auf die Aufgabe konzentrieren, sondern fängt an, Versäumtes nachzuholen, Feuer zu löschen und Fehler auszubügeln. Somit wird nachträglich in das „Wie" (Professionskultur) investiert. Die Aufgabenorientierung reduziert sich dadurch zwangsläufig.
- In einem fehlerfreundlichen Unternehmen ist dies möglicherweise noch kein allzu großes Problem für das Erfüllen der Aufgabe. In vielen Unternehmen treten nun jedoch die Defizite im Umgang mit Fehlern zutage. Es wird viel Zeit damit verbracht, Schuldige zu suchen, Fragen zu stellen, die mit *„Wer hat ...?, Wieso konnte das ...?, Weshalb wusste ich nicht ...?"* beginnen. Das provoziert wiederum negative Kreativleistungen des Unter-den-Teppich-Kehrens, um die Fehler möglichst zu vertuschen und zu verbergen. Die Aufgabenorientierung wird noch kleiner.
- Was tun? *Nachträglich* Professionskultur zu schaffen kostet immer Geld. Wer kennt nicht die großen Rückholaktionen von 40 000 PKWs in Fabriken oder Werkstätten. Oder ein paar Nummern kleiner: Die Zusammenarbeit zwischen zwei Managern führt aufgrund fehlender Klärungen zu Enttäuschungen.
- Erschwerend wirken unternehmensinterne Ränkespiele, bei denen es nicht um die Suche nach der besten Lösung geht, sondern um Macht- bzw. Machterhaltung. Dies ist selbst in der New Economy inzwischen festzustellen, aller guten Vorsätze aus der Pionierphase zum Trotz.
- Daher lohnt sich die Vorinvestition, eine Professionskultur zu entwickeln, die solche Fehlentwicklungen verhindert.

Fragestellungen zur Professionskultur:

- – Welches Ziel verfolgen wir?
- – Wer hat welche Erwartungen an wen?
- – Wie gestalten wir unsere Kommunikationswege?
- – Welche Ressourcen stehen uns zeitlich, personell und materiell zur Verfügung?

- Wer ist in welcher Rolle an der Aufgabe beteiligt?
- Wer trägt wofür welche Verantwortung?
- Welche Schwierigkeiten sind zu erwarten?
- Welche Lösungsmöglichkeiten stehen uns dafür zur Verfügung?

- Es geht also um die Schaffung einer *professionellen Kommunikations- und Beziehungsebene* als Basis für eine Erfolg versprechende und Ressourcen schonende Zusammenarbeit.

- Wie folgende Abbildung verdeutlicht, konzentriert man sich demzufolge in der Startphase eines Vorhabens durchaus auch auf die Bewältigung der Aufgaben, also auf das „Was" (20 Prozent). Mehr Zeit wird zunächst jedoch in das „Wie" investiert (80 Prozent der Zeit).

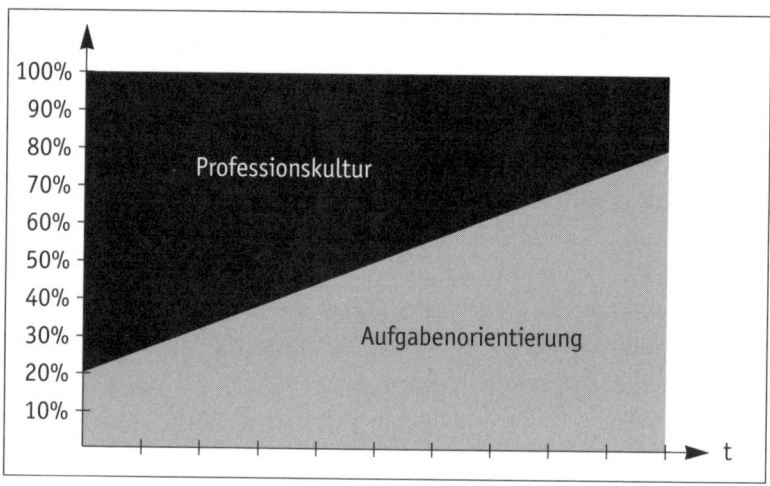

Abb. 2: Das „Was" und „Wie" der Aufgabenbewältigung

Quelle: Dr. Bernd Schmid, Institut für systemische Beratung, Wiesloch

- Weil dieser Gedanke häufig missverstanden wird, noch einmal deutlicher: Es geht nicht darum, eine Weicheikultur zu schaffen, nach dem Motto „Schön, dass wir über alles mal gesprochen haben", sondern vielmehr um eine Kultur mit Effektivität, Produktivität und Professionalität. Und die scheitert oft an schlechter, weil ungeklärter Zusammenarbeit auf diesen Ebenen.

Ver-Wert-ung

- Wo liegen die Gefahren, wenn ich meine Erwartungen an Chef oder Mitarbeiter auf einer oberflächlichen Ebene kläre, und zwar mit Schlagwörtern wie Teamfähigkeit, Loyalität, Einsatzbereitschaft und Kostenbewusstsein?

- Wie detailliert und praxisnah spreche ich meine Erwartungen an? Wie achte ich auf den Vollzug im Alltag?

- Wie (un-)missverständlich trete ich vor meinem Chef oder meinen Mitarbeitern auf?

- Was könnte ich noch dazulernen, ohne mich zu weit aus dem Fenster zu lehnen?

- Mit wem könnte ich erste Versuche wagen, eine möglicherweise versäumte Erwartungsklärung nachzuholen?

- Wie bereite ich mich generell auf komplexe Aufgabenstellungen vor (Projekte, Einstellungen neuer Mitarbeiter etc.)?

- Welche Fehlerkultur haben wir in unserem Unternehmen?

- Welchen Wert hat für uns die Schaffung von Professionskultur?

- Wie sind meine Erfahrungen im Hinblick auf die 80/20-Grafik (Aufgaben zur Professionskultur)? Welches Fazit ziehe ich daraus?

- Habe ich den Mut, die Kerngedanken der Grafik an den entscheidenden Stellen in mein Unternehmen zu tragen?

„Der Sauerstoff der Kommunikation wirkt
Fäulnisprozessen in Beziehungen entge-
gen."

Dr. Bernd Schmid

10 Keine Angst vor Kritik von „unten"

„Welche realistischen Beiträge kann ich
auch als Nicht-Vorgesetzter leisten, um die
Gesprächskultur bei den Hauptverantwortlichen zu verbessern?"

Bereichsleiter

Leitfragen

- Wie gehe ich mit Chef und Kollegen um, wenn zu viel rumgela-
bert wird?
- Wie kann ich mutig Veränderungen anstoßen, ohne mich zu weit
aus dem Fenster zu lehnen?
- Kann ich Einzelpersonen vor der Gruppe kritisieren?

Einbettung:

Einzelcoaching mit einem Bereichsleiter (BL). Es geht um ein mittelständisches Dienstleistungsunternehmen mit 1000 Mitarbeitern.
Wesentlicher Inhalt des schriftlichen Zielkontraktes ist die Unterstützung und Professionalisierung des BLs in seiner Führungsrolle.
Es ist erwünscht, dass der BL erworbenes Wissen, das auch für Geschäftsführung und Bereichsleiterebene verwertbar sein kann, wei-

terträgt. In diesem Fall geht es um die Frage, ob der BL Beiträge leisten kann, um die Gesprächskultur zu verbessern – vor allem auf der Geschäftsführungs- und Bereichsleiterebene. Eine konsequente Feedback-Kultur ist in diesem Unternehmen bislang nicht üblich. Vorhandene, und auch schriftlich fixierte Verhaltensspielregeln, wie Besprechungen zu führen sind, werden nicht umgesetzt.

Der Fall

C: Sie haben es als Ihr Anliegen skizziert, die Gesprächskultur in Ihrem Hause zu verbessern. Von Ihrem Geschäftsführer und meinem Auftraggeber haben wir ja auch die Erlaubnis, an Fällen und Themen zu arbeiten, die über Ihren eigentlichen Bereich hinausgehen. Also ist es in Ordnung, dass wir dafür die Zeit hier nutzen.

C befragt BL im Hinblick auf sein Anliegen. Es stellt sich heraus, dass auf Geschäftsführungs- und Bereichsleiterebene regelmäßig Besprechungen stattfinden. Aus seiner Sicht laufen diese Besprechungen katastrophal. C befragt ihn:

- *was „katastrophal" bedeutet,*
- *wie die Meinung der anderen Teilnehmer dazu ist,*
- *wie seine bisherigen Versuche aussahen, eine bessere Gesprächskultur zu initiieren.*

BL: Ja, es ist eine Katastrophe, ein totales Durcheinander. Wir BLs arbeiten alle an bestimmten Projekten. Bei den Besprechungen geht es darum, einen Projektstatusabgleich vorzunehmen. Und selbst das funktioniert nicht. Es gibt keine Vorbereitung, alle reden wirr durcheinander. Bei Sachfragen der Geschäftsführung fangen einige an, sich zu rechtfertigen oder verlieren sich in langen Erklärungen, warum etwas nicht läuft.
Wir haben sogar mal ein Seminar zum Thema „Effektive Besprechung" gehabt und, Sie werden lachen, in unserem Besprechungsraum hängen schriftliche Regeln mit der Überschrift „Die effektive Besprechung".

C: Und es verkümmert zu etwas nicht Beachtetem, so wie die eigenen Bilder zu Hause, die man nach Jahren auch nicht mehr wirklich sieht.

BL nickt.

BL: Genau, das ist es. Wir reden ja schon auch mal im Gang so, unter uns, und deshalb weiß ich, dass das alle stört. Und in unseren Besprechungen selbst gibt es auch viele Ad-hoc-Versuche, die Situation zu verändern. Ein Geschäftsführer sagt dann schon mal „Jetzt kommen Sie bitte auf den Punkt" oder beklagt sich über die schlechte Vorbereitung – aber das hat noch nie gefruchtet.

C: Allem Anschein nach gibt es in Ihrem Kreis niemanden, der wirklich präzise und konstruktiv Rückmeldung über die offensichtlichen Missstände geben kann.

BL: Bislang nicht. Es gibt vielleicht mal hie und da eine Unmutsbekundung: Irgendwelche Leute rollen mit den Augen oder rutschen ungeduldig auf ihrem Platz hin und her. Der Rest schweigt.

C: *(Lacht.)* Ja, das kenne ich gut. Einer referiert am Anfang, danach folgt eine Diskussion nach dem jeweils gleichen Muster: A spricht, also muss auch B etwas sagen – egal, um was es geht –, dazu äußert sich dann C sehr lange und immer kritisch, nur D redet in den Besprechungen nie, dafür aber um so wortgewaltiger in den Kaffeepausen.

BL: Man könnte meinen, Sie wären schon einmal dabei gewesen!
Sie fragten ja auch, ob es denn bereits Lösungsversuche gab. Nun, hin und wieder wird ein Moderator bestimmt, der die Besprechung leiten soll. Seine Tätigkeit beschränkt sich aber darauf, die Tagesordnungsliste und irgendwelche Folien vorzulesen oder Überleitungssätze zu schaffen: „Jetzt kommen wir vom Thema X zum Thema Y."
Ich habe selbst schon einige Male vorsichtig anklingen lassen, dass das so nicht gut läuft – fand aber kein Gehör.

C: Okay. Ich lasse Sie jetzt mal fünf bis zehn Minuten alleine, in denen Sie überlegen, was Sie – in Ihrer Rolle als Teilnehmer dieser Besprechungen – tun könnten, um die Gesprächskultur zu verbessern. Lassen Sie dazu alles an Gedanken und Ideen einfließen, was wir in den letzten Coachings besprochen haben.

BL: *(Unterbricht.)* Darin sehe ich genau das Problem. Ich hätte schon Ideen. Nur, an sich mag ich mich da auch nicht so weit aus dem Fenster lehnen. Oder gar als der große Besser- und Alleswisser gelten. Zumal ich in den letzten Wochen schon öfter wesentlich mutiger und offensiver aufgetreten bin, als dass meine Kollegen von mir kennen.

C schmunzelt.

C: Gut. Dann überlegen Sie zusätzlich zum rein Inhaltlichen, wie Sie Ihre Geschäftsführer und Bereichsleiter so abholen, dass Ihre Zweifel, die Sie gerade angemeldet haben, integriert sind. Und damit überflüssig werden. Gelingt es Ihnen auch mit meiner Unterstützung nicht, etwas Erfolgversprechendes zu finden, dann sollten Sie es in der Tat besser sein lassen. Eins ist jedoch klar und das wissen Sie auch: Jemand, der zu Missständen schweigt, trägt damit auch einen Teil der Verantwortung. Und kann sich nachher nicht damit herausreden, dass er mit allem nichts zu tun hatte. Einerseits. Andererseits: Jemand, der den Mut hat, professionell und charmant aufzutreten, der wird immer bei dem einen oder anderen anecken.

BL: *(Schmunzelt.)* Klar. Ich habe mir in den letzten Monaten auch schon abgewöhnt, bei allen beliebt sein zu wollen. Ich möchte einfach solide meinen Job machen.

C: Ich nutze kurz die Gelegenheit für einen weiteren Punkt. In Ihrem schriftlichen Zielkontrakt, an dem wir hier arbeiten, steht auch, dass Sie lernen sollen, sich besser zu verkaufen. Vielleicht erinnern Sie sich an unser erstes Gespräch vor drei Monaten, da haben Sie von sich gesagt,

Sie seien nicht so der „Schönredner und Verpackungskünstler". Sie müssten lernen, diplomatischer aufzutreten und die Dinge einfach blumiger darzustellen. Diese Einschätzung teile ich nicht. Ich glaube, an diesem Fall merken Sie, dass Sie darüber im Missverständnis sind. Es geht nicht um „Verpackung". Es geht vielmehr darum, bei komplexen Dingen seinen Gesprächspartner, Mitarbeiter etc. entsprechend abzuholen. Ihn nicht überfallartig mit Kritik oder Argumenten zu überfallen, sondern an ihn anzukoppeln und ihn abzuholen – dort, wo er gerade mit seinen Gedanken und Gefühlen steht. Erst dann ist er offen für Ihre Gedanken und Ideen.

BL: Ja, das ist mir in den letzten Monaten deutlich geworden. Mit Verpacken und Drumherumreden hat das nichts zu tun. Es geht ja schließlich darum, jemandem den Sinn zu vermitteln, warum ich etwas möchte, was mein Anliegen ist – statt einfach loszupoltern.

BL skizziert nun seine Gedanken in einer Mind-Map und präsentiert seine Lösung. Feedback von C und gemeinsames Überlegen führt zu folgenden Möglichkeiten.

Lösungen

Vorschlag des BLs:

Schritt 1: Klar und plausibel machen, worum es überhaupt geht.

BL: Ich habe einen etwas ungewöhnlichen Punkt, den ich in diese Besprechung miteinbringen mag. Es geht im Groben um unsere Gesprächskultur – speziell um die *Effektivität* unserer Besprechungen. Ich spreche hier nicht als Bereichsleiter, sondern als Gesprächs- und Diskussionspartner, dem an guten Ergebnissen liegt. Um meine Gedanken zu entwickeln, brauche ich zirka fünf bis zehn Minuten. Dass wir überhaupt regelmäßige Besprechungen haben, ist sehr gut und auch notwendig, da wir sonst zu wenig Informationen hätten.

Mit der Art, *wie* wir hier reden, sind viele nicht zufrieden. Das weiß ich aus etlichen Unter-Vier-Augen-Gesprächen.

Ich unterscheide jetzt auch nicht zwischen Geschäftsführer oder Bereichsleiter, sondern sehe uns alle als gleichwertige Teilnehmer eines Besprechungskreises.

Es gibt einiges, was aus meiner Sicht hier nicht gut läuft. Nun gibt es zwei Möglichkeiten damit umzugehen:

- man stellt das immer wieder fest, tut nichts und bleibt unzufrieden
- oder man ändert etwas daran.

Sporadische Versuche gab es ja bereits, wie vor einigen Jahren dieses Gesprächsseminar. Die daraus entstandenen Spielregeln hängen ja hier an der Wand. Zwischendurch mahnt auch immer wieder mal jemand an, dass wir auf den Punkt kommen müssten, uns nicht so verzetteln dürfen etc. Das genügt jedoch offenbar nicht.

Mir ist klar, dass ich mich mit dieser Kritik und diesem Auftreten jetzt weit aus dem Fenster lehne. Vielleicht wäre es eher Sache der Geschäftsführung, vielleicht empfinden Sie mich als anmaßend – das Risiko ist mir bewusst und ich gehe es auch bewusst ein. Mir ist es lieber, wenn Sie meinen Standpunkt kennen und wir auf der Basis vielleicht gemeinsam eine Lösung finden, als wenn ich weiterhin schweigend und missmutig an den Sitzungen teilnehme und mich immer weniger einbringe.

Ziel dieser Besprechung ist ja, wenn ich es nicht ganz falsch verstehe, dass wir einen Statusbericht über die laufenden Projekte abgeben. Damit haben wir alle einen Überblick über den Stand der Dinge und Sie als Geschäftsführer sind natürlich einfach informiert, was läuft und was nicht läuft. Aus meiner Sicht verlaufen diese Besprechungen stets in einem ähnlichen Muster.

Schritt 2: Symptombeschreibung der Unkultur

- Es gibt immer wieder bestimmte Schlüsselthemen und Begriffe, ich nenne sie einfach mal Köder, bei denen wir anbeißen und dann nur noch chaotisch durcheinander reden. Wir liefern uns ein Stichwort zum nächsten, sodass wir den Fokus und das Ziel dieser Besprechungen völlig aus den Augen verlieren. Fazit ist, und ich denke, da kann ich für alle sprechen, dass niemand wirklich zufrieden damit ist.
- Das merken wir ja auch an Bemerkungen wie „Wir verlieren den roten Faden!" oder „Wir müssen mal auf den Punkt kommen." Einige fangen an, mit den Augen zu rollen, rutschen auf dem Stuhl hin oder her und andere klinken sich dann ganz aus. Das kann ja nicht Sinn und Zweck unserer Besprechungen sein.

Schritt 3: Beschreiben der negativen Auswirkungen

Jetzt kann ich nicht für Sie, sondern nur für mich sprechen: Mir jedenfalls passt das nicht! Mich motiviert das. Für solche Sitzungen ist mir die Zeit zu schade. Rechnen Sie mal in Stundenlohn pro Mitarbeiter aus, was uns diese Besprechungen kosten. Und was wir dafür an Gegenwert, an Ertrag erwirtschaften. Ich glaube, wir können und müssen sogar wesentlich effektiver werden. Und wenn wir uns nur um zehn bis fünfzehn Prozent verbessern, was haben wir einen enormen Vorteil.

Schritt 4: Vorschläge für die Zukunft

Ich habe das Gefühl, dass uns die Situation so eingefahren erscheint, dass keiner mehr so recht an eine Veränderung glaubt. Dazu möchte ich einen ersten Vorschlag machen. Und zugleich auch eine Befürchtung äußern: Ich glaube, wenn wir jetzt nur kurz darüber sprechen und dann ohne Ergebnis schnell wieder zu den Tagesthemen übergehen, wird mein Vorschlag verwässert.

Damit uns der Turnaround unserer Besprechungen gelingt, brauchen wir auch den Mut, uns offen ins Gesicht zu sagen, was uns passt und was nicht. Wenn wir das hier in *unserem* Kreis schon nicht hinkriegen, dann dürfen wir uns auch nicht über die Schwächen unserer nachgeordneten Führungskräfte beschweren. Zumal es ja bei uns um einen recht harmlosen Punkt geht: nämlich miteinander effektiv zu kommunizieren.

Ich mache einen konkreten Vorschlag: Statt großer Workshops und Seminare könnte ich mir ein achtwöchiges Experiment vorstellen. Bei den kommenden vier Besprechungen würde ich, neben meiner Rolle als Bereichsleiter, als Beobachter und Bewerter fungieren. Und zwar mit den Aufgaben betraut, sich Aufbau und Struktur der Besprechung anzuschauen, auf die Beiträge jedes Teilnehmers in Bezug auf Gelingen und auch Misslingen zu achten und im Anschluss an die Sitzung etwa 5 – 10 Minuten eine Rückmeldung dazu zu geben. Das sollten wir dann gemeinsam auswerten und überlegen, wie wir künftig damit umgehen. Ich bin also kein Moderator, sondern Beobachter und Feedbackgeber.

Wenn Sie mir die Erlaubnis dazu geben, werde ich zu allem eine Rückmeldung geben, was mir auffällt, bis hin zur Körpersprache, und zum persönlichen Gesprächsverhalten. Des Weiteren dachte ich an Unarten wie langatmig, zu ausschweifend etc. Und wenn ich selbst den Fokus aus den Augen verliere und vom Thema abschweife, bin ich natürlich auf Sie und Ihre Kritik angewiesen.

Schritt 5: Der heikle Punkt, auch Einzelne vor der Gruppe zu kritisieren

Noch ein heikler Punkt: Mein Eindruck ist, dass gerade in Projektbesprechungen viel Zeit durch Erklärungen und Rechtfertigungen, warum es in Projekten klemmt fehlinvestiert wird.

Und dann bleibt nur noch wenig Zeit, um über die wirklich wichtigen Themen zu sprechen. Meines Erachtens sollten akut auftretende Probleme bei der Projektbearbeitung zeitnah im Unter-Vier-

Augen-Gespräch mit der Geschäftsführung geklärt werden. Es kann aus meiner Sicht nicht sein, dass so etwas hier 10–15 Minuten lang das Hauptgesprächsthema wird. Es sei denn, es gäbe ein Problem, mit dem alle zu kämpfen haben, dann sollten wir gemeinsam lösungsorientiert darüber diskutieren, wie man das angeht. Aber bitte keine vergangenheitsorientierte Warum-und-weshalb-Diskussion mehr, die keinen weiterbringt. Wenn ich das in meinem Feedback als Beobachter konstatiere, kann es sein, dass ich dem einen oder anderen auf den Schlips trete. Deshalb spreche ich das hier noch mal gesondert an. Ich werde das auch nur mit Ihrer Erlaubnis tun.

BL schmunzelt. BL und C hören sich das Tonband noch mal an.

BL: Ja, das wird was werden. Ich bin mal gespannt.

C: Ihr klares Auftreten gefällt mir, besonders auch die Einbettung. Ich sehe momentan noch eine Gefahr: Möglicherweise fühlen sich vor allem die Geschäftsführer etwas überrumpelt. Sie tun ja etwas, was eigentlich deren Aufgabe wäre. Vielleicht ist es gut, Ihren Geschäftsführern vorher zu skizzieren, was Sie vorhaben.

BL: Nein, das brauche ich nicht. Ich weiß, dass die Geschäftsführer dafür offen sind. Sie werden es nicht als unbefugte Einmischung verstehen. Im Gegenteil: Ich glaube, die sind einfach froh, wenn das mal einer in die Hand nimmt.

Nachbetrachtung: BL hat seinen Beitrag geleistet und die Erlaubnis für das Experiment erhalten. BL und C arbeiten in den darauf folgenden Wochen immer wieder an seinen Beobachtungen und Einschätzungen, um seine Urteilsfähigkeit zu üben, Besprechungen genauer zu betrachten und in einer annehmbaren Form auch Einzelnen ein Feedback zu geben. Nach ein paar Wochen spricht der BL noch einmal zu dem Thema.

BL: Es ist kaum zu glauben, was da passiert ist. Ich habe mich fast unmerklich zum Moderator in diesem Kreis entwickelt und fühle mich auch akzeptiert. Es gelingt mir immer besser, genauer zu schauen, das Wesentliche herauszufinden. Ich werde immer urteilsfähiger. Und das Thema „Verpacken" hat sich für mich aufgelöst. Spricht man jemandem präzise, wertschätzend und klar eine plausible Kritik aus – selbst vor versammelter Mannschaft – können die wirklich gut damit umgehen. Und ein Kommentar nach der letzten Besprechung war, dass es inzwischen viel effektiver läuft. Es wird sogar wieder viel mehr gelacht als vorher.

C: Freut mich. Geradlinigkeit und solide Professionalität scheinen eine gute Grundlage auch für eine Spaßkultur zu sein und damit entstehen auch mehr Kreativität und Ideen.

Ver-Dicht-ungen

1. Schattenseiten der Kommunikation?

* Viele Besprechungen haben folgendes Muster: Ein Mitglied der Projekt- oder Geschäftsleitung referiert zu Beginn, danach folgt eine Diskussion nach dem jeweils selben Muster:

1. A spricht.
2. Daher muss auch B etwas sagen.
3. C äußert sich sehr lange, und zwar zu jedem Thema.
4. Und D redet in den Sitzungen nie, nur in den Kaffeepausen führt er das Wort.

* Einige verhalten sich so, als ob sie aufgerufen wären, die Unternehmenswerte zu verteidigen, andere, als ob sie sich im Wartebereich eines Flughafens befänden, d. h. sie müssen hier eine bestimmte Zeit absitzen, in der nichts Wesentliches geschieht. Das passiert in deren Sicht danach.

- Einzelne sind damit beschäftigt, ihre eigenen Vorstellungen einzubringen. Sie handeln ausschließlich so, als wenn es darum ginge, die Anderen von der eigenen Richtigkeit zu überzeugen.
- Die Kommunikation bewegt sich zwischen nicht fokussierter Mitteilung, Unterstellung, Legitimation und Abwehr. Innehalten, Nachfragen, Nachdenklichkeit oder Raum für Unsicherheit gibt es nicht.
- Fragen, auf die es eigentlich keine schnellen Antworten geben kann, werden mit Abstimmungen vom Tisch gefegt. Es fehlt das Gespür dafür, dass es für bestimmte Fragen keine einfachen Antworten geben kann, weil übereiltes Tun nicht funktioniert.
- Es fehlen:

  - die Einstellung, dass es in einer Besprechung darum geht, gemeinsam das Beste an Wissen und Kreativität zu erzeugen.
  - an Respekt, der es dem Einzelnen erlaubt, das zu sagen, was ihm wichtig ist, ohne dass es in die Kaffeepause getragen wird.
  - eine optimale Ausrichtung im Denken, sodass es auch in der Tat den Anderen schwerfällt, jemandem zu folgen.
  - ein Sichbeziehen auf Überlegungen der Anderen, also ein miteinander kommunizieren, ein Sich-aufeinander-Einlassen. Vieles wirkt wie ein Aneinandervorbei - Monologisieren.
  - ein Metablick, sich gelegentlich von oben den Prozess der Besprechung anzuschauen und in Frage zu stellen, ob man noch auf dem richtigen Weg ist.

Dadurch wird eine echte Begegnung, bei der das Denken ins Fließen kommt, unmöglich. Folge: man verharrt im eigenen Denksystem. Denn wenn wir ausschließlich vorhandenes Wissen nutzen, können wir nur in alten Mustern handeln, die früher einmal sinnvoll waren und heute möglicherweise nicht mehr passend sind. Es wird vorhandenes Wissen abgespult.
Der Gegensatz ist schöpferisch neues Wissen erzeugen.
- Obschon es ein großes Wissensreservoir, unzählige Seminare und Bücher zu dem Thema gibt: Der Transfer dieses Wissens in beobachtbare Praxis funktioniert nicht genügend. Gründe für das Misslingen gibt es sicherlich viele.

- Möglicher Hauptgrund: Die so genannten Goldenen Regeln für effektive Besprechungen greifen offenbar nicht tief genug, sodass sie von allen Gesprächsteilnehmern gelebt und umgesetzt werden. Nicht tief genug zu greifen bedeutet, dass Regeln selten auf das Individuum zugeschnitten sind.
  Mögliche Lösung: Besprechungen sollten unmittelbar untersucht werden. Ohne personenspezifische Rückmeldungen im Sinne von „Herr M., wenn Sie an der Stelle XY so auftreten, dann hat das zur Folge, dass …" oder „Herr GF, wenn Sie, im besten Bemühen Dialog zu fördern, zu einem komplexen Thema wie X eine Diskussion entfachen wollen, kann die Wirkung sein, dass ziellos geredet wird" verkümmern die Regeln zu Theorie.
- In unseren Unternehmenskulturen ist eine echte Metareflexion, die am Ende von Besprechungen stattfindet, nicht verbreitet, vielleicht sogar gar nicht gewollt. Schon während des letzten Punkts wird zum Tagesgeschäft übergangen. Obschon eine gut gemachte, also professionelle, Metareflektion, die sich nicht auf die Inhalte der Besprechung beziehen, sondern auf Stile und Effektivität, rasch erhebliche Verbesserungen bewirken könnte.
- Schnell ernannte Moderatoren sind in ihrem Wirken häufig reduziert auf Agenda-Vorlesen und Kärtchen-Abfrage.

2. Sonnenseiten der Kommunikation?

- Herausforderung: Es gibt noch wenig Führungskräfte und Fachleute, die hochwertige Metareflexionen leisten können. Besonders, wenn es darum geht, auch individuelle Kritik zu äußern.
- Eine besondere Fähigkeit ist, Unsicherheiten über die eigenen Annahmen und die der Anderen auszuhalten. Sinngemäß könnte es so laufen: „Ich weiß nicht, ob ich mit dem, was ich sage, Recht habe", oder „Ich weiß nicht, ob Dich das erreicht."
- Eine weitere wichtige Herausforderung ist die Fähigkeit, Gedanken in der Schwebe zu halten. Also zwischen Beobachten und Bewerten zu unterscheiden, die Bewertung zeitlich zu verzögern und somit das Denken zu verlangsamen. Dabei kann man seine eigenen Gedanken

und Impulse beobachten. Sie in der Schwebe zu halten meint jedoch nicht, sie zu unterdrücken. Es geht um die Fähigkeit, unterschiedliche und widersprüchliche Aussagen auszuhalten und dem Impuls zu widerstehen, schnell klarzustellen oder einen geordneten Zusammenhang zu erzeugen.

- Kreativität kann sich nur dann entfalten, wenn das Denken ins Fließen kommt, was auch bekanntlich als „Flow" bezeichnet wird der sogar Glückshormone freisetzen kann.
- Im kreativen Dialog geht es darum, sich mit Argumenten aufeinander zu beziehen, miteinander zu denken. Wichtig ist, dass Wesentliches gesagt wird. So entsteht ein Freiraum, der neuen Gedanken eine Chance gibt.
- In der Praxis bewährt es sich, wie im Fall dargestellt, einen Gesprächsteilnehmer zu qualifizieren, damit er in der Lage ist, nicht nur Allgemeinwissen über effektive Besprechungen weiterzugeben, sondern sich auch konkret auf einzelne Personen des Kreises und deren Verhalten zu beziehen.

Ver-Wert-ung

- Was ist mir beim Lesen zu unseren Besprechungen eingefallen?

- In welcher Rolle und in welcher Haltung nehme ich an Besprechungen teil?

- Wie ist die Professionalität und Qualität unserer Besprechungen?

- Wie ist mein bisheriger Stil, mit schlechter Besprechungskultur umzugehen?

- Was könnte ich von dem Auftreten des Bereichsleiters in dem Fall auf meine Situation übertragen?

- Was fällt mir an Einzelnen auf? Wie sähe ein guter Stil aus, in dem man Kritik an Einzelpersonen üben könnte zum Beispiel im Unter-Vier-Augen-Gespräch?

Anmerkung: Die Ver-Dicht-ungen zum Fall „Gesprächskultur schaffen" stammen zum Teil und streckenweise wörtlich von Frau Bencke-Galm, Institut für Organisationsentwicklung und Dialog (www.io-d.de). Um den Lesefluss mit nicht zu vielen Zitaten zu behindern, möchte ich mich hier ausdrücklich und zusammenfassend für ihre „be-Geist-ernde" Leihgabe bedanken.

„Jammern ist eine unwürdige Form des
Leidens."

Dr. Bernd Schmid

11 Dialog statt Monolog

„Ich gehe mit meinen Ideen zum Chef und
komme mit seinen zurück."

Mitarbeiter

Leitfragen

- Wie finde ich mit einem hektischen Chef eine gemeinsame vernünftige Arbeitsform?
- Wie finde ich als ruhiger Mensch Gehör bei Schnell- und Vielrednern?
- Wie trete ich mutig und respektvoll vor Vorgesetzten auf?

Einbettung

Einzelcoaching mit einem Mitarbeiter (M). Ihm gelingt es nicht, sich beim Chef entsprechend in Szene zu setzen. Der Chef hört nicht gut zu, sondern redet selbst viel und schnell. Er beißt regelmäßig bei bestimmten Köderthemen an. Mit der Folge, dass es M nicht gelingt, seine Gedanken und Anliegen wirksam zu platzieren.

Der Fall

M: Ich habe das Gefühl, ich kann machen, was ich will: Ich habe die guten Ideen, aber er hat immer Recht.

C: Also gut. Da wir von Ihrem Chef die ausdrückliche Erlaubnis haben, auch an Themen zu arbeiten, die ihn selbst betreffen, ist dieses Thema für mich in Ordnung.
Wenn ich Sie recht verstehe, haben Sie eigene, gute Ideen, gehen damit zum Chef und bringen Sie dort nicht an den Mann. Also gewissermaßen: Sie gehen mit Ihren Ideen zum Chef und kommen mit seinen zurück.

M: *(Lacht.)* Genau das ist der Punkt. Er ist rhetorisch brillant. Spricht sehr schnell und überzeugend und hat auch wirklich meistens gute Ideen. Und doch habe ich ständig das Gefühl, dass ich nicht so recht zum Zug komme und er womöglich im Anschluss an unser Gespräch gar nicht weiß, weshalb ich eigentlich bei ihm gewesen bin.
Es geht vielleicht auch gar nicht darum, festzustellen, wer die bessere Idee hatte. Mich stört und ärgert eher, dass ich kein Gehör bei ihm finde.

C: Ich bekomme eine Ahnung davon, was Sie meinen. Beschreiben Sie mir doch mal an einem Beispiel, wie das Ganze abläuft.

M: Ich habe einige Ideen für ein Projekt und vereinbare mit ihm einen Termin. Es ist somit vorher jedem klar, dass wir über dieses Projekt sprechen werden. Ich will loslegen, fange an zu erzählen und dann ergreift mein Chef das Wort, redet und redet und hört überhaupt nicht mehr zu.

C: Haben Sie das Gefühl, er meint, bereits verstanden zu haben, worum es Ihnen geht?

M: Genau. Dann fühle ich mich natürlich ausgebremst, weil ich das Eigentliche noch gar nicht gesagt habe. Ich versuche zwar noch mal auf mein Anliegen zurück zu kommen, aber irgendwie ist der Zug abgefahren.

C: Und in diesem Moment fühlen Sie sich wie ein Bittsteller, der händeringend versucht, an der ein oder anderen Stelle seine Gedanken noch mal einzubringen und das Ganze wird zunehmend hektisch. Einer Sache permanent hinterherzulaufen motiviert natürlich auch nicht.

M: Genau das ist der Punkt. In mir entsteht eine Unruhe, die mich wiederum regelrecht verunsichert und ein ungutes Gefühl auslöst.

C: Was sind Ihre besonderen Eigenarten in solchen Situationen?

M: Na ja, ich weiß nicht. Ich bin eher ein ruhiger Typ, introvertiert und sicherlich auch nicht so einer, der andere mitreißen kann. Mein Chef ist genau das Gegenteil davon: schnell, impulsiv, dynamisch. Er gewinnt damit Andere schnell für sich.

C: Diese Geschwindigkeit ist für Sie nachteilig. Jede kurze Nachdenkenspause wird einfach genutzt, um das Wort zu ergreifen.

M: Genau. Ich versuche seinem Tempo hinterherzuhecheln. Was mir nicht gelingt. Ich fühle mich zunehmend unwohler und dann wird die Sache für mich krampfig.

C: Und wenn Sie nichts mehr sagen, denkt der Chef, dass Sie nicht gut vorbereitet sind oder keine guten Ideen haben oder Sie sich nicht gut verkaufen können.

M nickt.

Was waren denn Ihre bisherigen Versuche, etwas zu ändern oder wie sah Ihr Weg damit umzugehen aus?

M: Naja, das ist wie ein Kreislauf. Ich versuche mich noch besser vorzubereiten, die Dinge noch mehr auf den Punkt zu bringen. Aber so richtig hat das auch noch nicht funktioniert. Sonst habe ich noch nichts versucht.

C: Und die Versuche, während des Gesprächs um das Wort zu bitten oder auch nicht unterbrochen zu werden, führen auch nicht zu einem wirklichen Durchbruch?

M: Richtig.

C: Was meinen Sie denn, was Sie unternehmen könnten?

M: Ich denke, ich sollte es ihm schon sagen, dass ich häufig nicht zu Wort komme und dass er mich nie ausreden lässt, mich andauernd unterbricht. Das sollte ich ihm schon klipp und klar sagen.

C: Ich glaube, Ihre einzige Chance ist es in der Tat, Ihr Problem deutlich zu kommunizieren und dabei nicht nur die Symptome zu schildern, sondern auch zu betonen, wie es Ihnen dabei geht und welche negativen Auswirkungen für Ihr Unternehmen daraus resultieren. Mein Vorschlag: Nehmen Sie sich fünf Minuten Zeit und überlegen Sie, wie Sie an die Sache herangehen können.

M macht Vorschläge für das Gespräch mit dem Vorgesetzten.

C: Ich finde viele Ihrer Gedanken gut, vor allem weil Sie nun auf den Punkt kommen und das Thema klar ansprechen. Was mir auffällt: Sie benutzen Denk- und Sprachfiguren eines sehr unzufriedenen Mitarbeiters, der sich ungerecht behandelt fühlt. Dabei schwingt leicht mit, dass Sie sich als Opfer vom Täter Chef fühlen.

M: *(Verblüfft.)* Ach ja? Können Sie mir dafür ein Beispiel geben?

C: Wenn Sie pauschal sagen, „Sie lassen mich *nie* ausreden", oder „*andauernd* unterbrechen Sie mich" stimmt das vielleicht sogar, aber wenn Sie vorwurfsvoll, fordernd und unterschwellig wütend auftreten, werden Sie Ihren Ärger vielleicht los, Ihr Ziel erreichen Sie vermutlich nicht. Das macht es Ihrem Vorgesetzten schwer, auf Ihre Anregungen einzugehen und fördert eher ein Wer-hat-Recht-Klima als eine gute Lösung für Ihr Problem.

M: Hm, leuchtet mir ein, so habe ich es noch nicht gesehen.

C: Überlegen wir doch gemeinsam einen Weg, wie Sie Ihre Rückmeldung an den Chef geben können, die Ihre Aussage nicht verwässert und die Dinge nicht beschönigt, die aber gleichzeitig nicht fordernd und missmutig ist. Lange Zeit zu schweigen und sich dann über Unmut zu aktivieren, halte ich für wenig professionell.

Lösungen

C und M überlegen zirka 15 Minuten lang wie eine professionelle Rückmeldung in dieser Situation an den Chef aussähe, auch mit dem Einsatz von Metaphern. M präsentiert dann die Gedanken.

Terminvereinbarung.

M: Neben unseren eigentlichen Projektpunkten habe ich für unser nächstes Meeting noch ein ungewöhnliches Anliegen in eigener Sache. Es geht um die Qualität unserer Besprechungen. Dazu würde ich gerne 15 Minuten einplanen. Ist das in Ordnung für Sie?

M im eigentlichen Gespräch.

M: Nun zu meinem ungewöhnlichen Anliegen. Dazu wünsche ich mir, dass Sie ein paar Minuten nur zuhören und mir im Anschluss Ihre Einschätzungen dazu abgeben.
Ich habe mir in den letzten Tagen Gedanken zu der Art, wie wir Gespräche führen, gemacht.

Grundsätzlich geht es ja darum, dass Sie mich eingestellt haben, damit ich meinen Job professionell ausübe. Dazu gehört es sicherlich auch, dass Sie von mir Ideen und Vorschläge erwarten, die ich Ihnen entsprechend präsentiere. In den Gesprächen mit Ihnen gibt es vieles, was ich schätze und es gibt einiges, was mir nicht gefällt. Mein Eindruck ist, dass Sie so offen sind, dass Sie beides gerne hören möchten.

(M nennt die Dinge, die ihm gefallen und nun kommt er zu den Punkten, die ihm Probleme bereiten.)

Ja, was gefällt mir nicht? Auch jetzt bitte ich Sie, mir zwei, drei Minuten nur zuzuhören.

Mir gelingt es in den Gesprächen mit Ihnen nicht, meine Ideen gut zu präsentieren. Ich möchte Ihnen erklären, wie das meiner Meinung nach passiert. Ich glaube, im Kern liegt es daran, dass wir zwei unterschiedliche Geschwindigkeiten haben zu denken und zu sprechen. Sie sind schneller, ich bin eher etwas langsamer. Mein Problem ist: Wenn ich Ihnen meine Gedanken präsentiere, nutzen Sie diese kleinen Pausen sofort, um Ihre Gedanken kund zu tun. Genau ab diesem Moment läuft die Sache für mich aus dem Ruder, weil ich noch nicht am Ende meiner Gedanken bin und erfahrungsgemäß auch nicht mehr dazu komme, sie auszuführen. Das erzeugt bei mir dann Unmut und Unzufriedenheit. Ich gehe oft mit einem schlechten Gefühl hier raus, was man mir vermutlich nicht anmerkt. Letztlich ist damit weder Ihnen noch dem Unternehmen gedient.

Ihre Geschwindigkeit ist sicherlich für viele Situationen gut. Ich fühle mich latent unter Druck gesetzt. Erschwert wird das noch durch die Körpersprache, die Beschleunigung ausdrückt Im Sinne von: „Zack, zack – jetzt kommen Sie endlich auf den Punkt."

Oft beginne ich meine Sätze... die Sie dann beenden, weil Sie meinten, Sie wüssten, was ich sagen wollte. Häufig liegen Sie aber daneben. Vor Monaten habe ich noch versucht, das richtig zu stellen. Irgendwann hatte ich drauf keine Lust mehr. Ich war es Leid.

Darf ich das einmal in zwei Bildern beschreiben?

Sie kommen mir dann vor wie ein Glas, das bis oben hin gefüllt ist und in das nichts Neues hineinpasst. Denn so geht es mir mit meinen Ideen, sie kommen bei Ihnen nicht an.

Noch ein anderes Bild, das mein Problem mit mir verdeutlicht: Vergleichbar mit Anwendungen bei Computern, dem Anklicken der Menüleiste. Meine eigentliche Aussage befindet sich auf einer Stufe nach viermal Anklicken. Sie springen häufig schon bei meinem ersten Gedanken von der obersten Menüleiste zur nächsten. Was passiert dann? Wir reden aneinander vorbei – sogar zweifach. Einmal sprechen wir über unterschiedliche Themen und zum anderen noch auf unterschiedlichen Abstraktionsstufen.

C: Kompliment. Wenn es überhaupt einen Weg gibt, dann ist es dieser. Denn ich glaube, Ihr Anliegen muss einmal deutlich und anschaulich zum Thema gemacht werden. Mehr als fünf Minuten haben Sie nicht gesprochen. Wenn Sie aber Ihre Gesprächseffektivität nur um 10 Prozent erhöhen, können Sie sich leicht ausrechnen, was Sie auf eine Woche, einen Monat u.s.w. hin gesehen sparen.

M: Ich denke auch, dass mein Chef damit klar kommen wird. Wenn er wieder in das alte Muster fällt, liegt es an mir, ihn darauf hinzuweisen.

C: Genau. Wenn Ihr Chef damit klar kommt, sollten Sie sogar für die nächsten Wochen vereinbaren, nach jeder Besprechung kurz Resümee zu ziehen.

Keine Sorge: Das braucht kein langes Gespräch zu werden. Zwei, drei Minuten sollten genügen. Dabei nutzen Sie bitte Ihre Bilder und erklären diese anhand konkreter Gesprächsbeispiele.

Wie ging es weiter?

M ist es gelungen – ohne Unterbrechung durch den Chef – seine Gedanken zu präsentieren.

Das allein führte jedoch nicht zu einer tatsächlichen Veränderung der Situation. M konnte seinen Chef für eine regelmäßige dreiminütige Reflexion gewinnen.

Als weiteres Beobachtungsmerkmal wurde die Unterscheidung von Daten und Informationen eingeführt.

Ver-Dicht-ung

- Führung nach oben scheint in der Praxis offenbar genauso anspruchsvoll zu sein wie umgekehrt. Viele Chefs werden wegen ihres schlechten Führungsstils kritisiert. Die Auswirkungen schlechter Führungsqualität sind bekannt: Die Mitarbeiter sind demotiviert, man macht Dienst nach Vorschrift, der Krankenstand steigt. Die Folgen reichen bis hin zu einer höheren Fluktuation.

- Auch wenn folgende Aussage nicht beliebt ist: Es gibt genügend Mitarbeiter, die keinen professionellen Weg kennen, mit ihrem Unmut umzugehen. Viele gehen von Telepathie aus („Das weiß der eh schon"), schweigen oder reden schlecht über den Chef auf dem Gang. Einmal pro Jahr gibt es einen Ausbruch des Unmuts, der auch keinem dient.

- Es ist meine feste Überzeugung: Die meisten Chefs wünschen sich Kritik und Verbesserungsvorschläge. Sogar Kritik an Ihrer Person. Nur wenige Mitarbeiter nutzen diese Chance und werden aktiv. Auch Chefs sind Menschen, deshalb sollten dieselben Spielregeln für alle gelten.

- Führungskräfte werden oft von einer Schulung zur nächsten gehetzt. Keiner denkt daran: Es besteht ein erheblicher Lernbedarf auch für Mitarbeiter, damit sie Beiträge zu einer guten, professionellen Beziehung leisten.

- Führungskräfte können mit gutem Beispiel vorangehen und Ihre Mitarbeiter zu Kritik einladen – gegebenenfalls sogar zu äußern, in welchem Stil sie Kritik wünschen.

Ver-Wert-ungen

* Wie ist die Beziehung zu meinem Vorgesetzten und Chef?

* Selten ist ja alles rosarot. Was sind die kritischen Punkte und Schwierigkeiten mit meinem Chef?

* Was sind meine Wege, damit umzugehen? Wie offen, präzise und rollenklar kritisiere ich?

* Wie verschaffe ich mir Gehör?

* Habe ich den Mut, eigens für mein Anliegen einen Termin vorzuschlagen und dabei die Themen präzise anzukündigen?

* Wie ist meine Kritik eingebettet? Wie gehe ich mit den ersten Fehlschlägen und Rückfällen um? (Fast nichts wirkt auf Anhieb)

* Was kann ich generell aus dem Fall in meine Berufs- und Privatwelt übertragen?

Schluss

1 Coaching oder Professionsberatung in einem Unternehmenssystem

Die Lektüre der Fälle im Buch muss zwangsläufig für Sie als Unternehmer oder Führungskraft die Frage aufwerfen, ob diese Form der Beratung nur auf Einzelfälle oder Einzelpersonen zu reduzieren ist oder ob man Allgemeingültiges daraus ableiten kann und ob der Einzelne als Teil eines ganzen Systems Einfluss auf das gesamte Funktionieren hat. Die Antwort ist: Einzelne haben bedeutenden Einfluss. Um diese Antwort zu erklären, zunächst einige Thesen und nachfolgend, entsprechend der Arbeitslogik dieses Buches, ein Beispiel, wie es in einem Unternehmen gelingen kann, systematisch eine beobachtbar professionelle Kultur zu schaffen bzw. zu fördern.

Thesen, Fakten und Vermutungen

Es gilt:

- Unternehmensentwicklung und Zukunftssicherung in austauschbaren Märkten funktionieren über (vor-)gelebte Kulturentwicklung.
- Unternehmen, die ein auf Dauer angelegtes professionelles Klima schaffen, das es ermöglicht, schneller, kreativer und besser mit den komplexen Herausforderungen von heute umzugehen, werden ihren Erfolg nicht verhindern können.

Oder einfach gesagt: Eine bessere Professionskultur bedeutet höhere Innovationskraft und mehr Gewinn.

- Kultur entsteht nicht per Satzung, Hochglanzbroschüren oder Spielregeln, die an die Wand gehängt werden, sondern durch kreatives, achtsames, beispielhaftes Arbeiten an konkreten Praxissituationen. Denn Beispiele erfassen am besten die relevante Vielschichtigkeit.
- Viele Veränderungsmaßnahmen werden breit angelegt und flächendeckend begonnen. Da gibt es einen spannenden Kick-off-Workshop mit möglichst allen Führungskräften. Dieser läuft in der Regel auch gut und führt zu einer Vielzahl von Projektideen. Meistens gibt man der Sache einen markigen Obertitel wie „TQM", oder „ISO 1 – Plus" etc. Schaut man sich die begonnenen Prozesse dann später näher an, merkt man nach Monaten, teilweise auch erst nach ein bis zwei Jahren, dass viele dieser Vorhaben und angefangenen Projekte im Sande verlaufen sind. Teilweise in einem unüberschaubar gewordenem Wust an sich überlappenden Projekten, obwohl man den wichtigen ISO-Stempel erhalten hat.
- Vielleicht sollten wir das Pferd deshalb von der anderen Seite aufzäumen: In möglichst kleinen Tests und Pilotversuchen beginnen, erste Erfolge zu erzielen und dann im Prozess schöpferisch zu überlegen, was jeweils kluge nächste Schritte wären. Diese Vorgehensweise wirkt vordergründig konzeptlos. Ich sehe sie als eine Art Metakonzept des Herangehens an. Natürlich, gerade am Anfang gibt es zu diesem Vorgehen häufig das Feedback, auf diesem Weg würden ja immer nur Tropfen auf dem heißen Stein fallen, damit sei nie eine spürbare Wirkung zu erreichen.
- Die Verheißung steht nicht am Anfang. Am Anfang steht ruhiges, solides, teilweise auch krisenerzeugendes Arbeiten. Anstatt einer Aufbruchsmotivation wird (möglicherweise) Genuss am sorgsamen, professionellem Arbeiten erzeugt.
- Großflächig angelegte Maßnahmen, alle Führungskräfte einmal durch ein Programm zu schleusen, funktionieren nicht. Einmalige Seminare, z.B. eine Woche am Stück ein vorgegebenes Thema zu beackern, wie Gesprächstechniken von A bis Z zu erlernen, führen nicht zu beobachtbaren und dauerhaften Erfolgen.

- Lernen auf Vorrat, egal, ob einmalig eine Woche am Stück oder vier Jahre Hochschulausbildung, ist nicht kraftvoll. Ist der Zeitraum zwischen Lernzeitpunkt und Einsatz des Erlernten zu groß, ist *Lernen auf Vorrat* mit *Lernen für die Müllhalde* gleichzusetzen. Unsere Hochschulausbildung ist in dieser Hinsicht sehr in Frage zu stellen.
- Unternehmen verfügen über genügend internes Wissen zum Bearbeiten der Frage nach dem *Was?* Berater sollten zunehmend Antwort geben können auf die Frage nach dem *Wie?* und konkrete Beispiele geben. Haben die Schlüsselspieler in einem mittelständischen Unternehmen hinreichend oft gute Beispiele einer guten Kultur erlebt, entsteht beobachtbar positive Entwicklung.
- Fazit: Wenn diese Annahmen stimmen, dann bedeutet dies, dass wir vor einem Paradigmenwechsel im Lernen und Qualifizieren in Unternehmen stehen, der zusammengefasst lautet:

Weg vom Was, hin zum Wie

- Haben die Hauptverantwortlichen eines mittelständischen Unternehmens hinreichend oft an konkreten Situationen gearbeitet, egal ob im Unter-Vier-Augen-Gespräch, in einer Gruppe, einem Team, kann der oft herbeigesehnte Ruck entstehen. Nur eben nicht in einem verheißungsvollen Hauruckbeginn, sondern durch viel kreative Kleinarbeit.
- Um eine beobachtbare Kulturentwicklung in einem mittelständischen Unternehmen, das zwischen 500 und 1000 Mitarbeiter hat, zu erreichen, braucht man 50 bis 150 ein- bis dreistündige professionelle Begegnungen, und zwar in einem Zeitraum von ein bis zwei Jahren. Allein um eine gute Gesprächskultur zu schaffen, braucht man bis zur Umsetzung mindestens zwei bis vier Monate mit regelmäßigen Begegnungen. Mit einem zweitägigen Seminar zum Thema „effektive Gesprächsführung" ist es nicht getan, weil der individuelle Bezug zu konkreten Situationen, konkreten Menschen und zum konkreten System fehlt.
- Die Machtinhaber sind (das Wort „*Macht*" ist für mich positiv besetzt) Teil des Veränderungsprozesses und sogar integrativer Teil der aller-

ersten Schritte. Dabei beziehe ich mich nicht auf die viel zitierte Aussage „Der Fisch fängt vom Kopf an zu stinken", die ich übrigens für falsch halte. Es geht einfach darum, dass Vorstände oder Geschäftsführer die größte Multiplikatorwirkung haben. Ihre Beiträge zum *Ge-* oder *Miss*lingen wirken sich entsprechend intensiv aus. Je höher die Machtposition, desto höher natürlich auch die Kaskadenwirkung konkreter Arbeit. Vor diesem Hintergund scheint es sinnvoll, dass Berater zunehmend an eine Zusammenarbeit die Bedingung knüpfen, dass Vorstand oder Geschäftsführungsebene, von Anfang an Teil des Prozesses und der Qualifizierung sind. Dies bedarf natürlich einer Grundhaltung einer Geschäftsführung, die impliziert: Wenn es in unserem Unternehmen nichts gibt, was man nicht verbessern kann, so muss das auch für meine Rolle als Leiter gelten. Trotz des Images, das Geschäftsführer häufig als selbstgefällige *Allwissende* darstellt, ist meine Erfahrung, dass diese Gedanken, vernünftig plausibel gemacht, jeder noch so selbstbewusste Geschäftsführer teilt.

- *Freiwilliges* Mitwirken der Beteiligten ist eine Grundvoraussetzung fürs Gelingen.
- Über-Zeugungsarbeit halte ich für ein fragwürdiges Vorgehen. Im Wortspiel: wenn ich nicht nur zeuge, sondern überzeuge, vergewaltige ich mein Gegenüber. Meines Erachtens geht es nicht darum, geschickt und trickreich zu verkaufen, sondern Angebote zu unterbreiten, die angenommen werden können. Wird die Plausibilität geteilt, dann ist es gut. Wenn nicht, kann man sich jede Kraftanstrengung sparen.

Wie funktioniert das Schaffen von Professionskultur in einem Unternehmenssystem konkret?

Folgendes Beispiel illustriert das Vorgehen zur Förderung einer Professionskultur in einem mittelständischen Unternehmen mit 800 Mitarbeitern. Drei Geschäftsführer und zirka 30 relevante Führungskräfte arbeiten dort. Der Prozess entwickelt sich schöpferisch aus einer Kette von Pilotversuchen. Es gab kein groß ausgelegtes Konzept.

Fragmentarisches Kennenlernen

Statt eines höflichen Kennenlernens mit dem Austausch biografischer Lebenslaufdaten wird im ersten Treffen direkt an einem Beispiel gearbeitet. Das Beispiel dient als Vortest, um herauszufinden, ob man überhaupt miteinander arbeiten kann. Es geht um die Vereinbarung eines Coachingprozesses mit einem Bereichsleiter dieses Unternehmens, der noch relativ neu in dieser Rolle ist, aber offen für eine solche Maßnahme ist und die Unterstützung durch einen Berater nicht als Demonstration eigener Schwäche ansieht.

Die Ziele für das Coaching werden in einem neunzigminütigen Gespräch gemeinsam mit einem Geschäftsführer, dem Personalleiter und dem Bereichsleiter durch Beratung und Moderation des Cs festgelegt.

C gibt in den letzten zehn Minuten seine Einschätzung zur Gesprächskultur ab und eine individuelle Rückmeldungen an GF und PL bezogen auf Präzision und Verwertbarkeit der ausgesprochenen Kritik sowie in Bezug auf das Zuhörverhalten.

Dies ist der Weg von C herauszufinden, ob bei den Schlüsselspielern des Unternehmens eine grundsätzliche Kritikannahmefähigkeit besteht bzw. ob sich die Kritikkultur von C an das Kundensystem andocken kann. Gelingt dies nicht, so hat man rasch herausgefunden, dass keine Zusammenarbeit möglich ist. Diese ist auch ein Erfolg, wenn man bedenkt, wie viel Geld und Ressourcen gespart wurden.

GF und PL können ihrerseits an einem Beispiel testen, ob C tatsächlich kreative Unterschiede erzeugt und auf ihre Mitarbeiter „losgelassen" werden kann.

Es wird vereinbart, dass das Coaching mit dem BL nicht als großes Beratungsangebot mit großem Kick-off angekündigt wird, sondern nach dem Grundsatz verfahren wird: Funktioniert die Zusammenarbeit mit BL, werden es die anderen sowieso merken.

C fertigt einen vierseitigen schriftlichen Zielkontrakt an, der nach kleinen Änderungen von den Beteiligten unterzeichnet wird.

Phase 1: Coaching und Professionsberatung mit dem BL

Zirka acht Wochen lang wird einmal pro Woche für zwei bis drei Stunden mit dem Bereichsleiter gearbeitet. Themen waren (oder hätten sein können):

- auf der Identitätsebene: Passamtsarbeit
- Bearbeiten konkreter Professionsfälle, wie z.b. den Umgang mit schwierigen Kollegen
- das Schaffen von Gesprächskultur
- Vertikales Coaching mit einem von ihm geführten Abteilungsleiter.

Alle hier dargestellten Fälle verdeutlichen, dass ein isoliertes Arbeiten mit einem Einzelnen sich immer auch auf andere und das System insgesamt auswirkt. Eine fünfzehnminütige sorgsam bedachte und vorgetragene Reflexion auf Bereichsleiterebene zu den Missständen der Gesprächskultur wirkt sich auf das ganze System aus.

Erste Erfolge und Resonanzen sind zu verzeichnen. Zu dem, was BL und C als Professionalisierung bezeichnen, gibt es auch Negativstimmen wie z.B. Aussagen wie „Was ist denn mit dem los? Der redet plötzlich so gestelzt." Auch so etwas wird zum Thema der Fallberatung.

Phase 2: Weitere Pilotversuche im Unternehmenssystem

Mehrere Bereichsleiter folgen von sich aus mit dem Wunsch „Können wir nicht auch ...?" Mit jedem gibt es (nur) ein Einzelcoaching, um die Kultur dieses Arbeitens zu demonstrieren und beispielhaft an einer anspruchsvollen Praxissituation zu arbeiten.

Es entwickelt sich rasch eine Fünfer-Bereichsleitergruppe, die untereinander wichtige Schnittstellen im Unternehmen verkörpern und bislang nicht gut funktionierten – was zum Teil auch erhebliche finanzielle Konsequenzen nach sich zog. Es gibt verschiedene Arbeits- und Lerndesigns, wie sich die fünf Bereichsleiter unter Anleitung von C gegenseitig in anspruchsvollen Situationen beraten.

Die GFs nehmen gelegentlich daran teil oder werden mit Tonbandaufnahmen von den Beratungsrunden versorgt, sofern Diskretion nicht Bedingung gewesen ist.

Flankierend finden immer wieder Einzelcoachings mit den Geschäftsführern statt. Wiederholt wird am Thema *„Rollenklares Auftreten der Geschäftsführer vor der nächsten Führungsebene"* gearbeitet. Durch sich überlappende Geschäftsbereiche gibt es immer wieder Unstimmigkeiten.

Gleichzeitig wird regelmäßig das Verwenden einer metaphorischen Sprache geübt, und zwar mit dem Ziel, komplexe Sachverhalte, in intelligenter (und nicht in unzulässig vereinfachter) Form, darzustellen.

Es werden mehrere Zielvereinbarungsgespräche mit Bereichsleitern geführt. Und zwar vor allem um zu üben, mit wenigen wichtigen Kritikpunkten vielfältig und schöpferisch umzugehen. Als Kontrast zum bisherigen Stil, Kritikpunkte nur oberflächlich zu benennen – zum Verdruss aller Beteiligten.

Phase 3: Begleitete kollegiale Beratungen

In diesem Prozess sind mehrere Kleingruppen entstanden, die sich regelmäßig ein bis zwei Stunden kollegial beraten, z. B. fünf Bereichsleiter und vier Vertriebsleute: es entsteht eine Kultur, die es ermöglicht, gemeinsam, schöpferisch, anspruchsvolle Praxissituationen zu lösen.

Die Übungsformen sehen sehr unterschiedlich aus, beispielsweise:

- Der Coach berät einen Bereichsleiter, die anderen hören zu und sammeln Ideen, die sie anschließend äußern.
- Ein Bereichsleiter übt, einen Anderen zu beraten und der Coach gibt Regieanweisungen.
- Der Coach macht eine kurze zehnminütige Anberatung eines Falls, sodass alle verstehen, worum es geht. Danach überlegen die Beobachter fünf bis zehn Minuten für sich und versuchen, Lösungen zu finden. Diese werden ausschließlich präsentiert. Mit der Vorgabe, dass einer nach dem Anderen seine Hypothesen äußert, die Anderen sich nicht darauf beziehen und schon gar nicht in ein Ja-aber-Spiel gehen dürfen. Der Beratene nimmt sich dann vom Büffet, was ihm schmeckt. Nicht Verwertbares wird gar nicht erst diskutiert (= beliebte Zeitverschwendung in Unternehmen).

Gemeinsam ist diesen Designs ein hohes Maß an individuellem Feedback. So erhält der, der den Fall vorbringt, Ideen und Lösungen für seinen Fall. Überdies erhält er persönliches Feedback für den Umgang mit anderen Situationen. Der übende Berater bekommt Feedback von den Beobachtern zu seiner Beratungsdienstleistung. Diese wiederum erhalten ein Feedback des Coaches zu ihren Beobachtungen. Somit ist gewährleistet, dass in kürzester Zeit möglichst viele Lernschichten gleichzeitig ins Auge gefasst werden. Da die Basis immer ein konkreter Fall aus der Praxis ist, ist die Aufmerksamkeit hier am größten. Je beseelter eine Lernsituation ist, desto kräftiger das Lernen. Allein dieser Gedanke kann erklären, warum Lernen auf Vorrat in unserem Ausbildungssystemen nur sehr geringe Aussicht auf Erfolg hat.

Nach wenigen Sitzungen kollegialer Beratung entsteht eine sinnvolle Form des Zuhörens. Es gibt keine üblichen vorschnellen Ratschlägen, die sich der Betroffene schon oftmals anhören musste und kein weitschweifendes Gerede. Es wird ein fokusdisziplinierter Umgang mit Problemen geübt. Die Intuition wird geschult.

Gleichzeitig entstehen immer wieder Foren, um auch noch nicht Ausgesprochenes jederzeit zu thematisieren. Statt Wünsche auszusprechen oder sie auf bunte Moderationskärtchen zu schreiben „Wir wollen offen und ehrlich miteinander umgehen" wird dieses Vorhaben einfach in die Tat umgesetzt. Durch wiederholtes Üben entsteht nebenbei eine annehmbare Kritikkultur, die für den Empfänger den entscheidenden Unterschied macht. Liest man später kluge Ratgeberbücher, merkt man, dass man die vorgeschlagenen Regeln einhält, ohne über sie gesprochen zu haben.

Entscheidend ist, dass im Mittelpunkt immer ein zu lösendes Praxisproblem steht, sodass kollegiale Beratung nicht zum Selbstzweck oder Beschäftigungstherapie wird, sondern einen Beitrag leistet, um Mehrwert für das Unternehmen zu erzeugen.

Die Zusammensetzung dieser kollegialen Beratungsgruppen entsteht ebenso schöpferisch aus diesem Prozess. Zum Beispiel:

* Ein GF, ein Bereichsleiter und ein Abteilungsleiter, die auch in einer Führungsbeziehung stehen, arbeiten regelmäßig, und zwar unter Anleitung von C, an bestimmten Aufgabenstellungen ihres Alltags. Übrigens: Es ist erstaunlich, wie viele Austauschgruppen, Seminare

und Teams horizontal besetzt sind, obwohl im normalen Alltag die Zusammenarbeit vertikal abläuft.

- Verkaufsleiter, hat im Einzelcoaching erkannt, dass er einem Aspekt seiner Führungsrolle, nämlich seine Mitarbeiter zu entwickeln und zu professionalisieren, nicht optimal nachkommt. Bislang gibt er nur Feedbacks in allgemeingültiger Form, indem er seinen Verkäufern lehrbuchhaft sein Wissen anbietet. Er besitzt allerdings die Souveränität, alles Erforderliche mit seinen Mitarbeiter nach kollegialer Beratung gemeinsam zu bearbeiten. Gearbeitet wird nur an konkreten, anspruchsvollen Praxisituationen seiner Verkäufer. Er merkt rasch, dass für jede Situation und jeden Verkäufer individuelle, schöpferische Lösungen erforderlich sind und auch gefunden werden können. Allerdings nicht, indem nur vorhandenes Wissen abgespult wird, sondern durch kreative Interventionen.

- Ein GF und ein Produktionsleiter (61 Jahre alt und erfahren, hat noch drei Jahre vor sich) bilden ein Duo. Kern eines Einzelcoaching mit dem PL war: „Mein Stern ist im Sinken begriffen. Alles schweigt um mich herum." Das Arbeitsduo und der Coach arbeiten daran, wie ein „achtsamer und professioneller Landeanflug" der Karriere aussehen könnte. Nach einigen Zusammenkünften entsteht eine bemerkenswerte Offenheit, die es sogar erlaubt, über die Führungsschwächen von beiden offen zu sprechen.

- Mehrere ‚Schnittstellenteams' in einem Industrieunternehmen, die auch Kundenkontakt haben, kommen zum Coaching, und zwar aus den Bereichen F&E, Produktion und Vertrieb. Bislang gab es eher ein schweigendes „Sich-Wundern" oder ein „Peinlich-Berührt-Sein" bei den Fehltritten der Anderen. Keiner ist Chef des Anderen, was eine offene Professionskultur erleichtert.

Der Prozess des Coachings erlaubt und sieht vor, dass sich der Berater zunehmend überflüssig macht. Damit ist allerdings nicht gemeint, was viele glauben, dass er nur tolle Ideen ins Unternehmen trägt und dann nicht mehr auf den Vollzug achtet, sondern er darf sich erst dann verabschieden, wenn die Umsetzung vollzogen ist und die Prozesse sich verselbstständigt haben. Und nur in diesem Moment hat seine Arbeit Erfolg gehabt.

Anhang

1 Marc-Minor-Pro-Group

Ein kostenloser E-Group-Service für Sie als Leser und praktischer Anwender

Vielleicht denken Sie als erstes beim Stichwort E-Group daran: Geht es nicht auch ohne diesen elektronischen New Economy-Schnickschnack? Antwort: Ja. Wenn Sie auch bereit sind, auf die Vorteile zu verzichten.

Was ist der Grundgedanke der Marc-Minor-Pro-Group? Die Marc-Minor-Pro-Group ist ein kostenloser Service für Sie als Leser. Sie werden einmal per Knopfdruck registriert, indem Sie auf unten stehende E-Mail-Adresse anklicken. Als Mitglied dieser E-Group können Sie sich zu den gelesenen Praxisfällen mit anderen austauschen, von Ihren Erfahrungen in der Umsetzung berichten oder sich auch mit eigenen Professionsanliegen an die Gruppe richten. Vorteil: Sie erreichen per Knopfdruck alle angemeldeten Mitglieder.

Zudem werden Ihnen kostenlos neue Praxisfälle vorgestellt. Gleichzeitig wird Sie REDLINE WIRTSCHAFT über Neuerscheinungen aus ähnlichen Themenkreisen informieren.

MarcMinor-ProGroup-subscribe@yahoo-groups.de

2 Beispiele für Praxisfälle, die in kollegialen Beratungsgruppen bearbeitet wurden

- Wie bekomme ich alles unter einen Hut? Beruf, Familie, Freunde? Souverän und ohne Überforderungssymptome
- Ein Verkäufer bleibt weit hinter seinen Vorgaben zurück: Tricks und Tipps des klassischen Verkaufens funktionieren nicht. Was tun?
- Ich bin ein eher ruhiger Typ. Wie kann ich mich in Besprechungen besser einbringen?
- Mir fällt es schwer, meine persönliche Meinung zu revidieren, ohne mein Gesicht zu verlieren. Wie kann das souverän gelingen?
- Mir läuft die Zeit davon. Sind es wirklich immer nur die äußeren Faktoren, die mich vom Wesentlichen abhalten? Oder liegt es auch an meinem Chaos-Management?
- An mir wird bewusst vorbeiinformiert. Was kann ich tun?
- Mein Chef geht sehr vertrauensvoll mit mir um. Auch mit Kritik über Bereichsleiterkollegen hält er sich nicht zurück. Ich bin ihnen gegenüber stets loyal, aber das glauben meine Kollegen nicht und lassen es mich auch spüren. Wie kann ich den Konflikt lösen?
- Man sagt mir, ich sei häufig abweisend, kühl und zu rasch in meiner Kritik. Ich empfinde mich selbst aber gar nicht so? Was kann ich tun?
- Wie kann ich gewinnender auftreten?

- Ich bin recht impulsiv, das heißt, dass immer wieder mal die Pferde mit mir durchgehen. Was kann ich ändern, ohne mich zu verbiegen? Eine einfache Selbstermahnung mit „Halt mal die Luft an" funktioniert selten.
- Ich stehe vor einer schwierigen Entscheidung und habe keine Ahnung, welcher Weg der richtige ist. Ich brauche Entscheidungshilfen.
- Man sagt mir, ich sei zu weich und man vermisse die Härte in der Sache. Wie kann ich mich weiterentwickeln?
- Wie schaffe ich es, bei Vorträgen nicht nur meine Folien vorzulesen, sondern frei und überzeugend zu sprechen und bei den Zuhörern wirklich etwas anzustoßen?
- Ich bin völlig fertig. Ist das das berühmte Burnout-Syndrom?
- Wie bringe ich einen fachlich sehr guten Mitarbeiter dazu, konzentrierter zu arbeiten?
- Wir reden zu 90 Prozent über unwichtige Dinge oder völlig am Thema vorbei. Wie entsteht eine sinnvolle Besprechungskultur?
- Einer meiner Mitarbeiter ist nachweislich der beste Fachmann – somit ist er unverzichtbar. Das Problem ist: Seinetwegen steigen der Krankenstand und die Fluktuation der übrigen. Seine soziale Kompetenz ist vollkommen unterentwickelt.
- Ich bin einer von vier Geschäftsführern. Wir fordern die Führungsprofessionalität und Teamfähigkeit unsere Abteilungsleiter, aber wir selbst sind alles andere als Vorbilder.
- Wie integriere ich einen introvertierten Mitarbeiter ins Team?
- Wie vermittle ich jemandem meine Ziele, der schlecht oder gar nicht zuhören kann?
- Wir arbeiten in unserem Geschäftsbereich erfolgreich. Aber bin ich eine visionäre Führungskraft?
- Mir, als Geschäftsführer, fällt es schwer, positives Feedback auszusprechen, weil ich schlecht loben kann. Wie kann ich Lob rüberbringen, ohne dass es aufgesetzt wirkt?
- Wie kommuniziere ich eine gute Idee dem Geschäftsführer, ohne dabei die zwei Hierarchieebenen, die dazwischen liegen zu übergehen, weil sie meiner Idee ablehnend gegenüberstehen?
- Ich höre Beschwerden, die mich und meine Arbeit betreffen, immer

nur inoffiziell und über zig Ecken. Wie gehe ich am besten damit um? Und wie kann ich dieses Verhalten ändern?

- Ich muss etwas vermitteln, obwohl ich mich fachlich nicht sehr kompetent fühle? Wie kann ich damit umgehen?
- Wie gehe ich mit launischen Mitarbeitern, vor allem bei heftigen Gefühlsausbrüchen, um?
- Wie gehe ich an Konflikte heran, die noch nicht ausgesprochen wurden und für deren Existenz es noch keine ausreichenden Beweise gibt?
- In Entwicklungsgesprächen sagt ein Mitarbeiter immer „Ja klar, mache ich" aber dann passiert nichts. Wie kann ich ihn dazu bringen, seine Versprechen auch zu halten?
- Meinen ehemaligen Kollegen und Freunden (von damals) bin ich heute vorgesetzt. So richtig akzeptiert bin ich aber nicht. Eine unabänderliche Tatsache?
- Ich fühle mich Mobbing ausgesetzt. Wie kann ich mich richtig wehren?
- Mein Chef ist sehr nett, aber leider chaotisch. Was tun?
- Ich halte mich für einen Geschäftsführer, der den Menschen ins Zentrum allen Tuns stellt. Mit mehreren Personen habe ich Probleme der richtigen Nähe bzw. der Distanz?
- Was mache ich mit Mitarbeitern, die andere erpressen oder schwierige Situationen unrechtmäßig für sich ausnutzen?
- Wie gehe ich mit ewigen Jasagern um, die nie ihre eigene Meinung kundtun?
- Wie gehe ich mit einem Mitarbeiter um, der sich permanent ungerecht behandelt fühlt?
- Mein Bereichsleiter redet ständig am Thema vorbei. Wie kann ich ihn zur Konzentration auf das Wesentliche bewegen?
- Meine Mitarbeiter beklagen sich über meine ungenauen Vorgaben. Langsam glaube, ich sie haben Recht.
- Fehlendes Feedback in der Prozesskette – dadurch werden wichtige, projektrelevante Informationen zurückgehalten. Wie lässt sich das ändern?
- Wie motiviere ich meine Mitarbeiter zu unpopulären Maßnahmen, hinter denen selbst ich nicht stehe?

- Konflikte zwischen Linie und Stabsstelle bzw. Organisation gibt es häufig. Ich bin Projektmanager und damit kein Vorgesetzter, d.h. nicht weisungsbefugt gegenüber Linienmitarbeitern. Wie kann ich vorgehen?
- Mir gelingt es nicht gut, meinen Stellvertreter richtig zu positionieren. Wie kann ich das erreichen?
- Meine Abteilung arbeitet zwar gut, es gibt aber wenig Eigeninitiative. Wie kann ich sie fördern?
- Mir steht für eine schwierige Kick-off-Veranstaltung viel Gegenwind bevor. Wie kann ich mich effizient vorbereiten und im konkreten Fall überzeugend schlagen?
- Was kann ich bei einem sehr dominanten Chef tun, um meine Vorstellungen auch mal durchzubringen?
- Wie präsentiere ich eine Mitarbeiterbefragung, die kein nettes Spiel, sondern ein professioneller Startschuss zu massiven Veränderungen sein soll?
- Ich bin Projektleiter und es steht dem Unternehmen eine größere Veränderung an. Ich brauche Ordnung im Chaos.
- Meine Stabsstellenfunktion macht mir richtig Spaß. Aber wenn ich echte Veränderungen anstoßen möchte, beiße ich auf Granit. Was ist zu tun?
- Ich bin Projektmanager, aber wenn es um echte Entscheidungen geht, bin ich quasi machtlos. Was kann ich tun?
- Wie löse ich die Spannungen zwischen zwei Mitarbeitern, mit denen so keine Zusammenarbeit mehr möglich ist?

3 Kontakt

Was ist der Unterschied, der für Sie einen Unterschied macht?

Erscheinen Ihnen meine Thesen plausibel,
freue ich mich auf einen Kontakt mit Ihnen.
Am besten unter
marcminor@minor.de
oder in der eigens für dieses Buch
eingerichteten E-Group:
marcminorprogroup@yahoogroups.de

Erste Schritte einer Zusammenarbeit können sein:

* Einzelcoaching/Professionsberatung für ausgewählte Praxisanliegen,
* Einzelcoaching im Prozess auf Basis eines schriftlichen Zielkontrakts (gerne maile ich Ihnen anonymisierte Beispielkontakte),
* Einführung kollegialer Beratung und gegenseitiges Coaching auf Geschäftsführungs/zweiter Führungsebene,
* Dialogvortrag für Verbände, Tagungen, Kongresse: kreative, sinnstiftende Denkspiele für Führungskräfte... Oder muss ein Vortrag immer ein langer Monolog sein?
* dreistündiges Schnupper-Coaching mit maximal fünf Teilnehmern. Testen Sie an sich selbst die Wirksamkeit von Choaching und zwar anhand spielerisch leichter Intuitionsübungen.

Dank

Danken möchte ich meiner Frau Birgit. Sie hat das Projekt von A bis Z begleitet. Als erfolgreiche Herausgeberin eines Buchs und Coachingkollegin ist sie in die Details gegangen und hat dadurch das Buch von etlichen Unzumutbarkeiten befreit. Freunde fragten zwischenzeitlich, wer nun der Autor dieses Buches sei: Sie oder ich? In der Schlussphase hat sie sechs Wochen lang Zeile für Zeile durchgeackert, durchaus mit Stress für mich und der ständigen Frage verbunden, was wohl wieder ihrer Zensur zum Opfer fallen werde.

Mein Dank wird noch größer im Wissen, dass sie zu diesem Zeitpunkt im neunten Monat schwanger und ihr ständig übel war und darüber hinaus unseren 14 Monate alten Moritz betreut hat. Birgit, danke für diesen Kraftakt.

Meinem Freund Thomas Hagel danke ich herzlich für die konstruktive Kritik, sein stundenlanges Zuhören und den ermutigenden Zuspruch.

Für ihr fleißiges und beseeltes Vor-lektorieren bedanke ich mich bei Martina Faust von der Grundig-Akademie, Roland Adler von der GfK-Marktforschung und dem Partner meiner Mutter, Hubert Bauer (Patentanwalt a.D.).

Mein Dank gilt ebenso der Inhaberin des Schreibbüros Beate Bernauer (www.beatebernauer.de). Sie hat mit Bravour, verblüffend schnell und sorgsam knapp 1000 Diktatminuten gemeistert. Die Hintergrund-Schmatzgeräusche meines Lieblingsdiktierplatzes, ein Wildschweingehege, hat sie einfach ignoriert.

Ebenso danke ich dem Verlag REDLINE WIRTSCHAFT, der den Mut hat, ein Buch zu verlegen, dass so gar nichts von verheißungsvollen und verkaufswirksamen Patentlösungen enthält.

Die Zusammenarbeit mit meiner Lektorin, Frau Meiser, war herzlich, professionell und schmerzlos, also so, wie es einem Autor auf der Zielgeraden am liebsten ist.

Stichwortverzeichnis